物流系统规划与设计

主　编　李金营
参　编　张群艳

北京理工大学出版社
BEIJING INSTITUTE OF TECHNOLOGY PRESS

图书在版编目（CIP）数据

物流系统规划与设计 / 李金营主编. --北京：北京理工大学出版社，2023.2

ISBN 978-7-5763-2110-4

Ⅰ. ①物…　Ⅱ. ①李…　Ⅲ. ①物流-系统工程　Ⅳ. ①F252

中国国家版本馆 CIP 数据核字（2023）第 028253 号

出版发行 / 北京理工大学出版社有限责任公司
社　　址 / 北京市海淀区中关村南大街 5 号
邮　　编 / 100081
电　　话 /（010）68914775（总编室）
　　　　　（010）82562903（教材售后服务热线）
　　　　　（010）68944723（其他图书服务热线）
网　　址 / http://www.bitpress.com.cn
经　　销 / 全国各地新华书店
印　　刷 / 三河市天利华印刷装订有限公司
开　　本 / 787 毫米×1092 毫米　1/16
印　　张 / 14.5　　　　　　　　责任编辑 / 钟　博
字　　数 / 342 千字　　　　　　文案编辑 / 钟　博
版　　次 / 2023 年 2 月第 1 版　2023 年 2 月第 1 次印刷　　责任校对 / 刘亚男
定　　价 / 75.00 元　　　　　　责任印制 / 施胜娟

图书出现印装质量问题，请拨打售后服务热线，本社负责调换

前　　言

21世纪已经进入信息化时代，大数据分析、人工智能、云计算、5G、物联网等技术日渐成熟，各企业不断进行经济的转型升级和产业结构的调整。面对瞬息万变的市场环境，企业对员工的要求越来越高，改变传统的用人方式，对员工综合能力的要求不断提高。在团队中，员工不仅要完成本职工作，还要不断学习和创新，具备专业的知识技能及相应的应对处突的能力，并适应企业和社会快速发展的节奏。

本书适用于物流类专业课程，以物流系统的规划与设计为主线，主要侧重于实践能力的教学，寓教于学，使学生通过对企业案例的学习，能够对企业的物流系统进行可行性研究，编写可行性研究报告，根据企业的实际情况进行物流系统规划与设计。本书通过案例教学，从应用的角度促进学生思考，提升学生的感知能力，从而弥补学生实践能力不足的短板。本书融入企业实践中的方法和技巧，使学生掌握前沿的理论和方法，学会知识的迁移，能够举一反三，触类旁通，为我国物流企业的发展培养复合型人才。本书以任务为导向，在国家推动职业教育发展的背景下，利用互联网和信息系统软件对物流系统进行规划与设计，突出职业教育的实践性特征，将信息化技术融入课程，使学生能够掌握智慧仓储等内容，实现岗课赛证融通，提升学生的动手操作能力。

本书包含9个项目，每个项目包含项目介绍、知识目标、技能目标、素质目标、项目导学等环节，以便学生能够进行模块化学习，培养学生的宏观意识和大局意识。

感谢各位同仁在本书编写过程中给予的帮助。

本书尚有不足之处，恳请专家学者批评指正。

编者

目 录

项目一　认识物流系统规划与设计

【项目介绍】

通过案例引入物流、物流系统、物流系统规划与设计的概念，从而引导学生认识我国物流发展的状况、物流系统对企业发展的重要性，了解物流系统的概念和特点，对企业进行物流系统规划与设计的具体内容和步骤。

【知识目标】

(1) 了解系统的基本原理；
(2) 掌握物流系统的概念和特点；
(3) 掌握物流规划的分类、原则和内容模式。

【技能目标】

(1) 能够根据操作步骤对企业进行物流系统规划与设计模式分析；
(2) 能够识别物流系统中的制约关系；
(3) 能够掌握理解物流系统规划与设计的步骤。

【素质目标】

能够理解并认同物流系统规划与设计中的创新精神、合作精神、法治精神、奋斗精神等，培养职业素养，提升社会责任感和职业认同感。

【项目导学】

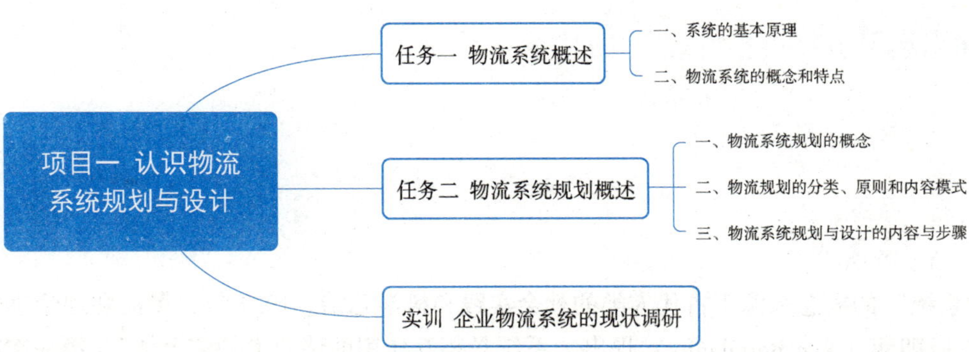

案例引入

案例1：在2008年春节前不久，东北地区某款长虹彩电脱销，于是当地分公司马上向长虹公司总部请示，请求给东北地区加送彩电，订单十万火急。这不仅关系到销售人员的收入，也关系到长虹公司的销售业绩。销售人员不停地向客户解释说明原因，在一天天的等待中客户的购买激情渐渐消失。当彩电在一周之后运输到东北地区，销售人员再联系客户时，发现客户早已抛弃长虹彩电，转向购买其竞争对手的彩电，使长虹公司损失惨重。事后经查，发现订单早就到了四川绵阳总部，但是公司各部门协调的效率低下，通过计划、调配、装卸、发运等环节，从接到订单到打包完成运输已经整整过了三天，订单在长虹公司总部“睡”了三天的时间。

案例2：海尔公司自1984年12月至今，不惜大成本不断进行物流系统规划与设计的创新与研究，突破了构筑现代企业核心竞争力的瓶颈，建立了具有国际水平的自动化、智能化的现代物流体系，实现了零库存、零运营成本和与客户的零距离。海尔公司经历了三个发展阶段——品牌战略、多元化战略、国际化战略，其令同行业竞争对手羡慕不已的是从1993—2009年经济效益始终保持着80%的增长速度。

思考：

（1）为什么长虹公司的一份订单在总部“睡”了三天？

（2）为什么海尔公司在1993—2009年经济效益始终保持80%的增长速度？

任务一　物流系统概述

【任务描述】了解系统的基本原理，掌握物流系统的概念和特点。

【任务分析】学生从微观上了解系统的构成及分类。教师从宏观上分析系统的模式及物流系统的特点，从而使学生能够从整体上认识物流系统。

【相关知识】

系统的起源　　　　物流的起源

【知识学习】

一、系统的基本原理

（一）系统

1. 系统的定义

“系统”的概念来源于古代人类的社会实践和科学总结。1937年，奥地利理论生物学家冯·贝塔朗菲（Von Bertalanffy）提出“系统是相互作用的诸要素的综合体”，第一次将系统作为一个科学概念进行研究。针对不同的研究领域，系统有不同的定义，需要具体问题具体分析。我国系统科学界对系统的定义是：系统是由相互作用和相互依赖的若干组成部分结合而成，具有特定功能的有机整体，而且这个整体又是它所从属的更大的系统的组成部分，即系统是同类或相关事物按一定的内在联系组成的整体，具有一定的目的和功能。

2. 系统的三要素

系统最基本的三个要素包括输入、转换处理、输出，而在实际的运行过程中一个完整的系统通常是一个闭环，包括输入部分、输出部分、转换处理过程和系统运行过程中的信息反馈等环节，如图 1-1 所示。

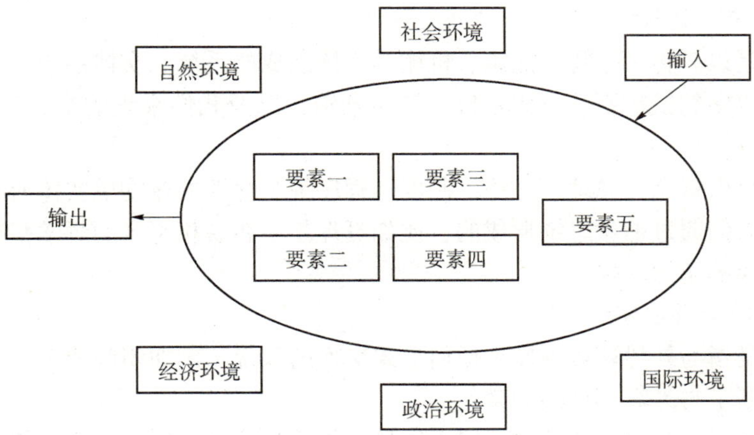

图 1-1　系统的构成

“输入”是指通过外部环境提供各种信息、能量、资源、劳动力等作用于系统。“输出”是指系统利用自身的功能，对输入的各项元素进行处理、转化，形成新的元素提供给外部环境使用。输入、转换处理和输出是系统的三要素。由于资源是有限的，环境也是在不断变化的，系统在处理各项元素时得出的结果也会随时变化，所以要时时关注，如果输出的结果偏离了预期的目标，就要重新进行调整和修改，这就是“反馈”，有了反馈信息，可以使人们及时发现问题并予以修正，如图 1-2 所示。

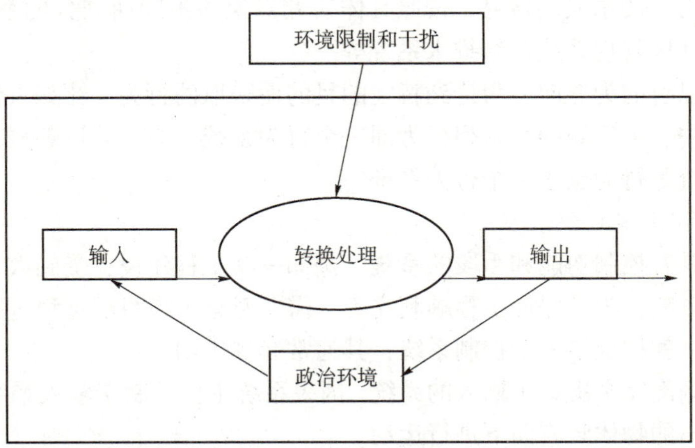

图 1-2　系统的模式

（二）系统的分类

1. 自然系统和人造系统

自然系统是在客观规律作用的前提下，实现动态的平衡，使物质和能量在不同的载体中不断地循环利用，例如生活中的水循环系统、食物链系统、大气系统等都属于自然系统。

人造系统是人们根据自己的需求，利用自然界中现有的物质创造出来的新的物质，来满足人们的某种需求，比如人们不想爬楼梯，于是发明了电梯；人们不想走路，于是发明了汽车、火车和飞机；人们想要预测天气的变化，于是发明了气象卫星。人造系统的产生为人类的生活提供了极大的便利，人造系统存在于自然系统之中，与自然系统相互作用和影响。

2. 实体系统和概念系统

实体系统是以矿物、生物、能源、机械等实体组成的系统。实体系统是能被人真实感知的，比如自然界中的铁矿石、飞禽走兽、江河湖泊，以及我们乘坐的交通工具汽车、火车、飞机等。

概念系统是由概念、原理、方法、制度、程序等观念性的非物质实体所组成的系统。概念系统通常是人们通过抽象思维形成的，比如真理是主客观相符合的哲学范畴，是人们对客观事物及其规律的正确反映。

3. 封闭系统与开放系统

封闭系统是指与外界环境不发生任何形式交换的系统。例如闭门造车、自我封闭都属于封闭系统，割断了与外界环境的联系。

开放系统是指系统内部与外部环境有能量、物质和信息交换的系统。例如我国的改革开放，坚持“引进来”和“走出去”的方针，加强国内外的交流合作，与时俱进。

4. 静态系统和动态系统

静态系统是在某个时间段内其组成部分不发生变化的系统。静态系统的运动极其缓慢，状态变化很小，难以观察和测量，比如静止的房屋、静止的山脉都构成相应的静态系统。

动态系统是随着时间的变化而不断变化的系统，其运动的状态变化比较明显，容易被人们观察。例如生活中的自由落体运动、人体的循环系统等都属于动态系统。

5. 对象系统和行为系统

对象系统是为了便于人们研究，按照具体研究对象的不同而划分的系统，如税务系统、警民联动系统、社区管理系统、给排水系统等。

行为系统是以目的为导向，为达到特定的目的而采取的行为。比如人们为成功举办运动会，在事前、事中、事后做的一系列行为即一个行为系统。为了建设新城市，对城中村的居民进行拆迁和安置等行为也是一个行为系统。

6. 控制系统和因果系统

控制系统是具有控制功能和手段的系统。例如一项工程建设，受到人力配置、环境、意外事件等因素的影响，为了保证工程顺利完工，需要对整个项目的进程进行控制，保持正常的工程进度，这个就构成了一个控制系统，其通常起到主动作用。

因果系统是输出完全决定于输入的系统。因果系统主要受制于输入系统，例如由于万有引力的存在，抛出的物体竖直向下进行运动。

（三）系统的特征

系统具有集合性、整体性、相关性、目的性、环境适应性和动态性。

集合性是指系统由多个元素组成，各个元素根据自己的功能和结构发挥不同的作用，共同构成一个整体。

整体性是指组成系统的所有元素组成一个整体，部分构成整体，但是它们之间的组合不仅是简单的数学相加，而是组成一个整体，这个整体具有新的功能和效果，这些功能和效果是部分元素所不具备的，具体的结果要看它们之间组合的效率和效果。

相关性是指组成系统的各元素不是孤立的个体，它们之间相互影响，相互制约，具有千丝万缕的联系，一旦其中某个元素发生变化，就可以导致其他元素发生变化，进而影响整体元素的变化。在考虑系统时要从相关性的角度进行分析，才可以达到预期的目的。

目的性是指单个的元素无法实现特定的目标，所以为了实现既有的目标，各种不同的元素组合在一起形成一个整体，发挥出“1+1>2”的效果；相反，一个没有目的的系统，也就没有存在的意义和价值。

环境适应性是指外界的环境处于不断的变化之中，系统必须具备快速适应环境的能力才能够存在，否则就会在环境变化中消失。系统与外界环境不断地进行能量及信息的转换，外界环境与系统相互作用，不断调整，从而使系统具备较强的适应能力。

动态性是指自然界的万事万物都是处于不断运动的状态，静止是相对的，只有运动是永恒的，系统也在发展中不断的变化，保持足够的动态性。

经典案例

图书馆的系统原理分析

如果将图书馆作为一个完整的系统，依据现代管理的系统理论，对其进行系统分析，主要包括以下方面。

（1）系统要素方面：表现为构成图书馆的各个组成部分和相关条件；

（2）系统结构方面：表现为图书馆各部分的组成方式及其相互关系；

（3）系统功能方面：表现为图书馆系统整体和局部功能的总和；

（4）系统集合方面：揭示维持、完善与发展图书馆系统的源泉与因素；

（5）系统联系方面：研究图书馆系统与其他系统以及其内部子系统之间的纵横联系；

（6）系统历史方面：展示整个图书馆系统的产生和发展的历史过程，揭示其一般的历史规律。

同样，图书馆系统也包括不同层级的子系统，各子系统各司其职。高层级子系统的主要任务是根据系统的整体目标，向下一层级子系统发出指令，最后考核该层级子系统指令执行的结果，同时解决下一层级各子系统之间的不协调或矛盾；低层级子系统要对上一层级子系统负责，协调相关层级子系统共同完成任务。从系统原理的观点出发，图书馆管理者必须重视各层级子系统之间的协调，制定适当的管理制度，从图书馆工作目标出发，合理分配各部门的职责，理顺不同部门之间的关系，防止各部门职责不清导致互相推诿，影响整个图书馆系统的正常运作。

素质提升

我们要善于观察身边的事物，理论联系实际，培养创新意识，做到知行合一，增强服务国家、服务人民的社会责任感，勇于探索的创新精神，善于解决问题的实践能力。

二、物流系统的概念和特点

（一）物流系统

中国国家质量技术监督局《中华人民共和国国家标准物流术语》对物流的定义是：物流是指物品从供应地到接收地的实体流动过程。根据实际需要，可对运输、储存、装卸、搬运、包装、流通加工、配送、信息处理等功能实施有机结合。

所谓物流系统，是指在一定的时间和空间里，由物流诸环节及其涉及的物品、信息设施和设备等若干相互联系、相互制约的要素组成的，具有特定功能和目标的有机整体。

物流系统是系统的一种形式，具备系统的基本功能，即输入、转换处理和输出，同时系统还具备自己特有的功能，即反馈，它能够把外界的资源输入系统后产生相应的反馈信息，包括正面、负面的信息，从而在处理的过程中及时发现问题，使系统向预定的目标发展，防止产生偏离。

在整个物流系统中，起到主导作用的是人，人能够根据实际的需求和环境的变化做出决策，利用现有的资源进行合理的配置，也会影响其他系统的运行，物流系统是一个人工决策的系统，如图 1-3 所示。

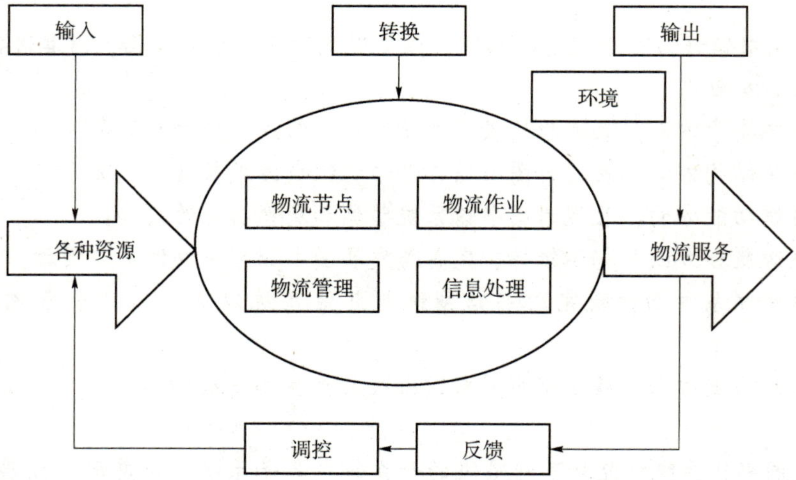

图 1-3　物流系统的基本模式

（二）物流系统的特点

物流系统具有一般系统所共有的特点，即集合性、整体性、相关性、目的性、环境适应性和动态性。物流系统除了具有一般系统共有的特征外，还具有自己特有的特点。物流系统不仅是在某个特定区域的经济活动，而且是跨越全国，甚至全球的经济活动，时间跨度长，可以以月或年来计算，而且会随着时间的变化不断调整，所以物流系统是一个大跨度的系统。尊重客观规律，并按照物流系统的规律来运行，就会达到预期的效果；相反，如果违背了物流系统的规律就可能出现事倍功半，甚至适得其反的结果，即“悖反”现象。

1. 物流系统是一个“人机系统”

物流系统是一个由人和机械组成的系统，为了提高作业的效率，人们发明了各种机械，如运输机、起重机、叉车、仓库、港口等设施设备，完成货物在时间和空间上的移动。在一系列的物流活动中，人和机械组成一个完整的整体，起决策作用的是人，因此要充分发挥人的主观能动性。

2. 物流系统是一个大跨度系统

这反映在两个方面，一是地域跨度大，二是时间跨度大。资源是有限的，利用现有的资源实现货物在空间和时间上的流转，需要人力、物力、财力、科技等的支撑才能够实现。

3. 物流系统是一个可分系统

为物流系统是一个非常庞大的系统，由若干子系统组成，可以不断地进行拆分，人们可以根据实际需要，对物流系统进行重组和拆分，以满足社会的需要。对于物流系统，既需要从宏观层面去把握，也需要从微观方面去执行，这样才能够因地制宜，具体问题具体分析，解决实际生活中的问题。

4. 物流系统是一个动态系统

一般的物流系统会随着客户和企业的需求不断地变化。市场在运行过程中，多种因素的影响使价格、成本、需求等不断地变化，物流系统时刻处于动态的变化中，因此应及时调整，使其适应环境的变化，保持足够的灵活性和可修改性。

5. 物流系统是一个复杂的系统

物流系统涉及的对象非常复杂，货物品种极其庞大，数量巨大，而且有着数以万计的工作人员，占用的资金量也非常大，如何能在短时间内合理调度人力、物力、财力是一件非常复杂的事情，所要考虑众多因素。

6. 物流系统是一个多目标函数系统

物流系统的多目标特点常常表现为“目标悖反”。因此，物流系统要素间有着非常强的“悖反”现象，人们常称之为“交替悖反”或“效益悖反”，如果处理不当就会达不到预期的收益，甚至出现严重的损失。通常，对物流数量，希望最大；对物流时间，希望最短；对服务质量，希望最好；对物流成本，希望最低。显然，要满足上述所有要求是很难的。例如，商场希望储存更多的货物，以保证客户的供应，减少缺货造成的损失，但是站在资金的角度，要尽可能加快资金的流转，才能产生更多的收益，应当减少库存量，提高资金的利用率；在运输中，航空运输速度快，但是成本高，经济效益未必最佳，而选择水路运输，情况则相反——速度慢，成本低。类似此类矛盾存在于物流系统中，这就需要建立一个多目标函数，以达到最佳的经济效益。

素质提升

中国的物流成本相对比较高，因此需要大家进行创新，打破传统思维，学习新的技术，降低我国的物流成本，为我国的现代化事业贡献自己的力量。

（三）物流系统的要素

1. 物流系统的一般要素

（1）劳动者要素。它是物流系统的核心要素、第一要素。劳动者的素质决定了整个物流系统运作的效率，物流从业人员必须不断地提高劳动者的素质，才能使物流系统高效率地运作。它也是物流企业获取核心竞争力的根本。

（2）资金要素。交换以货币为媒介。物流系统的运行过程伴随着资金的流动。在货物交换的过程中，资金是交换的媒介。资金是物流系统顺利进行的一大保障和基础。

（3）物的要素。物流装备是保证物流系统运动的条件，形成劳动手段的各种设备或工具包括运输设备、仓储设备、搬运设备、包装设备、加工设备以及办公设备和设备维修工具等。

2. 物流系统的功能要素

物流系统的功能要素指的是物流系统可以实现的功能（运输、包装、装卸等），这些功能使物流系统能够实现最终目的。

（1）包装功能要素。对产品的换装、包装、分装等活动，一般是根据销售的目的和企业的要求来制定规格，其目的主要是提高售价、增加利润、方便运输等。

（2）装卸功能要素。在物流活动中，需要进行装货、卸货及中转等活动，应减少装卸的次数，降低装卸的成本，减少损失，获得最大的经济效益。

（3）运输功能要素。运输是物流的核心业务，通过汽车、火车、飞机、轮船、管道等运输方式实现货物在空间和时间上的移动。运输方式的选择、路线的优化等都是运输过程中需要考虑的问题。

（4）保管功能要素。其包括堆存、保管、保养、维护等活动。在货物流通过程中，目的地和中转地的货物需要进行保管，以保证货品的完好性，降低储存的成本，加速资金的流转速度。

（5）流通加工功能要素。流通加工又称为流通过程的辅助加工，主要是产品从生产领域向流通领域流通的过程中，为了提高产品的附加值对产品的二次加工，或者为了满足客户的定制化要求进行的加工活动，其能更好地提高企业的经济效益和口碑效应，满足客户定制化的需求。

（6）配送功能要素。配送解决的是物流系统最后“一公里”的问题，也是物流活动的终端阶段。

（7）物流信息功能要素。伴随着物流活动中产生的物流信息，对运输过程中的数据进行记录，并根据物流信息对运输数据进行分析，为后续的物流活动提供有意义的参考价值。

上述功能要素中，运输及保管功能要素分别解决了供给者及需求者之间空间和时间分离的问题，分别是物流创造“场所效用”及“时间效用”的主要功能要素，因此在物流系统中处于主要功能要素的地位。

知识链接：

物流起源与现代物流的历史与发展

3. 物流系统的支撑要素

建立物流系统还需要多种支撑要素，做好衔接、协调工作，这些支撑要素必不可少，主要如下。

（1）法律制度。物流系统的正常运行需要国家的认可和支持，政府出台的物流政策及法律制度是物流系统运行的有力保障。

（2）标准化。标准化可以降低物流系统运行的成本，发挥其规模效益，也有利于物流系统与其他系统的高效衔接。

（3）商业习惯。商业习惯是人们在生活中约定俗成的。必须了解当地的商业习惯，并且能够灵活应变，为客户提供更好的服务，实现物流系统的经济目标。

（四）物流系统中的制约关系

物流系统是一个复杂的社会经济系统，它的总目标是实现其整体经济效益最大化。物流系统各要素都有各自的目标，这些目标各不相同，往往相互矛盾，存在非常强烈的“悖反”现象，即“效益悖反”现象。

1. 要素目标冲突

客户的需求不断提升，就要提高物流系统的服务水平，结果会导致物流成本增加，经济效益减少。比如降低库存成本就要减少订货的批量，增加订货的次数，这会导致运输成本和订货成本增加，这些要素独立存在时的目标相互冲突，如图 1-4 和表 1-1 所示。

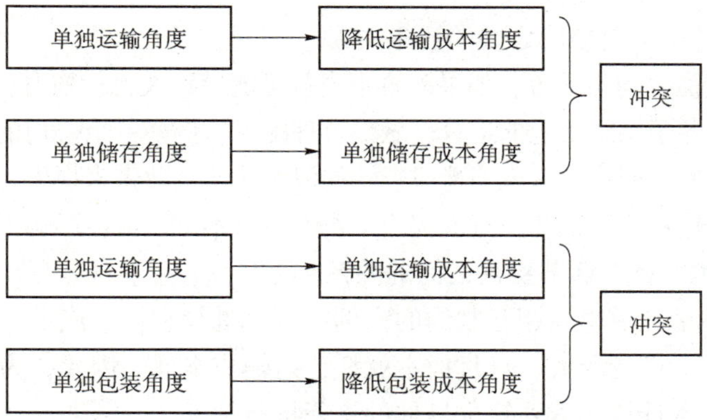

图 1-4　要素目标冲突

表 1-1　物流系统要素目标之间的典型冲突

要素	主要目标	采取的方法	可能导致的结果	对其他要素可能造成的影响
运输	运费最低	批量运输、集装整车运输、铁路干线运输	交货期集中、交货批量大、待运期长、运费低	在途库存增加、平均库存增加、末端加工费用高、包装费用增加
储存	储存费最低	缩短进货周期、减少每次进货量、增加进货次数、在接近消费者的地方建仓库、加强信息沟通	紧急进货增加、送货更加零散、存储地点分散、库存量减少甚至达到零库存、库存费用降低	无计划配送增加，配送规模更小，配送地点更分散，配送、装卸搬运、流通加工、物流信息成本更高

续表

要素	主要目标	采取的方法	可能导致的结果	对其他要素可能造成的影响
包装	破损最少，包装成本最低	提高物流包装材料强度、扩大内装容量、按照特定商品需要确定包装的材料和方式、增加物流包装容器的功能	包装容器占用过多空间和质量、包装材料费增加、包装容器不通用、商品破损减少但包装费增加	包装容器耗用的运费和仓储费用增加、运输车辆和仓储费用增加、运输车辆和仓库的利用率下降、装卸搬运费用增加
装卸	降低装卸费、降低搬运费、加快装卸速度	使用人力节约装卸搬运成本（招聘农民工进行装卸搬运）、提高装卸搬运速度（“抢装抢卸”）	装卸搬运效率低、商品破损率高、不按要求堆放	待运期延长、运输工作和仓库的利用率降低、商品在途和在库损耗增加、包装费用增加、重新加工流通加工成本增加
流通加工	满足销售要求、降低流通加工费用	因为流通加工作业越来越多，为节约加工成本，采用简陋设备	在途储存和在库储存增加、装卸环节增加、商品重复包装	商品库存费增加、装卸搬运费增加、商品包装费增加
物流信息	简化业务，提高透明度	建立计算机网络，增加信息处理设备，如手持终端，采用条形码，增加信息采集点	增加信息处理费，方便业务运作，提高客户服务质量，信息安全性和可靠性影响系统运作安全	与其他要素的目标没有冲突

2. 构成物流服务子系统功能之间的约束关系

各子系统的功能需要均匀配置，如果配置不当就可能导致人力、物力、资源的浪费，需要借助科技的手段进行各子系统功能的运算，做到合理配置。例如一个公司的运输能力很强，但是到达目的地后装卸搬运能力弱，就会造成资源的浪费，给企业带来损失。工作部门的划分也是一样，有的部门工作量过于饱和，有的部门工作量严重不足，就会影响工作效率。

3. 构成物流成本的各个环节费用之间的关系

物流系统中的各个环节也是相互制约的，例如订货批量和订货成本，订货量小，订货成本就高，运输成本高；订货量大，订货成本就低，运输成本低。因此，为了获取最佳的经济效益，就需要利用定量计算的方式算出最佳的订货批量。

4. 各子系统的功能和所耗费用的关系

任何子系统功能的增加都需要增加相应的资金投入，完善系统的功能需要加大研发的力度，提高系统的运行速度，需要采购先进的设备，实现系统的机械化和自动化水平。如何在投入和产出之间做到相应的平衡，也是物流系统亟待解决的问题。

类似上述制约关系不计其数，因此在进行物流系统规划时必须从整体出发，结合实际情况进行考虑，做到合理分配。

任务实施： 在海尔公司的国际物流中心有 3 个 JIT，实现了同步流程。由于物流技术和计算机信息管理的支持，海尔物流通过 3 个 JIT，即 JIT 采购、JIT 配送和 JIT 分拨来实现同步流程。目前通过海尔公司的 BBP 采购平台，所有供应商均在网上接收订单，并在网上查询计划和库存，及时补货，实现 JIT 采购；货物入库后，物流部门可根据次日的生产计划并利用 EPR 信息系统进行配料，同样根据看板管理 4 小时送料到位，实现 JIT 配送；生产部门按照 B2B、B2C 订单的需求完成订单后，满足用户个性化需求的定制产品通过海尔全球配送网络到达用户手中。2002 年，海尔公司在国内建立了 42 个配送中心，每天可将 500 000 多件定制产品配送到 1 550 个海尔专卖店和 9 000 多个营销点，实现分拨物流的 JIT。目前海尔公司在中心城市实现 8 小时配送到位，区域内 24 小时配送到位，全国 4 天内到位。在企业外部，海尔 CRM 和 BBP 电子商务平台的应用架起了与全球用户资源网、全球供应链资源网沟通的桥梁，实现了与用户的零距离接触。在企业内部，计算机的自动控制的各种先进物流设备不但降低了人工成本、提高了劳动效率，还直接提升了物流过程的精细化水平，达到了质量零缺陷的目的。

做一做：结合给定情境，查找资料，说明什么是 JIT 系统，并结合海尔物流的实际情况，谈谈对海尔物流系统的认识。

任务二 物流系统规划概述

【任务描述】理解物流系统规划的分类、原则和内容模式，掌握物流系统规划与设计的基本步骤。

【任务分析】学生从微观上了解物流系统规划的原则与内容。教师结合案例从宏观上讲解物流系统规划与设计的步骤，从而使学生能够掌握物流系统规划与设计的具体步骤，提高学生的分析与解决问题的能力。

【相关知识】

智能工厂物流系统规划步骤

物流小知识

案例引入

背景介绍：嘉祥公司是一个大型制造企业，该公司为了应对激烈的市场竞争，决定改变采购定价策略，即由原先的供应商零部件到厂价改为零部件出厂价，以便进一步降低原材料的采购价格。定价方式的变化意味着该公司要对入厂物流的运作负责，而如果该企业的物流管理部门不能提高入厂物流（采购物流）的运作效率，作出科学经济的规划，则无法降低物流的运作费用，这样不仅不能达到降低成本的目的，反而会增加企业的管理成本，带来更大的管理问题。目前的已知条件如下。

（1）嘉祥公司的供应商主要分布于长三角区域，数量非常多，达到 400 多家；

（2）嘉祥公司要求满足客户的要求，必须使物流部门保证相应的连续性。

想一想：如果你是该公司的物流部门负责人，你如何应对公司的战略调整？

【知识学习】

一、物流系统规划的概念

物流系统规划是指确定物流系统发展目标以及设计实现物流系统发展目标的工程、措施、解决方案、管理模式、政策保障等的过程。物流系统是一个涉及领域非常广泛的综合系统，它涉及交通运输、货运代理、仓储管理、流通加工、配送、信息服务、营销策划等领域。物流系统又是一个开放的复杂系统，影响其发展的内外部因素多且变化大，其依托的外部环境的变化也有很大的不确定性，因此，不论是改进现有物流系统还开发新物流系统，进行物流系统规划都显得尤为重要。

二、物流系统规划的分类、原则和内容模式

（一）物流系统规划的分类

为了便于研究物流系统规划，需要对物流系统规划进行分类，根据物流系统规划的研究对象不同，将其分为宏观层面的物流系统规划与微观层面的物流系统规划。

1. 宏观层面的物流系统规划

宏观层面的物流系统规划是从社会的角度以及行业的角度进行研究，包括物流系统总体的构成、物流在社会发展中地位和作用、生产关系等多个层面。宏观层面的物流系统规划可以从生产的角度研究物流的整体趋势和发展方向，也可以从空间的角度研究社会的物流活动和物流行为，从全局进行把控，实现整体的布局和经济效益。

2. 微观层面的物流系统规划

微观层面的物流系统规划仅从单个企业的发展状况出发，进行物流系统的优化和处理，从微观着手，对具体企业的物流活动进行系统规划与设计，降低企业的物流成本，提高企业的利润。

知识链接：

物流系统规划的类型

（二）物流系统规划设计的原则

1. 系统性原则

系统性原则是指在进行物流系统规划时必须站在企业全局的角度，从整体进行设计。物流系统不是单独的个体，而是处于社会发展的大环境之中，与社会的其他系统保持着千丝万缕的联系，它们之间相互联系，相互制约。在进行物流系统规划时要充分考虑企业的内外部环境及其变化，结合企业的实际情况做出最优的规划。坚持系统性原则可以从整体上对企业的资源和社会资源进行有效的整合，发挥物流企业的优势，获得最佳的经济效益。

2. 可行性原则

可行性原则是指要充分考虑现有的资源和社会条件，进行实地调研和分析，对物流系统

的规划设计要建立在企业已有的基础上，不可好高骛远，不切实际，把握企业现有和未来的发展情况，进行适度的超前性规划，以保证企业物流系统规划的实现。

3. 经济性原则

经济性原则是指企业要以最小的投入获得最大的产出，在达到既定目标时实现总成本最低，从而实现企业经营的利润最大化。

4. 社会效益原则

社会效益原则是指企业不仅要追求利润，也要承担相应的社会责任，为社会服务，重视可持续发展，回收及循环利用旧产品，节能环保，倡导绿色物流。

5. 系统总成本最优原则

企业物流管理需要从宏观层面上考虑企业的运营与发展。由于资源有限，不可能满足所有部门的需求，所以管理者在进行资源规划时要从总体最优的角度进行资源的调度，使物流系统的总成本达到最优。

6. 客户服务驱动原则

随着市场经济的发展，消费者由原来的被动接受变为主动选择，角色发生了转变。企业也要适应社会发展的变化，所有经济活动需要以客户为中心，以市场为中心。应进行充分的市场调研，了解客户的真实需求，为客户进行个性化的定制服务，为客户提供超值的服务和附加值，提高客户的满意度。

三、物流系统规划与设计的内容与步骤

（一）物流系统模式的设计内容

根据物流系统模式的内涵，设计物流系统模式的主要任务是明确物流据点在供应链中的地位及其功能、供应链库存的控制方式、各据点的物流衔接方式、信息处理与传递的方式与手段，并对整个物流系统运行机制进行安排等。

1. 按照物流系统规划与设计的层面划分

物流系统规划与设计包括物流系统战略层、运营层和操作层。物流系统战略层主要从宏观层面做出规划，从企业的长远出发，决定企业未来的发展，一般为 3～5 年的规划。物流系统运营层主要是根据战略层的规划，将具体的工作任务落实，包括具体的方案设计、营销计划、生产计划等，一般在 1 年以内。物流系统操作层主要涉及操作人员日常的工作，包括每天作业的完成、订单的生产等。

（1）物流系统战略层。物流系统战略层的规划内容又可细分为全局性战略、结构性战略、功能性战略、基础性战略四个层次。

①全局性战略。以客户为导向，将企业的产品与服务不断提升，争取客户满意度最大化，建立宏观的评价指标体系，根据国内和国际的环境做出科学的判断。

②结构性战略。从企业的整体结构和布局出发，提高客户满意度就要提高服务水平，对企业的整体结构进行调整，使部门间协调一致，高效运行，改进运输的方式，降低库存的水平，优化配送的路线等。

③功能性战略。根据产品的性质和客户的需求对运输的产品进行加工、包装、分装、换装等，以提高产品的附加值。

④基础性战略。基础性战略主要是基础设施的建设、平台的改进和完善、软件的引进和

持续升级、客户服务水平的提升、基础信息的收集与整理，为物流系统的正常运行提供基础性的保障。

物流战略的制定关系着企业未来长远的发展，在市场竞争中保持不败的地位需要企业具有核心竞争力，在硬件、软件及服务上保持竞争优势，为客户提供准时的物流服务，树立良好的口碑。

（2）物流系统运营层。物流系统营运层需要落实物流系统战略层的规划与设计，特别是有效实施结构性战略。

物流系统运营层需要在贯彻理解物流系统战略规划层的基础上，将具体的工作任务进一步落实，包括企业的运营管理、生产管理、运输调度等，根据市场的反馈情况向决策层进行汇报，了解市场动态。物流系统运营层主要面向中层管理人员，他们是企业发展的中坚力量，关系到企业的发展与稳定。

（3）物流系统操作层。物流系统操作层主要面向基层人员，负责具体任务的执行，包括日常的装卸运输、货物的集散、仓库的保管与客户的沟通等。基层人员工作的好坏直接决定了产品的质量、客户的满意度。如何把控产品的质量，提高基层人员工作的主动性和积极性是企业管理的重要内容。

素质提升

组织一体化、供应链整合、虚拟组织、动态联盟、战略联盟、战略伙伴、企业流程再造、敏捷制造等发生在组织管理领域的变革，要求我们从企业的整体进行考虑，从企业物流系统的战略层、运营层、操作层去分析，这样才能在把握大方向准确的前提下，使企业的发展循序渐进，实现稳步发展。

2. 按照物流系统规划所涉及的行政级别和地理范围划分

物流系统规划可分为国家级物流系统规划、区域级物流系统规划、行业物流系统规划、企业物流系统规划。

国家级物流系统规划从国家层面进行整体布局，包括基础设施公路、铁路、航空、港口、管道的建设，网络设施的覆盖和普及，高速信息公路的建设，地区之间资源的配置等，国家可以站在全民发展的角度来规划，缩小东中西之间的差距，推进全国经济的发展。

区域级物流系统规划着重于地区物流基地、物流中心、配送中心的建设，物流园区的规划与布局，主要由当地政府进行规划，平衡经济的发展，因地制宜制定相关的政策，促进当地经济的发展。

行业物流系统规划主要由企业来进行，在物流运行的基础上，根据行业进行分类，对从事相应物流行业的企业进行整合和协调，发挥行业优势，制定行业发展的规则，促使行业物流发展有序进行。

3. 按照物流系统的特征划分

由于物流系统在物流能力、业务规模、目标客户、地域范围等方面都有所差别，所以应根据物流系统类型进行规划设计，物流系统按照特征可以分为先驱型、机能整合型、业务代理型和缝隙型四种类型。这个划分角度既适用于物流企业，也适用于企业的物流系统规划与设计。

（1）先驱型物流系统——综合物流系统规划。自身拥有数量多、规模大的物流节点，同时具备运输、保管、流通加工等功能，一般都是由大型的物流集团投建的，规模大，实力强，能够完成超长距离和超大规模的运输，服务能力强，运输能力强。

(2) 机能整合型物流系统——系统化物流系统规划。主要利用先进的技术为客户提高快速精准的服务，提高分拣的速度及运输的能力。除了依靠技术之外，还可以进行资源的整合，将物流系统纳入统一运行，提高服务的效率和水平。

(3) 业务代理型物流系统——柔性物流系统规划。在现实生活中，存在诸多信息不对称情况，导致企业找不到客户，客户找不到企业，不能对相应的信息进行有效的匹配，于是产生了各种规模的代理运输公司，它们可以将信息收集并匹配，充分利用资源，做到资源的合理调度，发挥物流系统的灵活性。

(4) 缝隙型物流系统——差别化低定价的物流系统规划。主要用于一些中小型企业，其实力在市场竞争中处于劣势地位，只能为客户提供定制化服务，甚至通过低价策略占领低端的物流市场。

客户的需求千变万化，物流系统也各有不同，在实际运用中，可以根据客户的需求进行变更。

经典案例

在上海通用建立之初，其 IT 系统的关键部分主要是沿用通用全球核心公共系统标准，虽然覆盖“接订单—交货—用户”的整个流程，但美中不足的是，由于通用全球核心公共系统是十多年前开发的，开启语音陈旧、系统庞大，比起目前新兴的技术系统运维护成本极高，再加上这套系统是从美国远程支持到上海，由于时间差等问题，上海通用出现问题很难及时得到解决。

为了解决这些问题，上海通用重新进行了物流系统规划与设计。2001 年 11 月 6 日，上海通用开始进行“用更加经济的新 IT 系统替代旧全球核心公共系统”的可行性研究。经过 6 个多月的测试之后最终决定，实施 IS-AUTO 系统。历时两年多，PIS-AUTO 及 APO（高级计划优化器）项目成功在上海金桥南厂上线，其最大的价值就在于对整个供应链业务的整合，实现了按需制定，柔性管理。

素质提升

在技术日益进步的今天，只有不断创新，打破传统思维，利用先进的科技，才能跟上时代的步伐。我们应该利用发展的观点看问题，发扬开拓进取的精神，努力学习先进技术，不负青春。

(二) 物流系统规划与设计的步骤

1. 第一阶段

在进行物流系统规划与设计之前，需要到企业进行实地调研，了解企业的需求和目标，根据企业的需求和目标制定初步的计划，一般来说不外乎有三种情况：降低企业总资金的成本、降低企业的运营成本、提高客户的满意度水平。降低企业总资金的成本就是要减少企业的物流节点，缩小物流中转的环节，或者租用公共仓库以降低总的成本。降低企业的运营成本就是进行资源的合理分配，优化配送的路线。提高客户的满意度水平就是要保证信息反馈的及时性，合理增加人力和物力，保证运输的时效性。三个目标不可能同时达成，基于资源的有效性，可以根据客户的具体倾向提出建设性的建议，结合企业的实际情况编制合理化的调研报告。

2. 第二阶段

在初步的调研完成后，收集物流系统设计所需要的相关数据和资料。数据和资料是物流系统规划与设计的基础，其准确性也影响实际执行的效果，务必保证数据收集的准确性和完整性。调研是一项十分繁重的工作，不仅涉及企业自身的数据，还包括物流设施及社会、自然、土地等方面的数据。物流系统是一个复杂的系统，不仅与自身发展有关，还和社会的发展变化息息相关。在进行物流系统规划时应当充分考虑社会发展的条件、物流发展的水平、企业自身的实力等。对社会经济发展的调查分析主要是确定物流系统规划的目标和发展阶段；对物流设施与规划的调查分析主要是规划物流系统的服务水平和服务能力；对物流流动进行调查可以确定物流的发展趋势。

3. 第三阶段

第三阶段是方案评估阶段。在制定出多个方案后，需要对多个方案进行评估，以保证所选取的方案是最佳的。可以通过定性分析法和定量分析法相结合的方式进行评估，减少投资的盲目性，帮助领导者做出科学的决策。主要的评估方法有程序评价法、因素评价法。

（1）程序评价法。主要侧重对过程的评价，通过对物流设计的各个运行环节进行评价，结合总体的实施情况做出评价表，以判断各个环节的设定是否合理高效。通常对物流系统设计的四个阶段进行评价，应注意以下三点：①首先与企业的管理人员进行充分的沟通，了解设计人员的想法与企业是否一致，初步判定设计的目标是否准确；②检验资料收集和分析程序是否合理且有效，确保物流系统设计的基础依据的可靠性；③根据第一阶段和第二阶段的数据资料进行验证，融入方案设计，检验是否达到预期的效果。

（2）因素评价法。将影响物流系统设计的各个因素确定下来，建立完整的评价指标体系，根据定性分析和定量分析确定各因素指标的权重，综合多种因素计算出各个方案的数值，作为评判的依据。常选用的定量分析法有基于成本和效益的方法、基于统计学的主成分分析法等；定性分析法包括模糊综合评价法、层次分析法等。方案决策是在没有实施方案的前提下，凭借专家、实践者的经验预先检验模拟效果并加以分析。决策的最终目的是减少失误，评判方案设计的好坏，为物流系统规划与设计提供决策的依据。

4. 第四阶段

第四阶段为方案实施阶段。该阶段主要是将前面的方案进行实施。由于在方案设计的过程中，很多因素没有考虑进去，在执行方案的过程中，难免会遇到这样或那样的问题，就需要设计者和方案组的工作人员根据实际出现的问题提出解决方案，在必要的时候也可以对方案进行适当的调整，前提是不能影响整体目标的实现。

5. 第五阶段

第五阶段是实效评价阶段。方案实施后，要对方案的实施效果进行评价。一般情况下，物流系统实施前先分模块上线，最后再整体上线，通常运行一段时间后，根据运行的效果进行追踪监测，对比前后的变化，以便于后期的修正和改进工作，如图 1-5 所示。

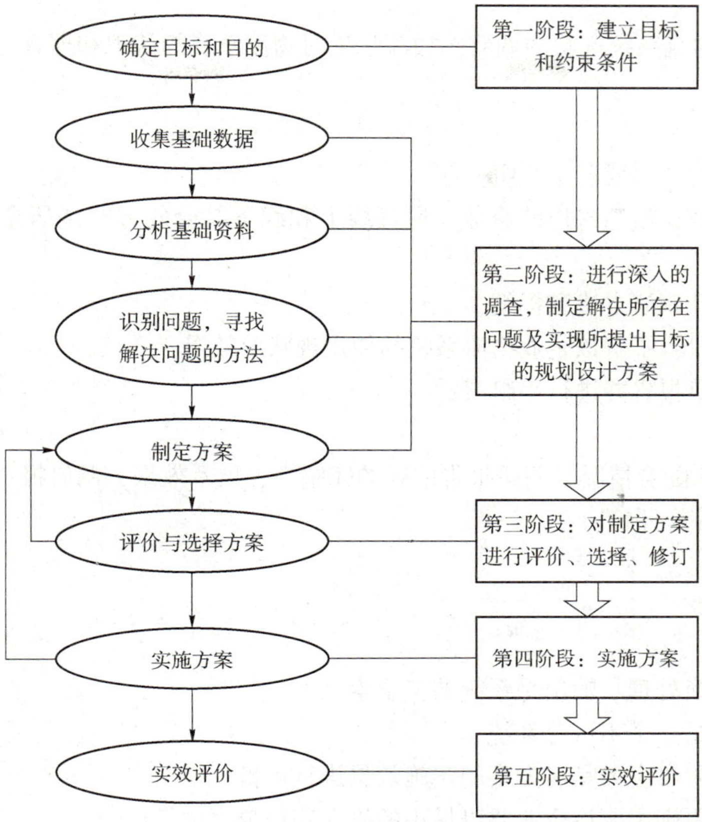

图 1-5　物流系统规划与设计的步骤

任务实施：杭烟物流送货服务现状

浙江省烟草公司杭州分公司（以下简称“杭烟”）在杭州城区共有 6 400 多家零售网点，下属物流中心现有 20 多辆送货面包车、100 多条送货线路。2002 年 10 月，杭烟原吴山批发部实现了访（销）送（货）分离，标志着杭烟物流真正实现了“访送分离、集中配送、信息管理、定时到户”，至此，物流中心在送货管理上有了集中暴露问题、全盘考虑（如何解决定时到户中的送货车辆调度问题、如何均衡不同送货线路的工作量、如何降低卷烟配送成本、杭烟物流核心技术立足点何在等）、统筹安排的条件。

做一做：结合给定情境，查找资料，应用所学知识，对杭烟进行的物流系统规划与设计？

实训　企业物流系统的现状调研

【实训背景】

近些年我国物流业的发展非常迅速，物流信息化也得到了很大程度的发展，企业物流信息化意识普遍提高，物流信息标准化进程也正在加快，但从整体来看，我国物流信息化还处于起步阶段。借助物流系统能够提高企业的市场反应速度，越来越多的企业开始重视物流系统的建设。

【实训目的】

通过对企业物流系统现状的调研，加深学生对物流系统的认识和理解，体会物流系统对企业的重要性。

【实训组织】

(1) 自由组合，组成若干小组。

(2) 各组选择比较感兴趣的企业，通过线上和线下结合的方式调研企业所使用的物流系统。

(3) 各组设计调研方法和提纲。

(4) 进行调研，了解该企业物流系统的使用现状及效果。

(5) 形成调研报告并进行小组展示。

【实训评价】

从各组的团队配合情况，调研报告内容的完整性、展示效果，调研报告的规范性，工作态度等方面进行综合评价。

【项目测评】

一、判断题

1. 输入、转换处理、输出是系统的三要素。 ( )

2. 物流系统是一个不可分系统。 ( )

3. 实效评价阶段主要是对方案的实施效果进行评价。 ( )

4. 社会效益原则主要指企业要以最小的投入获得最大的产出。 ( )

5. 宏观层面的物流系统规划是从企业的角度进行研究。 ( )

二、单选题

1. 以目的为导向，为达到特定的目的而组成的系统为（ ）。

A. 对象系统　B. 行为系统　C. 控制系统　D. 因果系统

2. 举办校园运动会属于（ ）。

A. 对象系统　B. 行为系统　C. 实体系统　D. 概念系统

3. 下列不属于系统特征的是（ ）。

A. 集合性　B. 整体性　C. 服务性　D. 环境适应性

4. 进行方案评估的方法主要有程序评价法和（ ）。

A. 主观分析法　B. 因素评价法　C. 平衡卡法　D. 积分法

5. 物流系统规划与设计的步骤排序正确的是（ ）。

A. 确立目标—设计方案—修正方案—实施方案—评价方案

B. 修正方案—实施方案—评价方案—确立目标—设计方案

C. 设计方案—修正方案—实施方案—评价方案—确立目标

D. 实施方案—设计方案—修正方案—确立目标—评价方案

三、多选题

1. 系统根据是否是由自然形成的可以分为（ ）。

A. 自然系统　B. 人造系统　C. 静态系统　D. 动态系统

2. 物流系统的一般要素包括（ ）。

A. 劳动者要素　　B. 信息系统　　C. 资金要素　　D. 物的要素

3. 根据物流系统规划的研究对象不同，物流系统规划可以划分为（　　）。

A. 宏观层面的物流系统规划　　B. 企业层面的物流系统规划

C. 国家层面的物流系统规划　　D. 微观层面的物流系统规划

4. 按照物流系统规划与设计的层面划分为（　　）。

A. 物流系统战略层　　B. 物流系统运营层

C. 物流系统操作层　　D. 物流系统全局层

5. 物流系统规划按照所涉及的行政级别和地理范围划分（　　）。

A. 国家级物流系统规划　　B. 企业物流系统规划

C. 行业物流系统规划　　D. 区域级物流系统规划

四、案例分析

截止到 2022 年 3 月，京东在全国 34 个城市设立了 82 仓库，总仓储面积已经超过了 150 万 m^2，拥有一级物流中心 7 个，在全国设有物流终端自提点 212 个。京东拥有超过 20 000 人的专业配送队伍，能够向全国超过 1 485 个区县提供自营配送服务，提供“211”限时达服务的城市达到了 26 个，实现次日达服务的城市有 154 个，还能够根据客户的要求提供限时达服务。位于上海的“亚洲 1 号”仓库即将建成，其仓储面积达到 23 万 m^2。京东的日订单处理能力具有很大优势。

结合网络资料，利用所学知识，分析京东的物流系统规划的思路与步骤。

项目二 学习物流系统规划与设计的理论与方法

【项目介绍】

通过学习物流系统规划与设计的理论与方法，掌握定量分析的方法，学会利用图解法、线性规划方法分析等和解决实际问题。

【知识目标】

(1) 了解线性规划的基本原理；
(2) 掌握线性规划图解法的基本原理；
(3) 熟悉最优解的判别方法。

【技能目标】

(1) 能够利用线性规划方法解决资源分配等问题；
(2) 能够利用单纯形法进行定量分析；
(3) 掌握单纯形法，并能够解决实际应用中的运输问题。

【素质目标】

能够用定性和定量的方法进行物流系统规划与设计。物流系统规划与设计需要精益求精的精神，在物流系统规划与设计中要一丝不苟，培养爱国情怀、工匠精神，增强民族自信心。

【项目导学】

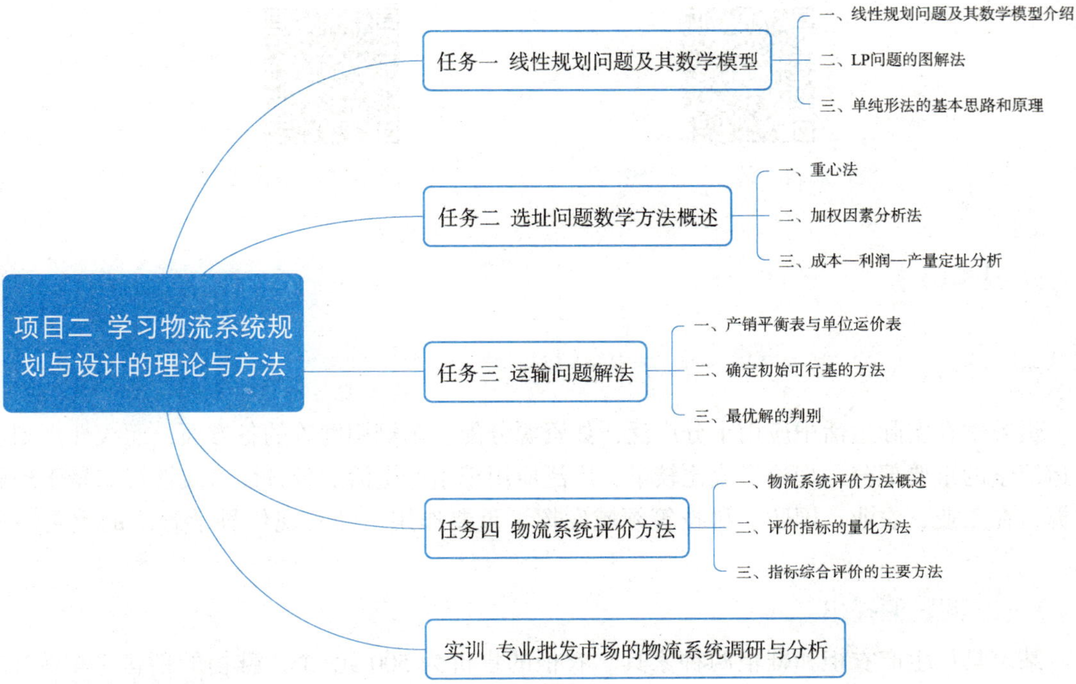

案例引入

某昼夜服务的公交线路每天各时间段所需司机和乘务人员见表2-1。

表2-1　每天各时间段所需司机和乘务人员

班次	时间	所需人数
1	6:00—10:00	60
2	10:00—14:00	70
3	14:00—18:00	60
4	18:00—22:00	50
5	22:00—2:00	20
6	2:00—6:00	30

设司机和乘务人员分别在各时间段一开始时上班，并连续工作8小时。

思考：问该公交线路怎样安排司机和乘务人员，既能满足工作需要，又能使所配备人数最少？

任务一　线性规划问题及其数学模型

【任务描述】了解线性规划的基本原理，掌握线性规划问题的数学模型。

【任务分析】学生要了解资源的稀缺性，明白为什么要进行线性规划。教师通过线性规划的基本原理教会学生如何建立线性规划的数学模型。

【相关知识】

线性规划之父——丹茨格　　线性规划的发展简史

【知识学习】

一、线性规划问题及其数学模型介绍

运筹学在实际生活中应用十分广泛，如资源分配、车辆调度等的各方面，而线性规划属于运筹学的重要部分，理论形成比较早，广泛应用于生产生活的各方面。线性规划易于理解掌握，在工业、农业、国防、科技等领域发挥了重要作用，已是现代科学管理的重要手段之一。

（一）问题的提出

某家具厂生产衣柜和鞋柜两种家具。衣柜的售价为 500 元/个，鞋柜的销售价格为 100 元/个。该家具厂需要木工和油漆工两个工种。生产一个衣柜需要木工工作 5 小时，油漆工工作 3 小时。生产一个鞋柜需要木工工作 4 小时，油漆工工作 2 小时。该家具厂每个月可用木工工时为 140 小时，油漆工工时为 60 小时。问如何组织生产才能使每月的销售收入最多？

第 1 步：确定决策变量。

设 x_1 为衣柜的产量，x_2 为鞋柜的产量，z 表示利润。

第 2 步：定义目标函数。

该计划的数学模型如下：

$$\max z=500x_1+100x_2$$

$$\begin{cases}5x_1+4x_2\leqslant 140\\3x_1+2x_2\leqslant 60\\x_1,\ x_2\leqslant 0\end{cases}$$

线性规划主要解决日常生活中的问题：如何利用现有的人力、物力、财力等资源，合理分配，统筹安排，以最少的投入获得最大的收益。

（二）线性规划问题的数学模型

线性规划数学模型的三要素为决策变量、目标函数、约束条件。每个线性规划问题都有一组决策变量（x_1，x_2，…，x_n），这组决策变量的值就代表一个具体方案；有一个要达到的目标，是决策变量的线性函数，用以实现最大化或最小化；有使用各种资源的约束条件，用等式或不等式表示。

线性规划问题的一般形式如下：

$$\max(\min)z=c_1x_1+c_2x_2+\cdots+c_nx_n$$

$$\begin{cases} a_{11}x_1+a_{12}x_2+\cdots+a_{1n}x_n \leqslant (=,\geqslant) b_1 \\ a_{21}x_1+a_{22}x_2+\cdots+a_{2n}x_n \leqslant (=,\geqslant) b_2 \\ \cdots \\ a_{m1}x_1+a_{m2}x_2+\cdots+a_{mn}x_n \leqslant (=,\geqslant) b_m \\ x_1,x_2,\cdots,x_n \geqslant 0 \end{cases}$$

线性规划问题的简写形式如下：

$$\max z = \sum_{j=1}^{n} c_j x_j$$

$$\begin{cases} \sum_{j=1}^{n} a_{ij}x_j = b_i, i = 1,2,\cdots,m \\ x_j \geqslant 0, j = 1,2,\cdots,n \end{cases}$$

线性规划的矩阵形式如下：

$$\max \boldsymbol{Z}=\boldsymbol{C}^{\mathrm{T}}\boldsymbol{X}$$

$$\begin{cases} \boldsymbol{AX}=\boldsymbol{b} \\ \boldsymbol{X}\geqslant \boldsymbol{0} \end{cases}$$

式中$\boldsymbol{C}$——价值向量；

$\boldsymbol{b}$——资源向量；

$\boldsymbol{X}$——决策变量向量。

$$\boldsymbol{A}=\begin{pmatrix} a_{11} & a_{12} & \cdots & a_{1n} \\ a_{21} & a_{22} & \cdots & a_{2n} \\ & \cdots & & \\ a_{m1} & a_{m2} & \cdots & a_{mn} \end{pmatrix},\ \boldsymbol{b}=\begin{pmatrix} b_1 \\ b_2 \\ \cdots \\ b_n \end{pmatrix}$$

$$\boldsymbol{C}=\begin{pmatrix} c_1 \\ c_2 \\ \cdots \\ c_n \end{pmatrix},\ \boldsymbol{X}=\begin{pmatrix} x_1 \\ x_2 \\ \cdots \\ x_n \end{pmatrix},\ \boldsymbol{0}=\begin{pmatrix} 0 \\ 0 \\ \cdots \\ 0 \end{pmatrix}$$

线性规划问题的标准形式如下：

$$\max z=c_1x_1+c_2x_2+\cdots+c_nx_n$$

$$\begin{cases} a_{11}x_1+a_{12}x_2+\cdots+a_{1n}x_n=b_1 \\ a_{21}x_1+a_{22}x_2+\cdots+a_{2n}x_n=b_2 \\ \cdots \\ a_{m1}x_1+a_{m2}x_2+\cdots+a_{mn}x_n=b_m \\ x_1,x_2,\cdots,x_n \geqslant 0 \end{cases}$$

式中，$b_i \geqslant 0$，$i=1$，2，…，m。

将一般线性规划问题化成标准形式有四点要求，分别是：求最大值；具有等式约束；$b_i \geqslant 0$；$x_i \geqslant 0$。

1. 若目标函数是求最小值（$\min Z = C^{\mathrm{T}}X$）

令 $\boldsymbol{Z}'=\boldsymbol{Z}$，则化成 $\max \boldsymbol{Z}'=\boldsymbol{C}^{\mathrm{T}}\boldsymbol{X}$

注意：因为 $\min \boldsymbol{Z} = \max(-\boldsymbol{Z})$，所以变换后的最优解不变，最优值变号。

2. 若约束条件是不等式

（1）若约束条件是“≤”不等式，则不等式左边“加上”非负的松弛变量。

如：$2x_1+2x_2\leqslant 12$，令 $x_3=12-2x_1-2x_2$，则有 $2x_1+2x_2+x_3=12$。

（2）若约束条件是“≥”不等式，则不等式左边“减去”非负的松弛变量。

如：$10x_1+12x_2\geqslant 18$，令 $x_4=10x_1+12x_2-18$，则有 $10x_1+12x_2-x_4=18$。

为了使添加松弛变量不影响原来的目标，添加松弛变量在目标函数中的系数为 0。

（3）若约束条件右面的某一常数项 $b_i<0$，这时只要在 b_i 相对应的约束方程两边乘 -1。

（4）若变量 x_j 无非负限制，引进两个非负变量 x_j'，$x_j''\geqslant 0$，令 $x_j=x_j'-x_j''$（可正可负）。

任何形式的线性规划问题总可以化成标准形式。

知识链接：

运筹学之线性规划

例 2.1 将下列线性规划问题化成标准形式。

$$\min z=-x_1+2x_2-5x_3$$

$$\begin{cases} x_1+x_2+x_3\leqslant 7 \\ x_1-x_2+x_3\geqslant 3 \\ 3x_1+x_2+2x_3=5 \\ x_1\geqslant 0,x_2\geqslant 0,x_3\text{无限制} \end{cases}$$

令 $z=-z'$，$x_3=x_3'-x_3''$，则有

$$\max z'=x_1-2x_2+3x_3'-5x_3''+0x_4+0x_5$$

$$\begin{cases} x_1+x_2+x_3'-x_3''+x_4=7 \\ x_1+x_2+x_3'-x_3''+x_5=3 \\ 3x_1+x_2+2x_3'-2x_3''=5 \\ x_1\geqslant 0,\quad x_2\geqslant 0,x_3'\geqslant 0,x_3''\geqslant 0,x_4\geqslant 0,x_5\geqslant 0 \end{cases}$$

知识链接：

数学的由来和发展

二、LP 问题的图解法

（一）LP 问题

LP 问题的数学模型如下：

$$\max z=5x_1+3x_2$$

$$\begin{cases}4x_1+3x_2\leqslant 120\\2x_1+x_2\leqslant 50\\x_1,\ x_2\geqslant 0\end{cases}$$

利用坐标轴求出直线之间以及直线与坐标轴之间的交点，如图 2-1 所示。

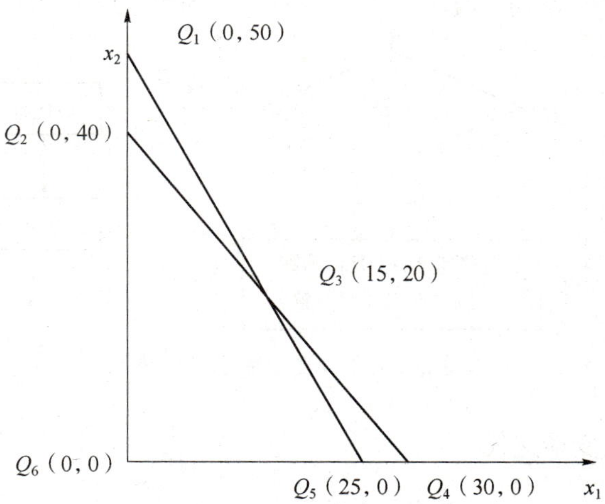

图 2-1　图解法

该问题的可行域是由 Q_2，Q_3，Q_5，Q_6 作为顶点的凸多边形，目标函数 $z=50x_1+30x_2$ 是一组平行线，此组平行线沿其法线方向（5，3）右上方函数值 z 增加，当该直线移到 Q_3（15，20）点时，z 值达到最大：$\max z=5\times15+3\times20=135$，此时最优解 $x^*=(15,20)$。

两个重要结论如下。

（1）可行域是一个凸多边形。

（2）最优解必定能在某个顶点上取得。

（二）LP 问题的解

可行解：满足约束条件（包括非负条件）的一组变量值。

可行域：可行解的全体。

最优解：使目标函数达到最大的可行解。

最优值：将最优解代入目标函数得到的值。

如果可行域为空集，则无可行解，无最优解。

可行域非空，则有如下三种情况。

（1）有唯一解（顶点）。

（2）有无穷多个解（两个顶点间的连线）。

（3）无最优解（无界解）。

无界解：若可行域无界，且目标函数值可增加（减少）到正无穷（负无穷），称这种无最优解的情况为无界解。

注意：可行域无界，不一定无最优解；可行域非空有界，则必定有最优解。

三、单纯形法的基本思路和原理

（一）单纯形法的基本思路

从可行域中某个顶点开始，判断此顶点是否是最优，如不是，则再找另一个使目标函数值更优的顶点，这称为迭代，再判断此点是否是最优解，直到找到一个顶点为最优解，就是使目标函数值最优的解，或者能判断出线性规划问题无最优解为止，如图 2-2 所示。

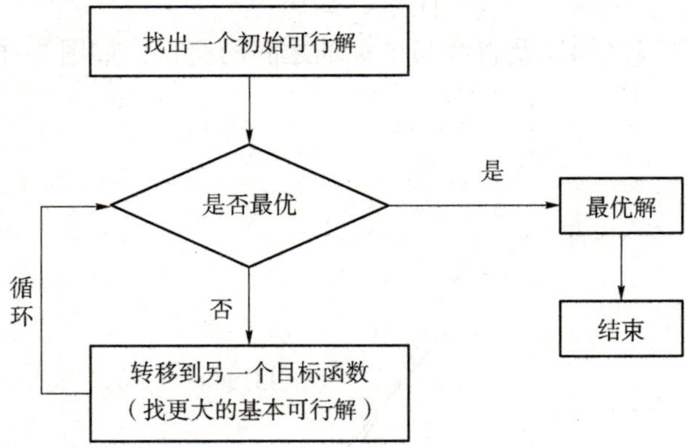

图 2-2　单纯形法的基本思路

单纯形法的核心是变量迭代。

1. 基本概念

将

$$\max z = 2x_1+5x_2$$

$$\begin{cases} x_1+2x_2 \leqslant 6 \\ 4x_1 \leqslant 7 \\ 4x_2 \leqslant 4 \\ x_1,\ x_2 \geqslant 0 \end{cases}$$

化为标准形式：

$$\max z = 2x_1+5x_2+0x_3+0x_4+0x_5$$

$$\begin{cases} x_1+2x_2+x_3 = 6 \\ 4x_1+x_4 = 7 \\ 4x_2+x_5 = 4 \\ x_1,\ x_2,x_3,x_4,x_5 \geqslant 0 \end{cases}$$

约束方程的系数矩阵为

$$\boldsymbol{A}=\begin{pmatrix} 1 & 3 & 1 & 0 & 0 \\ 3 & 0 & 0 & 1 & 0 \\ 0 & 4 & 0 & 0 & 1 \end{pmatrix}$$

$\boldsymbol{A}$ 中存在一个不为零的三阶子式，$\boldsymbol{A}$ 的秩为 3。

1）基（阵）

$\boldsymbol{A}$ 是约束条件的 $m \times n$ 阶系数矩阵，设 $r(\boldsymbol{A})=m$，且 $\boldsymbol{B}$ 是 $\boldsymbol{A}$ 的 m 阶非奇异的子矩阵（$\det(\boldsymbol{B}) \neq 0$），则称矩阵 $\boldsymbol{B}$ 为线性规划问题的一个基（阵）。

$$\boldsymbol{B}=\begin{pmatrix} 1 & 0 & 0 \\ 0 & 1 & 0 \\ 0 & 0 & 1 \end{pmatrix} 或 \begin{pmatrix} 1 & 2 & 1 \\ 4 & 0 & 0 \\ 0 & 4 & 0 \end{pmatrix}$$

2）基向量

基 $\boldsymbol{B}$ 中的一列即称为一个基向量，基 $\boldsymbol{B}$ 中共有 m 个基向量。

$$\boldsymbol{B}=(\boldsymbol{p}_1 \quad \boldsymbol{p}_2 \quad \boldsymbol{p}_3) \qquad (\boldsymbol{p}_1,\ \boldsymbol{p}_2,\ \boldsymbol{p}_3\text{为基向量})$$

3）基变量与非基变量

设 $\boldsymbol{A}=(\boldsymbol{p}_1,\boldsymbol{p}_2,\cdots,\boldsymbol{p}_n)$，若 $\boldsymbol{B}=(\boldsymbol{p}_{i1},\boldsymbol{p}_{i2},\cdots,\boldsymbol{p}_{im})$ 为 $\boldsymbol{A}$ 的基阵，则称 $x_1,x_2,\cdots,x_n$ 中的 $x_{i1},x_{i2},\cdots,x_{im}$ 为对应于 $\boldsymbol{B}$ 的基变量，其余的称为非基变量。

4）基（本）解

令非基变量取值为零，则基变量的取值可以从 $\boldsymbol{AX}=\boldsymbol{b}$ 中唯一解得。如此的一组解称为对应于 $\boldsymbol{B}$ 的一个基（本）解。

5）基可行解

若 $\boldsymbol{X}^0$ 是一个基解，而且是一个可行解，则称 $\boldsymbol{X}^0$ 是一个基可行解。基可行解对应于可行域的顶点。

2. 最优解的判断

最优解检验的依据是计算检验数 σ_j，检验数公式为 $\sigma_j=c_j-z_j$，$z_j=\sum c_j a_{ij}$。

检验数的判别规则（max）如下。

若所有的 $\sigma_j\leqslant 0$，则基 $\boldsymbol{B}$ 所对应的基可行解就是最优解。若所有的 $\sigma_j\leqslant 0$，而非基变量的检验数满足条件 $\sigma_j=0$，则该线性规划问题有唯一最优解。若所有的 $\sigma_j\leqslant 0$，又有某个非基变量的检验数 $\sigma_j=0$，则该线性规划问题有无穷多最优解。若存在某个 $\sigma_j>0$ 且其对应向量的所有分量 $a_{ij}\leqslant 0$，则该线性规划问题存在无界解。

知识链接：

运筹学——单纯形法

（二）单纯形法的内容

$$\max z=4x_1+6x_2+0x_3+0x_4+0x_5$$

$$\begin{cases} x_1+2x_2+x_3=4 \\ 4x_1+x_4=8 \\ 4x_2+x_5=6 \\ x_1,x_2,x_3,x_4,x_5\geqslant 0 \end{cases}$$

利用单纯形法求解并列表，见表 2-2。

表 2-2　单纯形法列表（1）

c_j			4	6	0	0	0	θ_i
c_B	x_B	b	x_1	x_2	x_3	x_4	x_5	
0	x_3	4	1	2	1	0	0	4/2

续表

c_j			4	6	0	0	0	θ_i
c_B	x_B	b	x_1	x_2	x_3	x_4	x_5	
0	x_4	8	4	0	0	1	0	—
0	x_5	6	0	4	0	0	1	6/4
$\sigma_j=c_j-z_j$			4	6	0	0	0	

在所有正的检验数中选取最大的列对应的变量 x_2 为换入变量，θ_i 中比值最小的行对应的变量 x_5 为换出变量，见表 2-3。

表 2-3 单纯形法列表（2）

c_j			4	6	0	0	0	θ_i
c_B	x_B	b	x_1	x_2	x_3	x_4	x_5	
0	x_3	4	1	2	1	0	0	
0	x_4	8	4	0	0	1	0	
6	x_2	6	0	4	0	0	1	
$\sigma_j=c_j-z_j$								

计算化简，见表 2-4。

表 2-4 计算化简

c_j			4	6	0	0	0	θ_i
c_B	x_B	b	x_1	x_2	x_3	x_4	x_5	
0	x_3	1	1	0	1	0	-1/2	1
0	x_4	8	4	0	0	1	0	2
6	x_2	3/2	0	1	0	0	1/4	—
$\sigma_j=c_j-z_j$			2	0	0	0	-3/2	

在所有正的检验数中选取最大的列对应的变量 x_1 为换入变量，θ_i 中比值最小的行对应的变量 x_3 为换出变量，见表 2-5。

表 2-5 单纯形法列表（3）

c_j			4	6	0	0	0	θ_i
c_B	x_B	b	x_1	x_2	x_3	x_4	x_5	
4	x_1	1	1	0	1	0	-1/2	—
0	x_4	4	0	0	-4	1	2	2
6	x_2	3/2	0	1	0	0	1/4	6
$\sigma_j=c_j-z_j$					-4		1/2	

以 x_2 为换出变量，以 x_5 为换入变量，见表 2-6。

表 2-6　单纯形法列表（4）

c_j			4	6	0	0	0	θ_i
c_B	x_B	b	x_1	x_2	x_3	x_4	x_5	
4	x_1	2	1	0	0	1/4	0	
0	x_5	2	0	0	−2	1/2	1	
6	x_2	1	0	1	1/2	−1/8	0	
$\sigma_j=c_j-z_j$		14	0	0	−3	−1/4	0	

线性规划的实际应用十分广泛，发展越来越成熟，已被广泛应用于企业管理、运输规划、生产调度等领域，是解决有关规划、决策和系统优化问题的重要手段之一。

任务二　选址问题数学方法概述

【任务描述】掌握重心法、加权因素分析法、成本—利润—产量定址分析，能够根据实际问题进行选址计算。

【任务分析】掌握重心法、加权因素分析法、成本—利润—产量定址分析的基本原理。教师通过例题讲解分析，使学生能够熟练应用以上方法解决实际问题。

【相关知识】

选址原则与注意事项

案例引入

德邦物流是国家 AAAA 级综合服务型物流企业，专业从事国内公路运输和航空运输代理。该公司总部设在广州，在全国 25 个省、市、自治区下设营业网点 282 家（截至 2008 年 4 月 10 日），拥有运输车辆 600 余台、员工 5 600 多人，服务网络遍及国内 400 多个城市和地区。从 2001 年 5 月 1 日北京新发地营业部成立，到 2002 年 5 月 19 日上海虹梅南营业部成立，再到 2005 年 6 月成都武侯营业部成立，德邦物流以华南为基地，陆续在华北、华东、西部等大区进行服务网点的铺设。迄今为止，该公司设立了广州、深圳、东莞、华东、华北、西南等八大区，拥有 270 家直属分公司及营业部，卡车航班通达 50 个城市，普通长途专线通达 60 个城市，有员工 6 000 多名，总资产逾亿元。

思考：德邦物流的网点密切配合，为客户提供高效的服务，然而德邦物流为什么要把总部和最大仓库、配送中心设在广州？

【知识学习】

一、重心法

（一）重心法的概念

重心法是一种纯理论状态求解选址的方法，不考虑其他因素，仅将运输距离当作选址的决定因素，在二维空间，通过计算各个节点之间的距离及运输量，使总的运输成本最低。

重心法模型的基本假设如下。

（1）需求量集中在某一点上；

（2）选址区域不同地点物流节点的建设费用、运营费用相同；

（3）运输费用随运输距离成正比增加，呈线性关系；

（4）运输线路为空间直线。

（二）重心法模型

重心法模型如下。

记：a_j——配送中心到收货点 p_j 每单位量、单位距离所需运费。

w_j——p_j 的需货量。

d_j——p_0 到 p_j 的直线距离。

则 $H = \sum_{j=1}^{n} a_j w_j d_j = \sum_{j=1}^{n} a_j w_j \sqrt{(x_0 - x_j)^2 + (y_0 - y_j)^2}$ 为总运输费 H，其中

$$x_0^* = \frac{\sum_{j=1}^{n} a_j w_j x_j / d_j}{\sum_{j=1}^{n} a_j w_j / d_j}, y_0^* = \frac{\sum_{j=1}^{n} a_j w_j y_j / d_j}{\sum_{j=1}^{n} a_j w_j / d_j}$$

重心法是一种数学模拟的方法。它是将所有供货点和收货点看成一个二维平面系统，用二维坐标进行表示，将各个供货点和收货点的量看成物体的质量，将系统的重心设置为最佳物流中心，通过求取系统重心的方法确定最佳物流网点的位置。重心法的优点是计算简单，易于操作；缺点是不够精确，是在理想状态下求出的数据，与实际情况出入比较大，其结果在现实环境中不能实现，因此只能作为一种参考。

（三）设施选址方法

问题描述：设有一系列点分别代表供给点和需求点，各自有一定量的货物需要以一定的运输费率运向位置待定的仓库（或从仓库运出），该仓库如何选址？

选址因素：运输成本（运输费率和运输量）。

选址目标：使运输总成本最低。

寻求处于重心的厂址 p_0，使其到 p_1，p_2，p_3 等各处的总运输费用 T 最小。

$$T = \sum a_j w_j d_j, d_j = \sqrt{(x_d - x_j)^2 + (y_d - y_j)^2}$$

式中 T ——运输总成本；

w_j—— p_0 到节点 J 的运输总量；

a_j—— p_0 到节点 J 的运输费率；

d_j—— p_0 到节点 J 的距离。

$T=\sum a_jw_j\sqrt{(x_d-x_j)^2+(y_d-y_j)^2}$，求解（$x_d$，$y_d$）使 T 最小 。

$$x_d=\frac{\sum a_jw_jx_j/d_j}{\sum a_jw_j/d_j},y_d=\frac{\sum a_jw_jy_j/d_j}{\sum a_jw_j/d_j}$$

因(x_d，y_d)中含有未知数，故只能先计算初始值(x_d，y_d)，然后逐步迭代，直到满足 $T_{k+1}\geqslant T_k$。具体步骤如下。

(1) 忽略 d_j，先求得待选址设施的初始坐标(x_{d0}，y_{d0})；

(2) 将(x_{d0},)代入 d_j，计算出 d_{j0}；

(3) 将 d_{j0}代入 T，计算出 T_0；

(4) 反复迭代计算 d_j 与 T，直到（x_{dk}，y_{dk}）满足 $T_{k+1}\geqslant T_k$。

重心法的局限性如下。

重心法将纵向和横向的距离视为互相独立的量，与实际不符，求出的解不一定是最优解，需要人工根据实际情况进行不断的修正，从而一步步地接近最优解，简化了算法，节约了时间，为选址人员提供了一定的参考。

二、加权因素分析法

加权因素分析法（因素评分法）是选址常用的一种方法，因为每个因素在评价中占有的分量不同，不能平均计算，而是赋予一定的权重，使计算的结果更贴近精确值。加权因素分析法的具体步骤如下。

(1) 尽可能找到影响选址的一系列因素作为选址决策因素。

(2) 根据每一因素对选址决策的重要程度赋予其相应的权重，权重的确定由企业的管理人员以及专家共同决定，以减少主观因素的影响。

(3) 对所有因素的打分设定一个共同的取值范围，一般是 1~10 或 1~100。

(4) 为了保证数据的准确性，必须对每个地址的所有因素进行打分，以免遗漏数据。

(5) 针对每一个备选地址用各个因素的评分与相应的权重相乘，并把得到的分数作为备选地址的最后得分。

(6) 把所有备选地址按照从大到小的顺序进行排列，然后选择分数最高的地址作为最佳的选址。

例如，某厂有两个候选厂址 A 和 B，其中影响因素有 10 个，见表 2-7 所示，求解最优方案。

表 2-7　因素评分表

影响因素	权重	方案 A		方案 B	
		评分	得分	评分	得分
劳动条件	7	3	21	5	35
地理条件	5	2	10	3	15
气候条件	6	4	24	5	30
资源供应	4	4	16	2	8
基础设施	3	1	3	3	9

续表

影响因素	权重	方案A		方案B	
		评分	得分	评分	得分
产品销售	2	4	8	3	6
生活条件	6	1	6	2	12
环境保护	5	2	10	4	20
政治文化	3	2	6	4	12
扩展条件	1	3	3	4	4
总计		104		151	

通过因素评分法求解可得方案A得分104分，方案B得分151分，方案A得分小于方案B得分，因此方案B为最优方案。

三、成本—利润—产量定址分析

成本—利润—产量定址分析也称为量本利分析，它有利于对可供选择的地点在经济上进行对比，一般常用图表法求解。它的分析过程包括以下步骤。

（1）确定每一备选地址的固定成本和可变成本。

（2）在同一张图表上绘出各地点的总成本线。

（3）确定在某一预定的产量水平上，哪一地点的成本最低或者哪种方法最优，需要以下几点假设：①可变成本与一定范围内的产出成正比；②所需的产出水平能近似估计；③只包括一种产品；④产出在一定范围时，固定成本不变，该地点的利润最高。

在成本分析中，要计算每一地点的总成本TC，利用以下公式：

$$\mathrm{TC}=C_F+C_VQ$$

式中C_F——固定成本；

C_V——单位的可变成本；

Q——产出产品的数量或体积。

例如，某企业拟在国内新建一条生产线，确定了3个备选厂址（A，B，C）。由于各厂址征地费用、建设费用、原材料成本、工资等不尽相同，从而生产成本也不相同，见表2-8。试确定不同生产规模下的最佳厂址。

表2-8　备选厂址费用

元

费用项目 \ 备选厂址	A	B	C
固定费用	600 000	1 200 000	2 400 000
单件可变费用	50	24	11

解： 先求A，B两厂址方案的交点M产量，再求B，C两厂址方案的交点N产量，就可以确定不同生产规模下的最优选址。设C_F表示固定费用，C_V表示单件可变费用，Q为产量，则总费用为$C_F=C_VQ$。

在M点A，B两方案生产成本相同，该点产量为O_M，则

$$Q_M=\frac{C_{FB}-C_{FA}}{C_{VA}-C_{VB}}=\frac{2\ 200\ 000-600\ 000}{50-24}=2.31\text{（万件）}$$

在 N 点 B，C 两方案生产成本相同，该点产量为 Q_N，则

$$Q_M=\frac{C_{PC}-C_{PB}}{C_{VB}-C_{VC}}=\frac{2\ 400\ 000-1\ 200\ 000}{24-11}=9.23\text{（万件）}$$

结论：以生产成本最低为标准，当产量 Q 低于 2.31 万件时选 A 厂址为佳，产量 Q 为 2.31 万～9.23 万件时选 B 厂址成本最低，当 Q 大于 9.231 39 万件时，选择 C 厂址成本最低。

任务三 运输问题解法

【任务描述】根据产销平衡表，利用表上作业法进行运算，找出最佳的运输配送方案，从而节省运输成本，提高企业的效益。

【任务分析】学生能理解产销平衡表的含义，掌握表上作业法的原理。教师通过最小元素法和伏格尔法的讲解，让学生掌握单纯形法的运算技巧，解决企业的运输问题。

【相关知识】

伏格尔法　　　最小元素法

案例引入

“喝啤酒就喝新鲜的青岛啤酒”，这不是一句空洞的广告词，背后支撑它的是青岛啤酒内部高效的物流运作。作为快销行业，产销平衡是最重要的问题，为此青岛啤酒总部定制信息系统，根据瓶装厂最大产能及区域历史销售和预测数据进行供求匹配，希望在充分利用产能的同时使物流成本最低。

青岛啤酒的前身是日耳曼啤酒股份有限公司，它是中国第一座以欧洲技术建造的啤酒厂。截至 2013 年，青岛啤酒已经在国内 18 个省拥有 55 座工厂。深圳青岛啤酒朝日有限公司主要生产纯生品牌，属于较少几家能生产纯生品牌的工厂，其产品辐射区域为全国。

思考：青岛啤酒是如何让客户喝到“新鲜”啤酒的？其中运输中的产销平衡如何保证？

【知识学习】

一、产销平衡表与单位运价表

运输问题可以用产销平衡表与单位运价表进行描述。

假设某种物资有 m 个生产地点 $A_i(i=1,2,\cdots,m)$，其产量（供应量）分别为 $a_j(i=1,2,\cdots,m)$，有 n 个销地 $B_j(j=1,2,\cdots,n)$，其销量（需求量）分别为 $b_j(j=1,2,\cdots,n)$。从 A_i

到 B_j 运输单位物资的运价（单价）为 c_{ij}。将这些数据汇总可以得到产销平衡表和单位运价表，见表 2-9。

表 2-9 产销平衡表和单位运价表

销地 产地	1	2	…	n	产量
1	c_{11}	c_{12}	…	c_{1n}	a_1
2	c_{21}	c_{22}	…	c_{2n}	a_2
…	…	…	…	…	…
m	c_{m1}	c_{m2}	…	c_{mn}	a_m
销量					

运输这一类特殊问题可用更加简便的求解方法——表上作业法求解，其实质仍是单纯形法，步骤如下。

（1）确定初始调运方案，即找出初始基可行解，在产销平衡表上给出 $m+n-1$ 个数字格。

（2）求非基变量的检验数，即在表上计算空格的检验数，判别是否达到最优解：是否存在负的检验数？如果存在负的检验数，则初始调运方案不是最优方案；如果所有检验数都非负，则初始调运方案已经是最优方案。如果已经得到最优调运方案，则停止计算，否则转入下一步。

（3）确定换入变量和换出变量，找出新的调运方案（新的基可行解），即在表上用闭回路法进行调整。

（4）重复步骤（1）和（2），直到求出最优解为止。

二、确定初始可行基的方法

（一）最小元素法

从单位运价表中最小的运价开始确定供销关系，然后考虑运价次小的，一直到给出初始基可行解为止。

（二）伏格尔法

采用最小元素法可能造成其他处的更多浪费，伏格尔法考虑最小运费与次小运费之间的差额，只要差额大，就按次小运费调运。

三、最优解的判别

计算非基变量（空格）的检验数，当所有的检验数 $c_{ij}-\boldsymbol{C}_B\boldsymbol{B}^{-1}\boldsymbol{P}_{ij}\geqslant 0$ 时，为最优解。求空格检验数的方法如下。

（一）闭回路法

以某一空格为起点找一条闭回路，用水平线或垂直线向前划，每碰到一数字格转 90°后，继续前进，直到回到起始空格为止。

闭回路法如图 2-3 所示。从每一个空格出发一定存在并且可以找到唯一的闭回路。因为，$m+n-1$ 个数字格（基变量）对应的系数向量是一个基，任一空格（非基变量）对应的系数向量是这个基的线性组合。

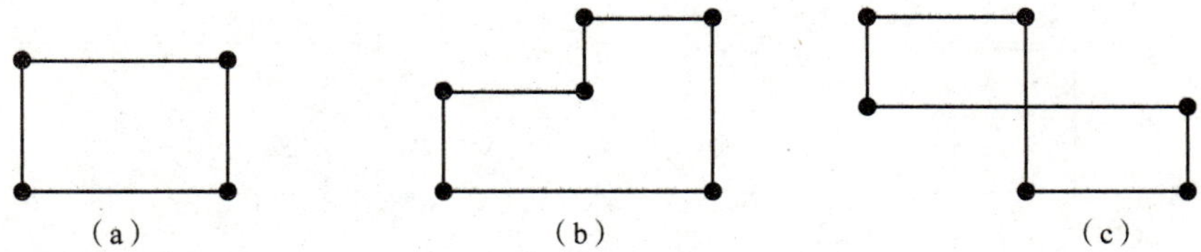

图 2-3　闭回路法

（二）位势法

设 u_1，u_2，…，u_m；v_1，v_2，…，v_n 是对应运输问题的 $m+n$ 个约束条件的对偶变量。$\boldsymbol{B}$ 是含有一个人工变量 $\boldsymbol{X_B}$ 的初始基矩阵。$\boldsymbol{X_B}$ 在目标函数中的系数为 $\boldsymbol{C_B}$，由线性规划的对偶理论可知 $\boldsymbol{C_B B}^{-1}=[u_1, u_2, \cdots, u_m; v_1, v_2, \cdots, v_n]$，而每一个决策变量 X_{ij} 的系数向量 $\boldsymbol{P}_{ij}=\boldsymbol{e}_i+\boldsymbol{e}_{m+j}$所以 $c_{ij}-(u_i+u_j)=0\ (i,j\in\boldsymbol{B})$。

由单纯形法可知，所有基变量的检验数等于 0，即 $\boldsymbol{\sigma}_{ij}=c_{ij}-\boldsymbol{C}_B\boldsymbol{B}^{-1}\boldsymbol{P}_{ij}=c_{ij}-(u_i+v_j)=0$。

例 2.2　假设某种物资共有 3 个产地，其日产量分别是：A_1 为 7 t，A_2 为 4 t，A_3 为 9 t；该种物资共有 4 个销售地，其日销量分别是：B_1 为 3 t，B_2 为 6 t，B_3 为 5 t，B_4 为 6 t；各产地到销售地的单位运价见表 2-10。在满足各销售点需要量的前提下，如何调运该种物资，才能使总运费最少？

表 2-10　单位运价表

销地 产地	B_1	B_2	B_3	B_4
A_1	3	11	3	10
A_2	1	9	2	8
A_3	7	4	10	5

解：首先列出这一问题的产销平衡表，见表 2-11。

表 2-11　产销平衡表

销地 产地	B_1	B_2	B_3	B_4	产量
A_1					7
A_2					4
A_3					9
销量	3	6	5	6	

（1）用最小元素法求解。

第 1 步，从单位运价表中找出最小运价为 1，表示应先将 A_2 的产品供应给 B_1。在表中（A_2 B_1）的交叉格处填上 3，见表 2-12。

表 2-12 最小元素法（1）

产地＼销地	B_1	B_2	B_3	B_4	产量
A_1					7
A_2	3				4
A_3					9
销量	3	6	5	6	

将单位运价表中的 B_1 列运价划去，见表 2-13。

表 2-13 最小元素法（2）

产地＼销地	B_1	B_2	B_3	B_4
A_1		11	3	10
A_2		9	2	8
A_3		4	10	5

第 2 步，在表中剩下的元素中找出最小运价为 2，确定 A_2 多余的 1 t 物资供应给 B_3，见表 2-14。

表 2-14 最小元素法（3）

产地＼销地	B_1	B_2	B_3	B_4	产量
A_1					7
A_2	3		1		4
A_3					9
销量	3	6	5	6	

将表 2-13 中的 A_2 行运价划去，见表 2-15。

表 2-15 最小元素法（4）

产地＼销地	B_1	B_2	B_3	B_4
A_1		11	3	10
A_2				
A_3		4	10	5

第 3 步，按照上述方法直到单位运价表中的所有元素被划去为止。最后在产销平衡表中得到一个调运方案，即初始基可行解，见表 2-16。

表 2-16　最小元素法（5）

销地 产地	B_1	B_2	B_3	B_4	产量
A_1			4	3	7
A_2	3		1		4
A_3		6		3	9
销量	3	6	5	6	

（2）用伏格尔法求解。

第 1 步，在表中分别计算出各行、各列的最小运费和次小运费的差额，并填入该表的最右列和最下行，见表 2-17。

表 2-17　伏格尔法（1）

销地 产地	B_1	B_2	B_3	B_4	行差额
A_1	3	11	3	10	0
A_2	1	9	2	8	1
A_3	7	4	10	5	1
列差额	2	5	1	3	

第 2 步，从行或列差额中选出最大者，选择它所在行或列中的最小元素。可确定 A_3 的产品应首先供应给 B_2，见表 2-18。

表 2-18　伏格尔法（2）

销地 产地	B_1	B_2	B_3	B_4	产量
A_1					7
A_2					4
A_3		6			9
销量	3	6	5	6	

将单位运价表中列的数字划去，见表 2-19。

表 2-19　伏格尔法（3）

销地 产地	B_1	B_2	B_3	B_4	行差额
A_1	3		3	10	0
A_2	1		2	8	1
A_3	7		10	5	2
列差额	2		1	3	

在表 2-19 中计算行差额和列差额，并找出差额最大值。可确定 A_3 的产品应供应给 B_4，见表 2-20。

表 2-20 伏格尔法（4）

产地＼销地	B_1	B_2	B_3	B_4	产量
A_1					7
A_2					4
A_3		6		3	9
销量	3	6	5	6	

将单位运价表中 A_3 行的数字划去，见表 2-21。

表 2-21 伏格尔法（5）

产地＼销地	B_1	B_2	B_3	B_4	行差额
A_1	3		3	10	0
A_2	1		2	8	1
A_3					
列差额	2		1	2	

在表 2-21 中计算行差额和列差额，并找出差额最大值。可确定 A_2 的产品应供应给 B_1，见表 2-22。

表 2-22 伏格尔法（6）

产地＼销地	B_1	B_2	B_3	B_4	产量
A_1			5	2	7
A_2	3			1	4
A_3		6		3	9
销量	3	6	5	6	

第 3 步，对表中余下的元素分别计算出各行、各列的最小运费和次小运费的差额，重复第 1、第 2 步，直到给出初始基可行解为止。初始基可行解见表 2-23。

表 2-23 初始基可行解

产地＼销地	B_1	B_2	B_3	B_4	产量
A_1			5	2	7
A_2	3			1	4
A_3		6		3	9
销量	3	6	5	6	

伏格尔法给出的初始基可行解更接近最优解。本例中用伏格尔法给出的初始基可行解就是最优解。

(3) 用闭回路法判别检验。

用闭回路法计算检验数的经济解释为，在已给出初始基可行解的表中，对应的单位运价表见表 2-24。

表 2-24　单位运价表

产地＼销地	B_1	B_2	B_3	B_4	产量
A_1			4	3	7
A_2	3		1		4
A_3		6		3	9
销量	3	6	5	6	

可从任一空格出发，如 (A_1，B_1)，若让 A_1 的产品调运 1 t 给 B_1，为了保持产销平衡，要依次进行调整，这就构成了以 (A_1，B_1) 空格为起点，其他为数字格的闭回路，如表 2-25中的虚线所示。闭回路各顶点所在格的右上角数字是单位运价，见表 2-25。

表 2-25　闭回路

产地＼销地	B_1	B_2	B_3	B_4	产量
A_1	(+1) 3		4 (−1) 3	3	7
A_2	3 (+1) 1		1 (−1) 2		4
A_3		6		3	9
销量	3	6	5	6	

调整的方案使运费增加(+1)×3+(−1)×3+(+1)×2+(−1)×1=1(元)。

将“1”填入 (A_1，B_1) 格，这就是检验数。按上述办法，可找出所有空格的检验数，见表 2-26。当检验数还有负数时，需要对原方案进行改造。

表 2-26　检验数

空格	闭回路	检验数
(A_1,B_1)	$(A_1,B_1)-(A_1,B_3)-(A_2,B_3)-(A_2,B_1)-(A_1,B_1)$	+1
(A_1,B_2)	$(A_1,B_2)-(A_1,B_4)-(A_3,B_4)-(A_3,B_2)-(A_1,B_2)$	+2
(A_2,B_2)	$(A_2,B_2)-(A_2,B_3)-(A_1,B_3)-(A_1,B_4)-(A_3,B_4)-(A_3,B_2)-(A_2-B_2)$	+1
(A_2,B_4)	$(A_2,B_4)-(A_2,B_3)-(A_1,B_3)-(A_1,B_4)-(A_2,B_4)$	−1
(A_3,B_1)	$(A_3,B_1)-(A_3,B_4)-(A_1,B_4)-(A_1,B_3)-(A_2,B_3)-(A_2,B_1)-(A_3-B_1)$	+10
(A_3,B_3)	$(A_3,B_3)-(A_3,B_3)-(A_3,B_4)-(A_1,B_3)-(A_3,B_3)$	+12

(4) 用位势法检验。

第 1 步，按最小元素法给出表的初始基可行解，见表 2-27。在对应表的数字格处填入单位运价。

表 2-27 初始基可行解

销地 产地	B_1	B_2	B_3	B_4
A_1			3	10
A_2	1		2	
A_3		4		5

第 2 步，在表 2-27 中增加一行一列，在列中填入 v_j，在行中填入 u_i，得表 2-28。首先令 $u_1=0$，然后按 $u_i+v_j=c_{ij}(i,j\in \boldsymbol{B})$ 可确定所有和的数值，见表 2-28。

表 2-28 确定所有和的数值

销地 产地	B_1	B_2	B_3	B_4	u_i
A_1			3	10	0
A_2	1		2		-1
A_3		4		5	-5
v_j	2	9	3	10	

第 3 步，按 $\sigma_{ij}=c_{ij}-(u_i+v_j)=0(i,j\in \boldsymbol{N})$ 计算所有空格的检验数，特设计计算表，见表 2-29。

表 2-29 计算表

销地 产地	B_1	B_2	B_3	B_4	u_i
A_1	1 [3]	2 [11]	0 [3]	0 [10]	0
A_2	0 [1]	1 [9]	0 [2]	-1 [8]	-1
A_3	10 [7]	0 [4]	12 [10]	0 [5]	-5
v_j	2 [3]	9 [3]	3 [3]	10 [3]	

（5）改进的方法——闭回路调整法。用最小元素法计算的初始解，在表中，“（）”为调入格，以此格为出发点，作一闭回路，见表 2-30。

表 2-30 闭回路调整法

销地 产地	B_1	B_2	B_3	B_4	产量
A_1			4（+1）	3（-1）	7
A_2	3		1（-1）	（+1）	4
A_3		6		3	9
销量	3	6	5	6	

(A_2,B_4)格的调入量θ是选择闭回路上具有（-1）的数字格中的最小者，即$\theta=\min(1,3)=1$，然后，按闭回路上的正、负号，加、减此值得到调整方案，见表 2-31。

表 2-31　调整方案

销地 产地	B_1	B_2	B_3	B_4	产量
A_1			5	2	7
A_2	3			2	4
A_3		6		3	9
销量	3	6	5	6	

再用闭回路法或位势法求各空格的检验数。在表中，因为所有检验数都非负，故得最优解，这时，得到最小运费为 85 元，见表 2-32。

表 2-32　求检验数

销地 产地	B_1	B_2	B_3	B_4
A_1	0	1	1	
A_2		2	12	
A_3	9			

任务四　物流系统评价方法

学习导入

吕超于 2006 年进入某知名物流企业一直工作至今，目前已是该企业重要的中层管理人员之一。最近吕超接到一个任务——对 M 市四家大型的物流企业（甲、乙、丙、丁）的竞争力进行评价，以对比本企业的核心竞争力，为进入该地区市场的决策提供支持。评价该内容要考虑以下问题。

（1）目前掌握的具体数据比较少，选择什么评价方法比较合理？

（2）调研回来的指标和数据比较多，有 18 项之多，如何科学地处理这些指标和数据？

（3）如何构建评价指标体系和选择评价标准？怎样才能保证评价结果更科学？

吕超面对这些问题陷入了沉思。他想到之前学习过一种 AHP-F 隶属度合成法可以解决此问题，于是立即找到书中相关章节，结合以前所掌握的技巧，利用这些指标和具体数据构建了三层指标体系，具体为目标层 A（第一层）、要素层 B（第二层，准则层）和指标层 C（第三层，子准则层）。其中目标层 A 即评价的目的：企业竞争力；要素层 B（准则层）选择了营运能力、网点控制能力、获利能力、市场开拓能力、物流创新能力、员工素质等指标；指标层 C（子准则层），共有 18 个指标，对于各指标权重的确定，吕超通过专家调查法获得了相关数据。就这样吕超写出了一份充实和极具说服力的调研报告。

思考：本案例中吕超是根据什么原则选择评价方法的？又是如何通过具体数据进行计算并对结果进行分析的？

【知识学习】

一、物流系统评价方法概述

（一）物流系统评价的含义

一般来讲，判定一个物流系统的优劣需要从多方面考虑，涉及经济、社会、法律、科技等多个指标，利用现有的定性分析法和定量研究法对物流系统的各个可行方案进行评价，进行详细的比较，从而找到适合企业的各个方面综合最优的方案。社会在不断地发展变化，企业自身也在不断地扩大，这就需要周期性地对物流系统进行评价，并不断调整方案，因为过去最优的方案可能不适应现在的发展，需要升级采用新的物流系统。

（二）物流系统评价的原则

1. 客观性原则

物流系统评价的主要目的是为领导者决策提供参考，评价的过程中为了保证结果的客观性、准确性，采取匿名、隔离等方式，以克服评价人员的主观倾向性。

2. 可比性原则

替代方案要具有实现系统的功能，与其他方案比较时要具有同样的参照标准，保持一致性，防止因为个别方面突出而使整体的功能被忽视。

3. 系统性原则

评价指标要尽可能科学、合理，形成一套完整的体系，从整体上对物流系统进行评价，避免片面。

（三）物流系统评价的步骤

物流系统评价的过程包括三个关键步骤：一是明确评价目的，二是建立评价指标体系，三是选择评价方法并建立评价模型。

1. 明确评价目的

对物流系统进行科学评价的目的是找出问题，了解其问题所在，从而能够对症下药，找出解决问题的方向。通常根据企业的平均水平设定一个基准值，再根据物流系统的各项指标与基准值做比较，从而找出差距。基准值的设定通常有下列三种方式。

（1）进行数据的对比，通过与基准值的比较找出企业实际与目标的差距，这种方式比较直观，简单有效。

（2）查找物流系统的历史数据，并根据历史数据计算出基准值，预测物流系统未来的发展趋势，从而找到问题并进行纠正。

（3）根据行业的统计数据，计算出行业的标准值，以行业的标准值为基准值，与同行业进行横向对比，找出差距，从而找到改善系统的方向。

2. 建立评价指标体系

从系统的观点来看，系统由若干要素组成，每个要素对系统的影响不同。在进行系统评价时，要尽可能把所有的评价因素找到，形成一个科学的评价指标体系，并根据它们对系统的影响程度赋予相应的权重，从而找到影响企业物流系统发展的症结，提出针对性的解决方案。

3. 选择评价方法并建立评价模型

（1）由于评价指标众多，所以可以将评价指标分层次计算，再统计综合结果，从而简化计算过程，快速得到评价结果。

（2）由于评价指标众多，有些指标可以直接量化，有些指标不能量化，只能通过定性的方法进行描述，所以为了保证指标的统一性和精确性，一般采用综合评价方法即定性与定量相结合的方法得到评价结果。

二、评价指标的量化方法

常用的评价指标的量化方法有很多，如排队打分法、体操记分法、专家评分法、两两比较法、连环比率法、综合评分法等。这里介绍两种常用的方法。

（一）专家评分法

这是一种利用专家经验的感觉评分的方法。专家评分法是一种定性描述定量化方法，它首先根据评价对象的具体要求选定若干个评价项目，再根据评价项目制定评价标准，聘请若干具有代表性的专家，使其凭借自己的经验按相关评价标准给出各项目的评价分值，然后对其进行综合评价。

（二）两两比较法

这也是一种经验评分方法。它是对方案两两比较而打分，然后对每一方案的得分求和，并进行百分比处理，得分较高的方案就是最优方案。

设有 n 种方案，排成一个 $n×n$ 方阵，其元素如下：

$$a_{ij}=\begin{cases}1，方案\ i\ 优于方案\ j\\0，方案\ i\ 劣于方案\ j\\空白，方案\ i\ 与方案\ j\ 相当\end{cases}$$

式中，a_{ij}为第 i 个方案得到的分数，而且规定 $a_{ii}=1$，见表 2-33。

表 2-33 两两对比分数

方案 j / 方案 i	Ⅰ	Ⅱ	Ⅲ	Ⅳ	Ⅴ
Ⅰ	1	1	0	1	4
Ⅱ	0	1	0	1	3
Ⅲ	0	1	0	1	2
Ⅳ	1	1	1	1	5
Ⅴ	0	0	0	1	1
Σ					15

由表可见，方案Ⅳ得分最高，为最优方案。

三、指标综合评价的主要方法

将各个评价指标按照系统评价的要求，进行无量纲化处理，形成统一的综合指标评估价值，对所有的评估价值从高到低进行排序，从而得出各个方案的优劣次序。常用的指标综合评价方法有：加权平均法、功效系数法、主次兼顾法、效益成本法、层次分析法。

（一）加权平均法

“权”在古代的含义为秤砣，就是秤上可以滑动借以观察质量的那个铁疙瘩。《孟子·梁惠王上》曰：“权，然后知轻重。”在一组数据里，一个数据出现的次数称为权。例如，数串8，5，5，5，8，8，5，3，5，5中5出现6次，8出现3次，3出现1次。6，3，1就叫作权数。统计学认为，数据的权数越大，就表明它对整体的影响越大，对数据的方向起到主动作用。在统计中计算平均数等指标时，对各个变量值具有权衡轻重作用的数值就称为权数或权重。“加权”就是考虑到不同变量在总体中的份额不同，提升变量对整体数据的影响力度。

给出一组数据求平均数，通常直接相加除以总的数量即平均数，但是有的数据中会出现多个相同的数据，在计算的时候就需要乘以它的数量（这个数量就是权），再除以总个数，即加权平均法。

相同数表示为 k_1，k_2，k_3，…，k_n，则加权平均法的公式是 $(k_1p_1+k_2p_2+\cdots+k_np_n)/n$。

设方案 A_i 的指标因素 F_j 的得分（或得分系数 f_i）为 a_{ij}，将 a_{ij} 排成方案评价矩阵，见表2-34。

表2-34 方案评价矩阵

指标因素 F_j		$F_1 \cdots F_n$	综合评估价值 θ_i
权重 W_j		W_1 W_2 $\cdots W_n$	
方案 A_i	A_1	a_{11} a_{12} $\cdots a_{1n}$	
	A_2	a_{21} a_{22} $\cdots a_{2n}$	
	…	…	
	A_m	a_{m1} a_{m2} $\cdots a_{mn}$	

（二）层次分析法

层次分析法（AHP）首先由T. L. SAATY在20世纪70年代提出，是系统评价中常用的一种方法，主要适用于比较复杂问题的评价，改变了以往仅用定性分析或定量分析的方法，它是定性分析与定量分析相结合的方法。层次分析法简单易用，评价的结果接近企业的实际情况，广泛应用于系统评价、经济规划、工业、农业等多个部门，成为当前一种比较简洁有效的分析方法。

使用层次分析法时需要注意的是需要把所有涉及的因素找出来，不能有遗漏，然后把这些因素之间的逻辑关系搞清楚，分层分类，建立判断矩阵，最后计算得到最优的决策结果。

例如，某工厂在扩大企业自主权后，有一笔企业留成利润需要由厂领导和职工代表大会决定如何使用。可以供选择的方案如下。

（1）作为奖金发给职工；

（2）扩建职工宿舍、食堂、托儿所等福利设施；

（3）办职工业余技术学校；

（4）建图书馆、俱乐部、文工团与体工队；

（5）引进新技术、新设备进行企业技术改造。

这些方案都有其合理的因素，但哪个方案更能调动职工的积极性，更能促进企业快速发展呢？这是厂领导和职工代表大会所面临的需要分析决策的问题。层次分析法求解流程如图 2-4所示。

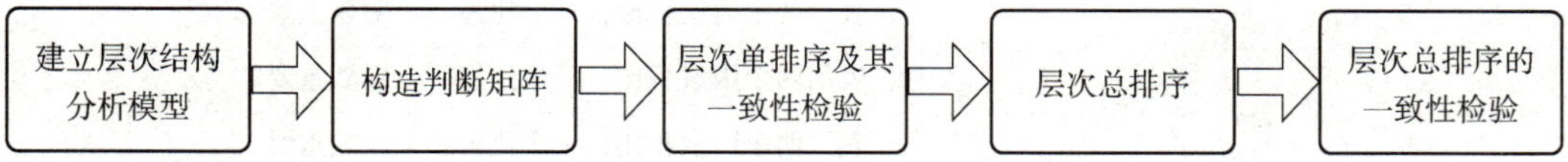

图 2-4　层次分析法求解流程

层次分析法的基本步骤如下。

1. 建立层次结构分析模型

在深入分析企业所面临的问题以后，将所有涉及的因素划分为不同的层次，如目标层、准则层、指标层、方案层、措施层等，用图表的方式表示出来，以便于观察和分析。

对于上例，经过分析后，上面五个措施可以归结为三个方面的准则：

（1）调动职工的劳动积极性；

（2）提高企业的技术水平；

（3）改善职工的物质文化生活。

以上三个准则都是以合理使用企业利润，促进企业发展为目的的。因此，整个层次结构分析模型可以分成以下三层。

最高层（目的层）——合理使用企业利润，促进企业发展。

中间层（各种使用企业留成利润方案应当考虑的准则）——进一步调动广大职工的劳动积极性，大力提高企业的技术水平和尽力改善职工的物质文化生活。

最底层（所考虑的五种措施）——选择最优方案。

层次结构分析模型如图 2-5 所示。

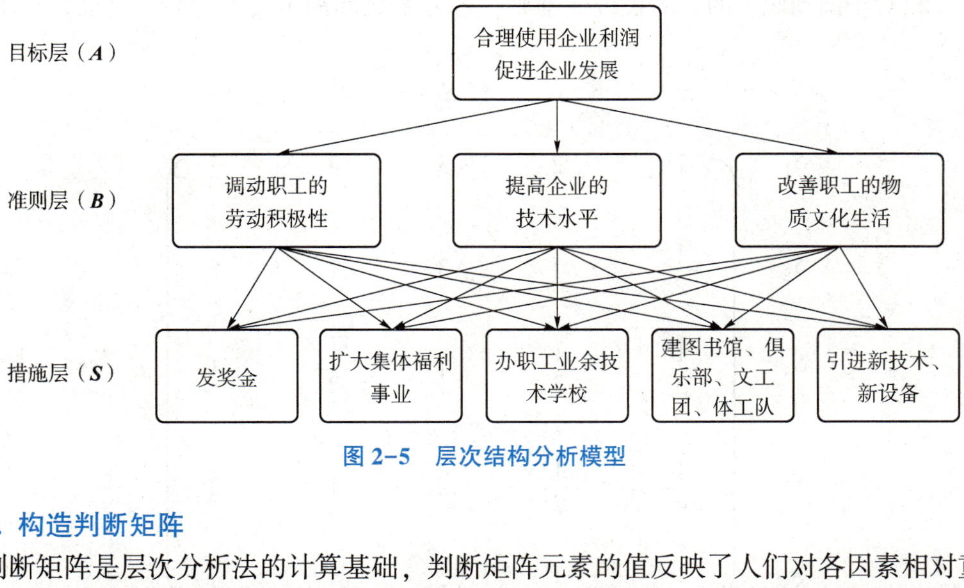

图 2-5　层次结构分析模型

2. 构造判断矩阵

判断矩阵是层次分析法的计算基础，判断矩阵元素的值反映了人们对各因素相对重要性的认识，直接影响决策的效果。判断矩阵的元素一般采用 1～9 及其倒数的标度方法，见表 2-35。

表 2-35 判断矩阵的元素

标度	含义
1	表示两个因素相比，具有同样的重要性
3	表示两个因素相比，一个比另一个稍微重要
5	表示两个因素相比，一个比另一个明显重要
7	表示两个因素相比，一个比另一个强烈重要
9	表示两个因素相比，一个比另一个极端重要
2，4，6，8	表示上述两相邻判断的中值
倒数	若因素 i 与 j 比较的判断为 B_{ij}，则因素 j 与 i 比较的判断为 $B_{ji}=1/B_{ij}$

根据上面的例子，假定厂长或职工代表大会根据实际情况构造的数值判断矩阵如下。

（1）相对于合理使用企业利润，促进企业发展的总目标，各考虑准则之间的相对重要性比较（判断矩阵 $\boldsymbol{A}$-$\boldsymbol{B}$）如下。

$$\begin{array}{c} \\ B_1 \\ B_2 \\ B_3 \end{array}\begin{array}{c} \begin{array}{ccc} B_1 & B_2 & B_3 \end{array} \\ \begin{pmatrix} 1 & \frac{1}{5} & \frac{1}{3} \\ 5 & 1 & 3 \\ 3 & \frac{1}{3} & 1 \end{pmatrix} \end{array}$$

矩阵中的数值为两个准则相对于总目标重要性比较的数值判断。例如第二行第一列元素 $B_{21}=5$ 表示相对于企业发展来说，提高企业的技术水平准则 B_2 同调动职工的劳动积极性准则 B_1 相比，前者比后者明显重要，其余类推。

（2）相对于调动职工的劳动积极性准则，各方案之间的重要性比较（判断矩阵 B_1-$\boldsymbol{S}$）如下。

$$\begin{array}{c} \\ S_1 \\ S_2 \\ S_3 \\ S_4 \\ S_5 \end{array}\begin{array}{c} \begin{array}{ccccc} S_1 & S_2 & S_3 & S_4 & S_5 \end{array} \\ \begin{pmatrix} 1 & 2 & 3 & 4 & 7 \\ \frac{1}{2} & 1 & 3 & 2 & 5 \\ \frac{1}{3} & \frac{1}{3} & 1 & \frac{1}{2} & 1 \\ \frac{1}{4} & \frac{1}{2} & 2 & 1 & 3 \\ \frac{1}{7} & \frac{1}{5} & 1 & \frac{1}{3} & 1 \end{pmatrix} \end{array}$$

（3）相对于提高企业的技术水平准则，各方案之间的重要性比较（判断矩阵 B_2-$\boldsymbol{S}$）如下。

$$
\begin{array}{c} \\ S_2 \\ S_3 \\ S_4 \\ S_5 \end{array}
\begin{array}{c} \begin{array}{cccc} S_2 & S_3 & S_4 & S_5 \end{array} \\ \left(\begin{array}{cccc} 1 & \frac{1}{7} & \frac{1}{3} & \frac{1}{5} \\ 7 & 1 & 5 & 3 \\ 3 & \frac{1}{5} & 1 & \frac{1}{3} \\ 5 & \frac{1}{3} & 3 & 1 \end{array}\right) \end{array}
$$

（4）相对于改善职工的物质文化生活准则，各方案之间的重要性比较（判断矩阵 B_3-$\boldsymbol{S}$）如下。

$$
\begin{array}{c} \\ S_1 \\ S_2 \\ S_3 \\ S_4 \end{array}
\begin{array}{c} \begin{array}{cccc} S_1 & S_2 & S_3 & S_4 \end{array} \\ \left(\begin{array}{cccc} 1 & 1 & 3 & 3 \\ 1 & 1 & 3 & 3 \\ \frac{1}{3} & \frac{1}{3} & 1 & 1 \\ \frac{1}{3} & \frac{1}{3} & 1 & 1 \end{array}\right) \end{array}
$$

3. 层次单排序及其一致性检验

所谓单排序，是指本层各因素对上层某一因素的重要性次序。它由判断矩阵的特征向量表示。例如，判断矩阵 $\boldsymbol{A}$ 的特征问题 $\boldsymbol{AW}=\lambda_{\max}\boldsymbol{W}$ 的解 $\boldsymbol{W}$，经规一化后即同一层次相应因素对于上一层某因素相对重要性的排序权值，这一过程就称为层次单排序。

为了保证层次单排序的可信性，需要对判断矩阵的一致性进行检验，即要计算随机一致性比率：

$$\mathrm{CR}=\frac{\lambda_{\max}-n}{\mathrm{RI}(n-1)}$$

式中 $\lambda_{\max}$——判断矩阵的最大特征根；

n——判断矩阵的阶数；

RI——平均随机一致性指标，通常可查表 2-36。

表 2-36　平均随机一致性指标

判断矩阵阶数	1	2	3	4	5	6	7	8	9	10
RI	0	0	0.58	0.9	1.12	1.24	1.32	1.41	1.45	1.49

只有 CR<0.1 时，层次单排序的结果才被认为是满意的，否则需要调整判断矩阵元素的取值。

判断矩阵 ***A*-*B*** 相对重要性权值及 λ_{max}，CR 分别为：

$$\boldsymbol{W}=[0.105, 0.637, 0.258]^{\mathrm{T}}$$

$$\lambda_{max}=3.038, \mathrm{CR}=0.033$$

判断矩阵 B_1-***S*** 相对重要性权值及 λ_{max}，CR 分别为：

$$\boldsymbol{W}=[0.439, 0.264, 0.089, 0.146, 0.061]^{\mathrm{T}}$$

$$\lambda_{max}=5.127, \mathrm{CR}=0.029$$

判断矩阵 B_2-***S*** 相对重要性权值及 λ_{max}，CR 分别为：

$$\boldsymbol{W}=[0.375, 0.375, 0.125, 0.125]^{\mathrm{T}}$$

$$\lambda_{max}=4, \mathrm{CR}=0$$

显然，符合一致性检验要求。

4. 层次总排序

计算同一层次所有因素对于最上层相对重要性的排序权值，称为层次总排序，这一过程是由最高层次到最低层次逐层进行的。

各方案相对于总目标的层次总排序计算见表 2-37。

表 2-37　层次总排序

层次 ***B*** 对层次 ***A*** 的排序 / 层次 ***S*** 对层次 ***B*** 的排序	B_1	B_2	B_3	层次 ***S*** 总排序权重	序号
	3	1	2		
	0.105	0.637	0.258		
S_1	0.439	0	0.375	$W_1=0.143$	4
S_2	0.264	0.055	0.375	$W_2=0.16$	3
S_3	0.089	0.565	0.125	$W_3=0.4$	1
S_4	0.146	0.118	0.125	$W_4=0.122$	5
S_5	0.061	0.262	0	$W_1=0.073$	2

5. 层次总排序的一致性检验

与层次单排序的一致性检验一样，这一步骤也是从高到低逐层进行的。假定 *E* 层次某些因素对于 ***D*** 层次某一因素的一致性指标为

$$\mathrm{CI}_j=\frac{\lambda_{max}-n}{n-1}$$

相应的平均随机一致性指标为 RI_j，***D*** 层为第 j 个元素的总排序权值为 $d_j(j=1,\cdots,m\ ;m$ 为 ***D*** 层次元素个数)，则 *E* 层次总排序一致性比率为

$$\mathrm{CR}=\frac{\sum_{j=1}^{m} d_j \mathrm{CI}_j}{\sum_{j=1}^{m} d_j \mathrm{RI}_j}$$

只有当 CR<0.1 时，才认为层次总排序结果具有令人满意的一致性；否则需要重新调整判断矩阵元素的取值。

对于该例，通过计算得到 CR=0. 030 3<0. 1，因此决策结果是可信的，即最优方案为方案 3。

素质提升

用定量分析的方法解决问题，做到精益求精，发挥工匠精神，不断完善自我，超越自我，用科学的知识武装大脑。

实训　专业批发市场的物流系统调研与分析

【实训背景】

近年来，随着国民经济的快速增长和居民生活消费水平的不断提高，大中城市繁华的商业街日渐兴旺。如果这些商业旺地临近火车站或轮船码头，一旦交通和流通两个条件具备，加上当地政府政策的引导，就容易形成大型批发市场，如广州北京路、西安康复路、长春黑水路、贵阳西市街、天津大胡同、武汉汉正街等。

毋庸置疑，这些专业批发市场物流效率较低，发货及装运方式落后，物流现状可以概括为“手拉车式运输、街边式展示、住宅楼式仓储、三轮车式配送、马路边装卸、人工式交易”，基本上处于物流业早期发育的简单粗放状态，属于典型的传统物流。在人口规模、城市化水平等因素相对不变的条件下，物流因素已经成了制约专业批发市场生存和发展的最核心因素。

这些物流瓶颈的存在，已使部分专业批发市场的发展空间达到极限。

根据实训背景材料，回答下列问题。

(1) 专业批发市场的物流系统规划影响因素有哪些?

(2) 专业批发市场的物流系统规划与设计的主要内容有哪些?

【实训目的】

通过基础规划资料的调查方法——①企业访谈调查；②问卷调查；③查找历史资料；④现场调查；⑤计算机检索等，使学生掌握物流系统规划与设计的相关知识。

【实训组织】

(1) 自由组合，组成若干小组。

(2) 各组选择比较感兴趣的企业，通过线上和线下结合的方式调研企业使用的物流系统。

(3) 各组设计调研方法和提纲。

(4) 进行调研，了解该企业物流系统的使用现状及效果。

(5) 形成调研报告并进行小组展示。

【实训评价】

从各组的团队配合情况，调研报告内容的完整性、展示效果，调研报告的规范性，工作态度等方面进行综合评价。

【项目测评】

一、判断题

1. 线性规划问题的一般形式为 max(min) $z=c_1x_1+c_2x_2+\cdots+c_nx_n$。　(　　)

2. 不是所有的线性规划问题都可以化成标准形式。 ( )

3. 可行域无界，一定没有最优解。 ( )

4. 若所有的 $\sigma_j \geqslant 0$，则基变量所对应的基可行解就是最优解。 ( )

5. 表上作业法的实质是单纯形法。 ( )

二、单选题

1. 使目标函数值达到最大的可行解为（ ）。

A. 可行解　B. 无界解　C. 最优解　D. 最优值

2. 若所有的 $\sigma_j \leqslant 0$，又有某个非基变量的检验数 $\sigma_j = 0$，则该线性规划问题有（ ）最优解。

A. 一个　B. 两个　C. 三个　D. 无穷多

3. 加权平均法的“权”主要是指（ ）。

A. 权力　B. 权重　C. 权利　D. 权益

4.（ ）给出的初始基可行解更接近最优解。

A. 最小元素法　B. 伏格尔法　C. 闭回路法　D. 位势法

5. 物流系统评价的步骤排序正确的是（ ）。

A. 选择评价方法并建立评价模型—建立评价指标体系—明确评价目的

B. 明确评价目的—建立评价指标体系—选择评价方法并建立评价模型

C. 建立评价指标体系—明确评价目的—选择评价方法并建立评价模型

D. 选择评价方法并建立评价模型—明确评价目的—建立评价指标体系

三、多选题

1. 确定初始可行基的方法有（ ）。

A. 最小元素法　B. 闭回路法　C. 伏格尔法　D. 位势法

2. 物流系统评价的原则包括（ ）。

A. 客观性原则　B. 经济性原则　C. 可比性原则　D. 系统性原则

3. 下列属于评价指标量化方法的是（ ）。

A. 体操记分法　B. 专家评分法

C. 两两比较法　D. 连环比率法

4. 在深入分析企业所面临的问题以后，将所有涉及的因素划分为不同的层次，包括（ ）。

A. 措施层　B. 指标层

C. 目标层　D. 准则层

5. 线性规划数学模型的三要素包括（ ）。

A. 最优值　B. 决策变量

C. 目标函数　D. 约束条件

四、案例分析

一个农民承包了 6 块耕地共 300 亩①，准备播种小麦、玉米、水果和蔬菜四种农产品，各种农产品的计划播种面积、每块土地种植不同农产品的单产收益见表 2-38。

---

① 1 亩≈666.67 平方米。

表 2-38　案例分析用表

项目	单产收益/（元·亩$^{-1}$）						计划播种面积/亩
	地块 1	地块 2	地块 3	地块 4	地块 5	地块 6	
小麦	500	550	630	1 000	800	700	76
玉米	800	700	600	950	900	930	88
水果	1 000	960	840	650	600	700	96
蔬菜	1 200	1 040	980	860	880	780	40
地块面积/亩	42	56	44	39	60	59	—

问如何安排种植计划可得到最大的总收益？

项目三　研究物流战略规划设计

【项目介绍】

物流战略规划决定着企业未来的发展，可使用 SWOT 分析法对企业所处的宏观环境和微观环境等方面进行企业战略环境分析，制定企业的物流战略规划。

【知识目标】

（1）了解物流战略的概念；
（2）熟悉物流战略规划的层次；
（3）理解物流战略控制的方法。

【技能目标】

（1）能够根据企业的发展状况初步提出物流战略规划；
（2）能够对企业所处的宏观环境和微观环境等方面进行企业战略环境分析；
（3）掌握用 SWOT 分析法对企业战略环境进行分析的方法。

【素质目标】

通过对物流战略规划的学习，培养宏观意识、大局意识、看齐意识，看问题要全面，既要从小处着手，又要从大处着眼，增强爱国精神。

【项目导学】

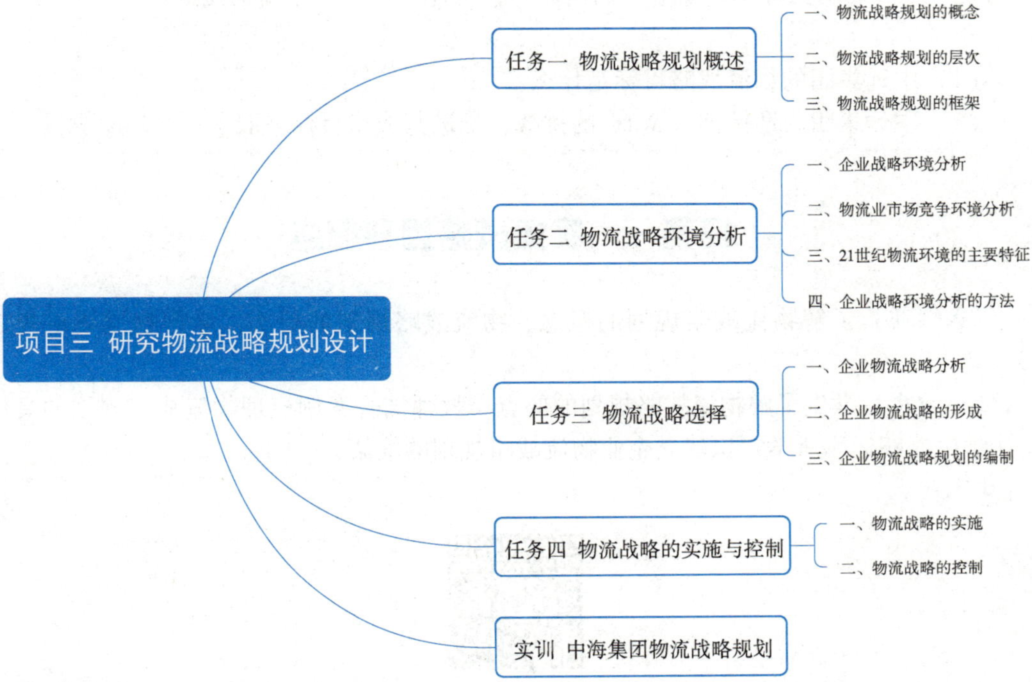

案例引入

中远集团物流战略规划

中远集团是一家专业的物流公司，为了更好地发展，走向国际，中远集团采取了一系列的措施，贯彻落实“由拥有船向控制船转变，由全球航运承运人向全球物流经营人转变”的战略发展目标。中远集团分别于1995年、1997年进行了重大调整和改革，为公司的国际化奠定了坚实的基础，形成覆盖全国29个省、市、自治区的物流网点及庞大的运输队伍，培养了一大批优秀的物流人才，为公司的发展注入了新的活力。

2001年中国加入WTO，中远集团推出“由全球航运承运人向全球物流经营人转变”的战略目标，于2002年组建中国远洋物流公司（COSCO LOGISTICS）并确定中远物流的目标是“做最强的物流服务商，做最好的船务代理人”，开展国内外业务，提供高质量的服务，扩大市场份额。

为了增强公司的核心竞争力，中远集团拓展了汽车、家电等项目，并且加强与众多国内知名企业的合作，发展全方位的国内干线配送和城际快运通道，积极拓展空运网络建设。

中远集团一方面加强信息化的建设，建立了船队的数据中心，提高客户的服务水平，拓宽业务服务范围，另一方面开发完善的物流应用系统，形成了“5156com. cn”物流网站、能够为客户提供便捷服务的网上物流交易电子商务平台，并为客户开发个性化的物流信息系统。

中远集团不断进行创新、改革和完善，秉持“以人为本”的宗旨，加大人才培养的力度，使公司的业务不断增长，物流服务能力与水平实现了质的飞跃。

思考：

（1）中远集团的物流战略目标是什么？

（2）中远集团为迎接加入 WTO 的挑战，推进其战略目标采取了哪些战略举措？

任务一　物流战略规划概述

【任务描述】了解物流战略规划的概念、物流战略规划的层次，掌握物流战略规划的框架。

【任务分析】学生了解物流战略规划的要点。教师结合案例梳理物流战略规划的具体框架，让学生能够运用所学知识建立企业物流战略规划的框架。

【相关知识】

仓储物流战略

【知识学习】

随着经济全球化的发展，企业之间的竞争变得越来越激烈。科技飞速发展，产品更新换代的速度越来越快，市场上已经不再是“大鱼”吃“小鱼”，而是“快鱼”吃“慢鱼”的节奏。企业一方面要提高对客户的反应速度，另一方面要降低物流成本。如何能够在市场竞争中保持不败的地位，是众多企业关心的问题，于是物流战略规划变得越来越重要。

一、物流战略规划的概念

物流战略规划是从宏观的角度，立足长远，为企业的长远发展谋篇布局，把握市场发展的趋势，不断创新，优化服务的流程，采用先进的科技，对未来市场的需求进行准确的预测，从而提高客户的满意度。

物流战略规划的内容包括物流战略目标、物流战略导向、物流战略优势、物流战略态势、物流战略措施和物流战略步骤等。其中，物流战略目标、物流战略导向、物流战略优势、物流战略态势又称为物流战略规划的基本要点。

（一）物流战略目标

物流战略目标是比较具体的，随着企业业务的发展，能够在较长一段时间内实现的目标，可以进行量化计算，为企业的发展指明了方向，能够调动员工的积极性。同时物流战略目标也是物流战略规划的一部分，一个完整的物流战略目标应包括三个方面。

（1）企业物流的目的是什么；

（2）企业物流要达到什么样的发展标准；

（3）具体完成的时间进程。

物流战略目标是物流战略的核心问题，物流战略目标的制定有利于实现企业的长远发展，主要包括以下几个方面。

1. 降低营运成本

降低营运成本是指在保持服务水平不降低的情况下，尽可能降低可变成本，如库存成本、运输成本等，从而实现利润最大化的目标。

2. 提高投资效益

提高投资效益是指充分利用现有资金，提高资金的投资回报率，在保持服务水平不降低的情况下，减少硬件设施的投入，加快资金的周转，减少库存，降低运营成本，如租赁公共仓库或者利用第三方物流服务等，都可以提高投资效益。

3. 提高客户服务水平

客户的忠诚度越来越低，如何留住客户及开发新客户，是企业面临的重要挑战，持续不断地提高客户服务水平，是提高企业核心竞争力的有效方法。在互联网信息时代，价格越来越透明，除了价格、产品质量外，客户看重的是企业的服务水平，因此应以提高客户服务水平换取客户的青睐，实现薄利多销的效果。

（二）物流战略导向

未来的竞争会变得越来越激烈，企业未来的发展方向以及市场定位决定着企业发展的规模，这就是物流战略导向。企业在发展中应始终不忘初心，培养自己的核心竞争优势，不随波逐流，避免盲目竞争，不迷失前进的方向，做好沉淀工作。

（三）物流战略优势

物流战略优势是指能够使企业从长远方面获得有利地位，其他企业所不具备的优势，包括产品优势、资源优势、地理优势、技术优势、组织优势和管理优势。企业要想获得长远的发展，必须具备核心优势，使竞争对手不能够复制和模仿，同时利用现有的竞争优势也可以发掘潜在的竞争优势，有助于未来优势的建立。

（四）物流战略态势

物流战略态势主要是指企业物流系统所具备的服务能力、营销能力等。企业应保持敏锐的观察能力，不断调整自己，适应市场的发展，把握社会发展的最新态势，这样才能在激烈的市场竞争中不被竞争对手超越，不被时代淘汰。企业的物流战略态势需要从宏观环境、微观环境及企业自身三个层面进行分析。

二、物流战略规划的层次

一个企业的物流战略规划通常表现在四个层次上，即全局性战略、结构性战略、功能性战略、基础性战略。

（一）全局性战略

全局性战略需要从整体进行把握，涉及企业的核心业务及长远目标等，例如物流管理的最终目标就是满足客户需求，因此企业的全局性战略目标就是为客户提供满意的服务。如何提高客户的满意度，是物流战略实施的关键，借助信息技术完善物流配送系统和信息网络建设，加强物流节点和信息平台的建设，充分利用过去和现在的渠道扩展企业的总体发展战略。

（二）结构性战略

结构性战略包括渠道设计与网络分析两个方面的内容。

1. 渠道设计

市场变化的速度越来越快，客户的需求也在不断变化，要想为客户提供更满意的服务，就需要对物流的渠道进行优化，重新设计，重构物流结构，持续不断地优化客户的体验，巩固企业在市场竞争中的地位。

2. 网络分析

对企业进行网格化的管理，多角度多方面进行调研分析，及时了解客户的需要和体验，收集客户反馈的问题，掌握库存中出现的问题，形成实时更新的网络，通过网络分析不断修正节点网络以适应企业结构的变化。

（三）功能性战略

功能性战略是通过对物流过程中各环节的控制，优化仓储的策略，降低库存成本，实施经济批量订货，降低采购和仓储成本，进行运输车辆的合理调度及路线优化，提升物流产品的附加值。

（四）基础性战略

基础性战略是物流系统正常运行的保障，包括基础设施的建设、信息系统的建设及维护、国家方针政策的制定、新员工的招聘及培养。企业只有重视基础性战略的制定，并且稳步推进，才能实现可持续发展。战略管理并非一朝一夕就可以完成的，而是一个漫长的过程，应根据外界环境和自身的变化，不断地改进和完善。要实现企业最终的目标，战略管理必须是一个持续更新的动态过程。

在企业的物流战略管理中，管理者需要加强战略设计、战略实施、战略控制，以及战略思想的引导，只有从思想上引起足够的重视，物流战略才能够被更好地贯彻落实。

三、物流战略规划的框架

物流战略规划贯穿于生产和流通的全过程。物流企业的正常运作和发展离不开物流战略规划，合理的物流战略规划能够使企业走得更远，为客户创造更大的价值。物流战略规划包括五个层次。

（一）物流战略层：决定物流企业的发展方向

物流首先是一种服务，为客户提供满意的服务，是企业的战略目标。企业需要不断完善基础节点平台和信息平台、信息网络系统和物流配送系统，以实现客服实时动态更新。企业能否在市场竞争中立于不败之地，取决于物流战略的制定是否立足长远，在市场的变化中做到与时俱进。

（二）物流经营层：通过客户服务建立战略方向

物流经营活动主要是为客户服务，保质保量地完成交货任务，从而在市场中形成良好的口碑，扩大企业的影响力，持续不断地保留老客户和开发新客户。客户服务是制定物流战略的关键，企业必须努力经营，保持核心竞争优势，而企业的竞争优势一旦建立，在物流能力方面就具有了不可复制的特色。

（三）物流结构层：包括渠道设计和设施的网络战略

渠道成员的研究、市场的调研、合作伙伴的选择等方面都关系到物流服务水平的实现。企业物流设施的网络构建包括物流节点的建设、运输方式的选择、基础设施的建设等，通过资源整合为客户提供价值最大化的服务。物流结构的合理设置有利于物流战略目标的实现。

（四）物流职能层：物流战略的职能部分

物流职能层主要是负责企业业务的具体落实和执行到位，包括运输路线的优化选择、货物的调度，以最少的投入获得最大的产出，甚至可以借助第三方降低运输的成本；对仓库里产品进行定期的维护和保管，同时为降低库存成本，进行经济批量订货，在使用过程中遵守规章制度；在物料管理上进行生产计划的排工排产、生产计划的制定等。物流战略目标的实现建立在物流职能层的基础之上。

（五）物流执行层：进行日常的物流管理

企业物流战略规划与管理的最后一层为物流执行层，该层负责企业日常业务的运营，设备设施的维护，以及运输、装卸搬运等工作。

物流战略规划是企业保持核心竞争力的关键。在经济全球化的背景下，互联网越来越普及，客户的要求越来越高，对企业的忠诚度降低，企业必须具备弹性的生产能力，而没有先进的物流信息系统做支撑，就无法准确预测市场的需求，无法准确交货。一个高效的物流企业必须能够及时捕捉市场信息的变化，并对未来的发展趋势进行准确的预测，组织内外部进行一体化管理，从而降低库存成本，提高生产效率，整体布局，实现企业效益的最大化。

任务二　物流战略环境分析

【任务描述】通过对企业物流战略环境的分析，认清对企业发展有利和不利的环境，掌握 SWOT 分析法，充分发挥企业发展的优势，规避劣势，把握机遇，应对挑战。

【任务分析】学生从宏观环境和微观环境分析企业的情况。教师指导学生利用 SWOT 分析法分析企业的优势和劣势，从而帮助企业抓住机遇，发挥竞争优势。

【相关知识】

宏观环境分析　　内部环境分析

案例引入

作为国内最大的拥有自营物流能力的电商平台，京东是电商品牌中在家居物流领域第一个勇于吃螃蟹的企业。近两年，京东大力发展卫浴、家居类业务，接连将科勒卫浴、宜家家居等知名家居企业的业务收入囊中，依托全网覆盖、送装一体、库存管理等手段，为入驻平台的家居企业提供一站式物流解决方案。

苏宁物流同样表现抢眼，因本身就有大件基因，苏宁在整合家电运输资源的基础上，与顾家家居、尚品宅配等企业进行战略合作，依托其大件县级100%覆盖的服务网络优势，提供仓配一体、揽配装一体等多样化服务方案，向家居行业输出高品质、高效率的服务，满足 to O、to B、to C 等不同的应用场景。

相比于德邦等快递企业，电商企业往往掌握着前端销售数据，可利用大数据进行资源匹配，业务增长迅速。不过，电商企业的劣势也很明显，那就是人才储备不足。电商企业虽然从部分专业企业中“挖”来了不少人才，但整体管理出现断层，这也是苏宁和宜家太原工装项目短期“热恋”后迅速脱离的原因，更是京东痛失科勒淄博工厂仓储业务的痛点。

思考：假如你现在是一家电商平台的负责人，公司现在决定进入家居物流领域，此时你应该从哪些方面来分析在该行业公司是否能分得一杯羹？

【知识学习】

一、企业战略环境分析

企业战略环境包括宏观环境、物流体系环境、行业环境、企业内部环境。

（一）宏观环境

宏观环境是指国家和社会的大环境，包括国家的性质、政府政策的制定。国内外的形势稳定，是一个企业稳定发展的基础。社会上人口的密集程度、教育文化水平的高低、互联网的普及程度、人们的风俗习惯、社会技术水平的发展情况，也会影响企业发展的规模和水平。

（二）物流体系环境

物流体系环境是指物流行业发展的大环境。物流基础设施的建设、社会的认可程度、社会经济发展的水平，以及地域优势、物流企业的竞争程度、物流人才的基本素质、国家对物流的重视程度等，这些都是物流体系环境。有利的物流体系环境可以促进物流行业的发展，进而促进国民经济的发展。一个国家经济发展的基础就是靠物流能够合理地配置社会的资源，实现国民经济的和谐发展。

（三）行业环境

建立物流系统还必须考虑整个物流行业发展的现状。当前科学技术的发展水平、市场的规模、从业的门槛、市场的竞争程度，这些直接影响物流企业的发展。尤其是科学技术水平对行业的发展具有很大的冲击作用，甚至引起行业的变革。目前智能物流逐渐成为一种趋势，智能物流发展的也会成为企业的核心竞争力。

（四）企业内部环境

企业的外部环境是外因，企业的内部环境是内因。外因的存在会影响企业发展，真正决定企业发展的是内因。俗话说“打铁还需自身硬”，企业必须对自己有一个清醒的认识：各部门的配合程度如何，生产技术的水平如何，核心竞争力是什么，以及自己的缺点在哪里，制约企业发展的“瓶颈”在哪里。企业管理者应该站在宏观的角度，提升企业内部的质量，包括工作人员的业务素质、客户服务水平、人力资源的合理配置程度。只有企业的各方面能力都得到提升，企业在市场中才能占有一席之地。

二、物流业市场竞争环境分析

（一）大型企业自营物流社会化的竞争

大型生产或流通企业开始自建物流体系，如京东成立京东物流，海尔成立海尔物流等，它们的初衷是为自己服务，随着企业规模的扩大和技术的提升，这些自营物流企业开始为其他企业提供物流服务，而且这些企业的实力强大，技术发展成熟，迅速占领市场份额，使物流企业的竞争越来越激烈。

（二）来自国外物流企业的威胁

自从 2001 年中国加入 WTO 之后，国外物流企业纷纷进入中国的物流市场，对我国的企业形成了一定的冲击，如澳大利亚的 TNT，日本的通运、住友、三菱和英国的英之杰等纷纷进入中国市场。国外的物流市场发展比较早，体系相对成熟，给客户提供的服务更加完善。面对国外物流企业的冲击，我国物流企业要认清社会发展的形势（全球一体化是未来发展的趋势，国际融合也是必然趋势），要分析国外物流企业的竞争优势和劣势，学习其长处，弥补自身的不足，才能应对国外物流企业的威胁，在市场竞争中立于不败之地。

（三）来自国内传统物流业的激烈竞争

物流属于传统行业，从业的企业和人员数量巨大。中国的物流业起步晚，发展还不成熟，随着政府的重视，各地纷纷出台有利于物流业发展的政策，为物流业的发展提供了有利环境，再加上科技的发展，国内物流业的竞争也变得越来越激烈。企业应立足长远，提高客户服务水平，提高产品的质量。

三、21 世纪物流环境的主要特征

进入 21 世纪后，国家和社会更加重视科学技术的发展，提出科技是第一生产力。随着经济全球化的发展，网络信息建设覆盖全球，新产品的升级换代时间越来越短，企业的竞争日趋激烈。21 世纪物流环境有以下几个方面的特征。

（一）信息爆炸

进入信息化社会后，生产领域、流通领域以及销售领域每天都在产生大量的数据信息，尤其是进入互联网时代后，人们每天面对的信息铺天盖地，信息产生的速度远远超出人们识别的速度。如何筛选出真正有效的信息，过滤无效信息成为企业的一项艰巨任务。

（二）技术进步加快

技术研发的速度加快，政府和企业重视对技术的研发投入，每天都有新的技术产生，新的产品出现，在给人们的生活带来便利的同时也给企业带来了新的挑战。新技术的学习和应用成为企业员工面临的挑战，企业员工不但要完成本职工作，还要抽出更多的时间进行学习，否则就会被淘汰，很多员工不得不白天工作，晚上学习充电。

（三）高新技术广泛使用

企业为了提高效率，降低成本，耗费巨资采购高新技术产品，如高速自动分拣系统、自动化立体仓库等，虽然成本高，但是速度快，差错率低，不仅节省了大量的人力、物力，而且节省了成本，提高了客户满意度。高新技术的应用导致企业的发展两极分化严重，资金雄厚的企业规模越来越大，中小企业失去竞争优势，逐渐萎缩，甚至退出市场。

（四）市场和劳务竞争全球化

经济全球化使市场和劳务竞争全球化，资源在全球得到有效的配置，在商品竞争的同时，也在客观上形成了国际劳动力竞争市场。企业更愿意选择劳动力价格低，而市场价格高的市场，客观上促进了区域经济的发展，竞争在无形中变得越来越激烈。

（五）产品研制开发的难度越来越大

科技越来越成熟，人们对产品的要求越来越高，使用单一技术的产品已经不能满足人们的需要，企业研制开发新产品的难度越来越大，这些产品一般技术含量高、结构复杂，研发新产品成为企业的重要任务。

（六）可持续发展的要求

资源永远都是有限的，地球只有一个，不能依靠过度消耗资源获得经济的发展，绿色环保和可持续发展的呼声越来越高。如何充分利用现有资源，实现资源的循环利用，开发出新的能源，以及使用可再生能源，成为企业发展时需要考虑的重要问题。

（七）全球性技术支持和售后服务

品牌和口碑是企业发展的生命线，企业与用户之间的交易不仅是一手交钱一手交货，还需要给客户提供良好的售后服务和技术支持，这样才能给企业带来良好的口碑效应。一个发展良好的企业把品牌和口碑看得更重要，因为它们使企业的发展保持长久的生命力。

（八）用户的要求越来越苛刻

用户由单一需求向多样化需求转变，对产品的要求越来越高。企业要想留住客户，必须不断提升产品的质量，降低产品的成本，这是一个两难问题。企业除了具有价格优势，还要保障产品的质量，以应对客户多样化的需求。

四、企业战略环境分析的方法

（一）SWOT 分析法

SWOT 分析法是将企业外部环境的机会（O）与威胁（T）、内部条件的优势（S）与劣势（W）列在同一张“十”字形图表中加以对照，这样既一目了然，又可以从内外环境条件的相互联系中做更深入的分析评价。SWOT 分析法是企业战略环境综合分析方法，见表 3-1。

表 3-1　SWOT 分析法

优势	劣势
（1）原有国际物流操作优势（也就是在国际物流的基础上操作，如报关、清关、空运、海运、陆运、储存方面的操作优势）； （2）物流成功案例与经验； （3）全国领先的网络系统； （4）强有力的集约化管理系统； （5）与海关、民航等部门的良好关系	（1）与一些超大型企业相比，在资产与资金方面与它们有不小的差距； （2）与海运、铁路相关联的大批量货物的物流基础不强； （3）国际网络不强，没有网点，要建立全球性网络，独自开展全球性物流是远远不够的
机会	威胁
（1）物流与电子商务高速增长； （2）国内外大型企业需要高水平的物流服务； （3）加入 WTO 后跨国物流公司需要国内网络的配合	（1）海陆空大运输企业与大商业公司大力扩展物流业务，正在稳步推进； （2）加入 WTO 后跨国物流公司大举进入； （3）国内大批“翻牌”物流企业涌现在“零部件”领域，形成恶性竞争，导致利润率不断下降

（二）波特的 5 种竞争力量分析

依照迈克尔·波特的观点，一个行业中的竞争，远不止在原有竞争对手中进行，而是存在 5 种基本的竞争力量，即潜在的加入者、代用品的威胁、购买者讨价还价的能力、供应者讨价还价的能力以及现有竞争者之间的抗衡。

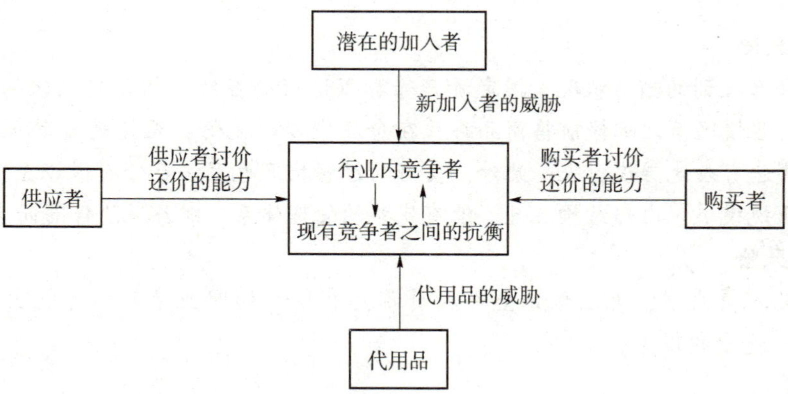

图 3-1　波特的 5 种竞争力量

这 5 种基本竞争力量的状况使企业的竞争变得更加激烈，企业要想在市场中生存，必须应对这 5 种竞争力量，这决定了企业最终的获利情况。

经典案例

顺丰供应链金融 SWOT 分析

顺丰是国内的快递物流综合服务商，经过多年发展，已初步建立为客户提供一体化综合物流解决方案的能力，不仅提供配送端的物流服务，还延伸至价值链前端的产、供、销、配等环节，从消费者的需求出发，以数据为牵引，利用大数据分析和云计算技术，为客户提供仓储管理、销售预测、大数据分析、金融管理等一揽子解决方案。

一、优势

1. 市场定位高端，具有品牌优势

顺丰的市场定位是为广大客户提供快速、准确、安全、经济、优质的专业快递服务，并且已经形成了自己的品牌优势，庞大的客户群体是顺丰持续发展供应链金融的坚实基础。

2. 贷款模式多样化，仓储融资具有动态性

顺丰向客户提供存货质押、保理融资、订单融资、小额信贷等一系列“物流+金融”服务，如先款后货模式：先为客户提供贷款，客户利用贷款采购商品并在收到销售回款后立即偿还贷款。

3. 物流服务闭环，经济效益最大化

中小企业由于缺少银行认可的固定资产，信用评级低，控制风险能力差，难以获得贷款，顺丰因此设计了相关的金融产品，有效解决了中小企业资金短缺的问题，并且凭借国内外庞大的网络系统打造了“产、供、销、配”的物流服务闭环生态体系，实现了经济效益最大化。

二、劣势

1. 资金风险

物流行业一直属于资金投入比较大的行业，顺丰的主要资金来源是银行贷款和自身业务收入，因此放贷规模有限，缺少稳定而强大的资金来源在很大程度上制约了顺丰的快速壮大。

2. 信用风险

顺丰对平台收到的销售状况、固定资产等数据进行的在线审核是自动化的，如果贷款人刻意隐瞒一些情况，比如提前将商品存放在仓库中以次充好，无论是自动审核还是人工审核都无法快速有效地辨识出来；此外，良好的经营状况也无法百分百保证企业信用达标，很多中小企业规模小，内部结构混乱，没有完整的管理体系，财务风险伴随而生。

3. 操作风险

顺丰从业人员众多，无法保证全部人员都具有较高的职业素养，可能出现员工操作不当导致利益流出的现象。

三、机会

1. 创新金融服务，增强灵活性和多样性

电子商务的迅猛发展给我国的互联网金融企业带来了发展机遇。不断发展新型金融产品，给中小企业提供个性化的灵活的融资方式，满足它们的贷款需求，能够有效挖掘潜在客户，加强和上下游客户的联系，增强供应链的竞争力。

2. 加快信息网络建设，增强企业竞争力

加大科技投入，通过数据平台分析，以高科技的方式加快拣货、运货的速度，可以提高从业人员的效率，有效降低企业的运营成本，这也是未来物流企业发展的方向。

四、威胁

小额贷款业务不断扩大，各大企业纷纷开始发展供应链金融，国外的很多企业比国内企业的发展更快一步，来自同行业的竞争是顺丰面临的主要竞争。不仅如此，传统的银行也转变思路，积极学习先进的互联网思维与技术，加大对供应链金融的投入。

五、顺丰的发展策略探讨

1. 深度挖掘合作伙伴

顺丰放贷主要依靠来自各大银行的贷款和自身业务积累起来的资本，缺少一个稳定的、资金实力雄厚的贷款来源。顺丰可以选择某一家银行进行深入合作，开展供应链金融特色业务，以更少的成本得到更多的资金，与合作伙伴共同规避服务中的风险，实现合作价值。

2. 加强风险管控机制

顺丰应当建立全面的管控机制，实时监控客户的信用风险，对发生的放贷进行跟踪分析，定期对客户的还款能力进行评级，据此调整信用政策。另外，对外部环境如地震、火灾和客户违约等引起的突发状况设计完整的应对措施，将损失降到最低。

资料来源：https://zhuanlan.zhihu.com/p/90499750？from_voters_page=true。

素质提升

以上案例说明物流企业需要充分发挥自己的优势，多方位寻找合作伙伴，不断开展新型金融业务以满足市场需求，紧密联系上游供应商和下游经销商，不断挖掘潜在客户。此外还要加强企业风险管控能力，使供应链稳固。企业只有具有强大的竞争力，才能稳健发展，日益壮大。

任务三　物流战略选择

【任务描述】掌握企业物流战略分析的要点，了解企业物流战略的形成阶段，根据企业的实际情况选择相应的物流战略。

【任务分析】学生从物流战略分析的要点出发，熟悉企业物流战略的形成阶段。教师引导学生利用所学知识帮助企业选择物流战略。

【相关知识】

物流战略

案例引入

济南汽运总公司成功实施物流战略规划

济南汽运总公司在没有确定物流战略之前，一直在为如何打开市场而发愁。济南汽运总公司为了获得更长远的发展，与南开大学进行合作，在物流专家组的指导下，共同制定了《济运物流发展战略研究报告》，提出了“以代理为龙头、以网络为基础、以场站为依托、以运力为配套、以多种方式联运为方向，向现代物流企业发展”的指导思想。济南汽运总公司扩大基础设施的建设，加强网络建设、信息管理等方面的力度，服务水平大幅度提升，成为山东省经贸委指定的“优化企业物流管理试点单位”之一。

济南汽运总公司在与松下物流公司合作的过程中，得到了对方的认可，并坚持学习，不断借鉴国外的先进管理经验，提升自己的能力，积极开拓国际市场，这使济南汽运总公司在国际市场上的竞争力更强。济南汽运总公司还力图进入国际市场，于 1998 年组建了山东贸通国际货运代理有限公司，经国家外贸部审验批准取得了国际货运一级代理权，可独立承办进口物资的制单、报关等多种业务，并参加了中国物流联盟，与 24 家物流企业建立了稳定的合作关系。

1999 年，济南汽运总公司与西安亚桥公司合作，开发出一套专业的物流管理信息系统，实现对受托、配送、过程查询、管理、结算等环节的全程控制和自动化管理，大大提高了服务的效率，客户可以实时跟踪查询。2000 年 9 月，济南汽运总公司在济南市高新技术开发区修建了物流交易大厅，引进了大屏幕、微机自动查询、自动报价等先进科技设备，成为山东省内最大的货运信息交易中心。

济南汽运总公司不断开拓创新，开展信息化建设，提升服务水平，硬件设施不断完善，仓储面积不断增大，由 5 000 平方米增加到 20 000 平方米，与国内外客户建立了稳定的合作关系。济南汽运总公司打破了以往以运输、仓储为主的单一服务模式，根据松下物流公司的需求自行设计服务方案，开始了真正意义上的物流运作。

思考：济南汽运总公司确定了怎样的物流战略？该战略为企业的发展起到了什么作用？

【知识学习】

一、企业物流战略分析

（一）企业物流战略分析的概念

企业物流战略分析是通过对整个物流行业环境和企业自身的状况进行分析，对企业现行战略是否有调整或转移的必要进行考察，再对以往已经执行的战略进行回顾总结，对企业未来的发展进行市场定位和市场布局，使企业的各个物流环节形成一个连贯的整体。

（二）企业物流战略分析的要点

要对物流战略导向、物流战略优势、物流战略类型和物流战略态势进行分析、评价和决策。

1. 物流战略导向的确定

物流战略导向是指企业未来发展的方向。一个企业的市场定位决定了企业未来发展的规模。物流战略导向制定正确，可以引领企业前进的方向，不会因一时的不利而改变初衷，同时也避免了发展的盲目性。

2. 物流战略优势的确认

研究物流战略优势，就是认清自身的能力，知己知彼才能百战不殆。在价格、服务质量、产品优势等方面与竞争对手比较，明确自己的优、缺点，从而加强优势，改正缺点，并使优势发展壮大而成为企业的核心竞争力，让竞争对手无法模仿复制。对于某些虽未被开发但确实具备发展潜力的方面，也可以作为未来取得竞争优势的潜在因素加以开发，具体可以从以下几个方面进行分析。

(1) 产业优势。发挥自身优势，服务于朝阳产业，找准自身的定位，每个企业的精力是有限的，不可能每个方面都做得很好，需要集中优势精力把某个方面做精，成为行业的标杆。

(2) 资源优势。一个发展完善的物流企业不仅需要雄厚的资金实力，还需要注意人才的培养，先进人才的引进，拥有丰富的资源，形成自身特有的资源优势。

(3) 地理优势。地理位置的选择非常重要，优先选择交通便利，人力资源丰富，当地政府有相应的政策支持等，可以为物流企业的发展提供优越的地理优势。

(4) 技术优势。技术的发展越来越快，物流企业涉及的面比较广，数据多信息量大，采用先进的物流信息系统，有助于降低成本，提高客户的满意度，形成企业的技术优势。

(5) 组织优势。一个企业的良性运行需要具备良好的网络组织结构，以及强有力的团队组织，能够在沟通、协调等方面提供高效便捷的服务。

(6) 管理优势。一个公司的发展不是靠某一个人而发展起来，一定是有一个强有力的团队，有一个良好的制度进行公司的管理，形成良好的企业文化制度，形成一个有机整体。

3. 物流战略态势的分析

战略态势分析主要是分析整个社会行业的发展趋势，市场的竞争情况，以及企业自身实力，竞争优势等，通过分析找出市场定位，并形成竞争优势，在市场中获取份额。

4. 物流战略类型的选择

基于对企业自身的分析和市场的调研，通过定性分析和定量研究，找准市场定位，完善物流战略规划方案，选择适合企业自身的物流战略类型。

二、企业物流战略的形成

（一）企业物流战略成长发展的阶段

1. 物流过程的合理化战略

根据物流活动的规律，进行合理化布局，对现在的资源、路线等进行优化，充分发挥自身的优势，以最小的投入获取最大的收益。其实现途径主要表现为：物流作业的标准化、统一化；充分利用资源，集中与分散相结合，灵活处理；采用先进的物流技术，进行数据的分析，降低物流成本，提高企业的工作效率；对企业的资源进行有效整合，充分利用企业内外部的资源。

2. 物流系统的信息化战略

推进企业的物流信息化战略，引进先进的信息技术，使供应商、经销商和客户形成一个整体，融入供应链管理，依靠物流信息化战略加快对客户的反应速度，这也是企业形成竞争力的关键。

3. 企业物流的品牌化战略

企业的品牌和口碑对企业而言是至关重要的，企业应当继续推进品牌化战略，扩大在客户中的影响力，为客户提供定制化服务，满足特殊客户的不同要求，提升服务的质量和水平。

4. 实现内外集成的网络化战略

使企业服务的全过程形成一个整体的网络，这样可以即时了解网点的相关信息，便于客户的实时查询，也可以了解企业的生产运作情况，及时发现问题，分析问题，解决问题，对企业的内外资源进行一体化管理，使管理者能够更好地调配资源。

5. 立足全球的国际化战略

伴随全球化的发展，企业不仅要发展国内市场，还要聚焦国外市场，扩展国际业务，其重点是实现供应链的全球化，同时，还要在全球物流信息的基础上，处理好全球性的物流战略决策和体现不同用户需求的地方性服务决策的关系。

（二）企业物流服务战略可供选择的类型

1. 最小总成本战略

该战略就是使企业的资源得到充分利用，加快资金的周转速度，产生更大的效益，在满足客户需求的前提下，力图使主要由存储和运输作业费用所构成的总成本最低，以获得较为丰厚的利润。

2. 最大服务战略

当今客户的需求越来越多，信息在互联网环境下变得更加透明。为了维护老客户，开发新客户，必须为客户提供超值服务，这虽然会增加一定的成本，但是从长远来看，对企业的发展是有利的。

3. 利润最大化战略

企业以追求利润为目标，需要不断开拓市场，立足于国内市场，着眼于国际市场，增加业务，从而实现物流企业利润最大化的目标。

（三）企业物流战略结构体系的合理化

1. 合理的企业生产物流

（1）要求物流过程有良好的连续性，使物料能快捷地、经济地流过生产加工过程的每一个环节，直至形成产成品。

（2）要求物流过程有良好的平稳性，使物料在各流水作业线上能平行地流动。

（3）要求物流过程有良好的节奏性，各流水作业线不仅要有节奏或均衡地进行，各流水线之间在生产节奏上也要协调一致。

（4）要求物流过程有良好的适应性，物流过程应有与生产过程相适应的应变能力。

2. 合理的供应物流

（1）选用服务可靠的专业物流组织，保证供应可靠。

（2）选用合适的专业运输组织和形式，以便与生产物流有良好的衔接关系。

（3）选用合适的专业仓库保管。

3. 合理的销售物流

（1）要适应发货计划的要求。

（2）能达到希望的折扣率和物流批量。

（3）有利于实现与其他企业联合配送，增大发货批量，提高配送设施的利用率。

（4）能简化大宗普通物品的发货手续，选择最短的运送距离。

（四）物流流通渠道能力

物流流通渠道能力是物流战略定位的体现，物流流通渠道能力的组织是实现物流战略的保证。物流流通渠道能力的组织应遵循以下原则。

(1) 系统协调原则;

(2) 成本分析原则;

(3) 兼容性原则。

(五) 物流渠道结构战略

它主要解决设施建设的类型、数量、地理位置、规模和设施所服务的目标市场的划分,从而对物流渠道的形成、运输战略的组织起到决定性的引导作用。

1. 分层系统

物流系统是一个具有明显的层次特征的系统。为了便于组织合理的流通过程,物流渠道通常要对库存产品分别归类,使不同层次的仓库之间的产品运输能获得较大的运输批量,形成集装经济性较好的系统。

2. 直接系统

直接系统就是减少中转环节,将货品直接配送给客户的物流系统。它的好处在于可以提高货物送达客户的速度,提高客户的满意度。

3. 灵活系统

灵活系统能够根据企业的实际情况进行灵活处理,可以根据市场需求、周转的快慢、运动的快慢、成本构成及风险因素等情况,分别将不同的物件储备在中央或前方仓库。灵活系统可分为常规灵活系统和紧急灵活系统。

(1) 常规灵活系统。其特点为:发送到特殊地点的货物可以从两个不同的物流服务设施发送,其成本与时间均不变;既能满足用户的期望,又可以改善物流总成本的构成方式;根据需要,可将某些特定的物品存在特定的仓库内,而将其余大量的物品存在中央仓库中。

(2) 紧急灵活系统。为了避免突发事件影响及时供应而导致用户取消订货或取消拟进行的项目而建立的系统即紧急灵活系统。它往往用于应对特定的、十分关键的情况,为此而增加的费用开支,原则上可与用户协商解决。

(六) 仓储战略选择

1. 库存决策

库存决策影响企业的整体发展。传统的物流要求库存越多越好,以避免客户的损失,现在则要降低库存成本,库存越少越好,如何在二者之间找到平衡,是一个很难的问题,需要企业在制定库存决策时能够综合考虑,以降低企业的风险,提高企业的利润。

2. 存货政策

每个企业的情况不一样,可以根据企业的管理理念对企业存货过程进行指导和管理。通常有下面三种情况,企业根据自身的发展实力和发展阶段来选择。

(1) 保持零库存,根据客户的需求及时组建供应系统,降低存货成本。

(2) 通过客户的历史数据进行分析预测,提前做好库存计划,以满足客户的需求,并做好相应的应急预案,防止突发事件的发生,减少企业的损失。

(3) 保留一定的存货,并根据市场的行情和自身的生产能力,灵活应对,做出快速反应。

3. 存货类型的确定

存货包括制造存货、批发存货和零售存货三种类型。

4. 仓库种类的选择

(1) 自有仓库。拥有相应产品的厂商同时拥有仓库设施的支配权，能较好地将厂商内部的物流过程与仓库的经营活动结合起来，更好地满足企业的特殊需求。虽其固定成本较低，但利用效率也可能低一些。

(2) 公共仓用。拥有仓库设施经营权的人，根据仓库的特性，为某一类客户提供仓储服务，这有利于实现仓储的专门化，从而获得一定的规模效益，其变动成本较低。

(3) 合同仓库。根据要求签订合同，在合同期仓库供对方使用，同时具备自有仓库和公共仓库的特征，可以降低企业的成本，又可以满足市场的需求，企业可以根据自身情况进行选择。

5. 仓储战略决策的基本问题

(1) 产品、市场的分类。

(2) 产品生产者及产品数量汇总。

(3) 需求市场分布。

(4) 拥有产品的厂商应该使用仓库的数量。

(5) 仓库的种类以及地理分布。

6. 仓库选择应考虑的因素

(1) 有利于树立企业的形象。仓库中有存货是一个企业实力的展示，能够加强客户的信任，提升企业的形象，增加企业的利润。自有仓库最好，公共仓库最差。

(2) 有利于实现灵活作业。易于实现仓库策略的调整，作业程序能较好地满足用户对产品需求的变化。自有仓库最好，公共仓库最差。

(3) 有利于仓库位置的调整。很多企业的产品会发生季节性或者周期性的变化，能够随机调整仓库的位置，可以更好地满足市场的需要，提高其机动性和灵活性。公共仓库最好，自有仓库最差。

(4) 有利于实现规模经济。有利于机械化操作，引进先进的物流设备，降低搬运装卸成本，发挥规模经济的优势。

(七) 运输战略的选择

1. 运输方式的选择

(1) 各运输阶段可供选择的运输工具有：铁路、公路、水路、管道和航空五种。

(2) 运输工具间协作方式的组织有：一般运输、联合运输和多式联运三种。

2. 运输网络的形成

物流依赖于运输网络，没有配置合理的运输网络就没有高效率的物流。只有从战略构想到规划、设计、工程实施再到管理都做得好，这个目标才能实现。

3. 承运方式的选择

必须按一定的服务要求，选择承运价格最有利于降低总成本的承运方式。

(1) 服务成本战略。在高度竞争条件下，对于低价值货物的承运价格，应考虑服务成本加一定的毛利水平。

(2) 服务价值战略。在竞争有限制的情况下，对于高价值货物的承运价格，可根据物件拥有者所认定的服务价值的成本来确定付费的标准。

（3）介于上述二者之间的组合战略。

三、企业物流战略规划的编制

（一）企业物流战略分析的基本思路

（1）分析企业物流战略的发展沿革及延续性；

（2）从流程合理化和信息系统化的角度分析当前战略转移或调整的方向及趋势；

（3）选择战略转移或调整时期；

（4）分析战略转移或调整动力和条件情况；

（5）提出多个可行的战略转移或调整方案。

（二）企业物流战略规划的内容

（1）物流目标体系的研究与选择。根据企业自身情况确定市场中的目标体系，并在定性分析和定量研究中选择最适合企业自身的目标。

（2）物流业发展方向的选择。包括面向何种行业、企业、产品区域、方式等。

（3）物流系统设施和设备的配备情况、仓库的类型与建设地点、存货的类型及物料的管理方式、订货处理方式与购买获取情况、运输及其与其他环节的配合情况等方面的历史与现状的分析。

（4）物流需求预测。通过信息系统和大数据进行市场分析，了解市场上的物流需求，并做出合理的预测，以占领市场。

（5）物流战略态势分析。企业对物流系统的服务能力、营销能力、市场规模、在当前市场上的定位及战略逻辑过程的不断演变过程和推进趋势进行分析，确定目标市场的定位。

（6）物流战略方案的确定。在综合分析企业自身实际情况的基础上，结合调研所得资料，确定若干个企业物流战略方案。

（7）战略评价与选择。对每个企业物流战略方案进行分析和评价，利用定性分析和定量研究相结合的方式，最终选择最佳的方案。

（8）战略实施方案设计。根据企业物流战略方案，分阶段分目标地进行方案设计，使战略实施稳步推进，以确保最终目标的实现。

（三）企业物流战略分析步骤

（1）战略规划机构的设立及人员配备。主要是物流企业机构的设立，以及相应员工的配置，使企业的运营能够高效地运行。

（2）物流资源及用户需求的调查和预测。物流资源及用户需求的调查和预测包括以下内容：物流基础设施调查，用户资源调查，物流流量及流向调查，政策规划、产业发展规划、相关企业发展规划调查，承运企业、仓储企业与第三方物流调查。

（3）战略规划资源分析。从物流企业自身出发，对能够获取和调动的资源进行分析，以便在市场中获取竞争优势。

（4）战略规划资源查询。对企业现有的资源进行查询，以便查漏补缺，知道从哪些方面进行规划和加强薄弱环节。

(5) 战略规划内容确定。确定企业物流战略规划的具体内容，从宏观上进行分析和考量，最终确定企业物流战略规划的内容，从而使企业物流战略规划的实施变得更加具体和可行。

(四) 企业物流战略方案的评价

(1) 企业物流战略与企业经营战略、营销战略的协调性评价，主要包括战略目标、战略阶段、战略措施等内容。

(2) 企业物流战略与企业外部环境的协调性评价，主要包括对市场需求的适应性情况、提高产品竞争力的情况、资源来源与资源利用情况等内容。

(3) 企业物流战略态势评价，主要包括转移或调整时期的选择及其现实性的评价、战略推动力的成长情况、战略条件的现实性情况等内容。

(五) 企业物流战略实施规划

(1) 战略阶段的划分及其实施安排。企业物流战略的实施必须分阶段进行，以便掌握实施的进度和进展情况，可以不断进行调整，对每个阶段实施的具体内容进行统筹规划。

(2) 战略目标的分解及其落实措施的制定。将企业物流战略目标分解为若干个小目标，分阶段实现，逐步完成任务，不仅可以稳步实施，还可以使企业物流战略的实施具有可行性。

(3) 战略重点落实措施的制定。不能眉毛胡子一把抓，要具体问题具体分析，对于战略重点必须保障足够的物力、财力，有计划、有步骤地开展。

经典案例

青岛海乾物流有限公司的经营战略与运作模式

青岛海乾物流有限公司（以下简称“海乾物流”）自1992年成立以来，已经从一个只有几辆车的单一的运输公司，发展成为一家集运输、仓储、配送为一体的现代化综合性物流管理公司。

海乾物流的发展经历了以下三个阶段。

一、以优秀的服务质量赢得大型客户的认可

董事长王竹林坚决地把公司的业务发展方向定为“服务大型企业”，并认为必须以优质的服务和良好的信誉赢得客户的认可。于是，经过不懈的努力和争取，抓住每一次机遇，规范经营，用心操作，通过一次次优质高效地完成计划，赢得客户的满意和赞美，使得海乾物流的客户满意度和美誉度不断提高，逐渐得到了客户的认可。

二、合理布局，建立高效的物流网络

降低车辆空载率，是挖掘物流企业利润潜力的主要措施之一。怎样才能降低车辆空载率？海乾物流的方法是：在卸货目的地附近寻找回程货源。根据客户发货的去向和运量，选择相应的区域，并在这些区域发展新的客户，使其成为车辆运行过程的回程货源基地。随着一个个基地的建立，多个基地和相应的运输线路就形成了一个物流网络，基地之间的关系就是互为回程货源的关系。车辆在这个网络中运行，其车辆空载率就可以得到有效的控制，从而大幅降低物流运输成本，使海乾物流和客户都获得了更大的利润空间。按照这样的思路，根据物流线路，海乾物流分别在长春、大连、咸阳、绵阳、深圳、无锡设立了6个办事处或分公司，建立了一个辐射全国的物流网络，这个网络的高效运行，不但保证了客户物流的实效性要求，保障了海乾物流的服务质量，降低了运输成本，还增强了海乾物流的市场竞争力。

三、基于高效运行的物流网络，利用宽绰的仓储容量，轻松进入第三方物流领域

海乾物流凭借多年与大型企业合作所积累的经验，结合以市场为导向的经营意识，基于业已建立的物流网络，利用自己宽绰的仓储容量，深层次服务于客户，轻松进入第三方物流领域。

海乾物流作为第三方物流管理商，一方面作为供应商的一个窗口，及时向产品供应商反馈其产品需求商的各种要求和需求信息，协助产品供应商处理其业务中的各种客户服务事项；另一方面，作为产品需求商生产链上的一个重要环节，接受产品需求商的管理，确保与其生产节拍同步，及时将生产所需的物料送达指定位置。这样不仅减少了产品需求商在原材料、零部件管理方面的各种烦琐的事务性工作，节省了其物料储存的仓储空间，实现了真正意义上的零库存经营，还减少了产品供应商为适应产品需求商的零库存要求而面临的繁重的客户物料配送事务，同时，由于物流管理商专业化的设施和仓储管理、配送经验，又使物流管理简单化，成本也得到了有效的控制。

海乾物流，以其卓越的综合优势、良好的服务理念、协调统一的组织管理和团结奋进的团队精神，必将创造辉煌的未来，为我国的物流事业的发展做出应有的贡献。

资料来源：https://doc.mbalib.com/view/4f510591a8d50d8f680196f939812410.html。

任务四　物流战略的实施与控制

【任务描述】掌握物流战略实施原则，将原则性和灵活性相结合，使企业的物流战略能够按照计划的目标顺利进行。

【任务分析】学生了理解物流战略实施的具体原则。教师则通过案例引导学生通过物流战略的实施与控制，保障物流战略目标的完成。

【相关知识】

物流战略规划的实施与控制

案例引入

整体物流方案是在海尔集团各事业部物流横向整合之后，对海尔物流系统进行的整体设计，重新规划海尔集团的物流系统，包括海尔集团内部物流组织格局的调整、物流运作模式的优化、现代化物流技术的应用，重点对海尔集团整条物流链（Total Logistics Chain）纵向集成，发挥整体物流的规模优势，并把“供应链”的合作思想和“市场链”的优化机制融汇于海尔物流体系中，真正地发掘海尔集团的“第三利润源泉”，让海尔集团经济体系中的“黑暗大陆”浮出水面。

海尔企业整体物流系统是应用整体系统的方法进行实体供给和实体分配，对包括市场预测、物料需求、采购、原料供应、货物运输、存货控制、仓储、搬运、包装、客户服务及物流信息在内的活动予以综合管理，以适当的成本（Right Cost）、在适当的时间（Right Time）、适当的地点（Right Place）向适当的客户（Right Customer）提供适当数量（RightQuantity）与适当品质（Right Quality）的适当产品（Right Product），达到提高客户服务水平，降低成本，增加企业利润的目的。

思考：如何看待海尔物流系统的整体设计？

【知识学习】

一、物流战略的实施

（一）物流战略实施原则

1. 战略协同原则

在进行物流战略实施时必须把战略导向、战略态势、战略优势、战略类型融合在一起，因为它们不是单独的个体，需要协调一致以产生协调效应。

2. 力求优势原则

物流战略的形成就是要找到企业的核心竞争优势，市场上客户的需求众多，要在竞争中脱颖而出，使客户选择自己，就要突出自己的优势，区别于竞争对手，在客户中形成口碑。

3. 区域平衡原则

企业的良性发展需要在自身内部做到资源的平衡，实现资源的合理调度，提高资源利用的效率，同时扩大市场份额，而不是盲目扩展，肆意引进外来资本。

4. 有限合理原则

物流战略管理就是对企业有限的资源进行合理安排，发挥资源的最大优势和利用价值，借助先进的信息系统和信息技术进行分析和预测，只要与企业的总体目标不冲突，有利于企业发展的调配都是可以接受的。在实际运用过程中，可以不断进行修正和调整，以使资源利用最大化，同时可以适当借助外部资源，做到运筹帷幄，实现资源的最佳配置。

5. 阶段发展原则

在物流战略的实施过程中，不可能一蹴而就，需要分阶段分步骤实施，根据企业的发展状况和每个阶段的业务重点，一步一个脚印地稳步实施，避免不良结果的产生。

6. 系统优化原则

企业各个部门之间对资源的需求不同，资源分配不同，就会导致资源分配不均，或者没有高效地配置资源，这就需要管理者摒弃部门的利润最大化，从整体出发，完成各部门资源的配置，从系统上进行优化处理。

（二）物流战略实施的内容

1. 对企业总体物流战略的说明

其主要是对企业物流战略实施的过程和步骤进行详细的说明，使员工对实施的过程有一个大致的了解，从而配合物流战略的实施。还包括实施物流战略后企业的发展前景、在市场竞争中获得的竞争优势、国家的方针政策等。既可以定性地进行文字描述，也可以采用图表等方式进行展示，员工的认同度越高，企业进行战略实施的过程就越顺利。

2. 企业分阶段物流目标

物流战略是分阶段实施的，要从整体上进行把控，清楚每个阶段的时间节点，以及要达成的具体目标，以时间列表的形式展示。无论是管理者还是员工，都应对物流战略实施的进程有一个清楚的了解，既有实现局部目标的成就感，又有面对进度安排的紧迫感，从而有利于物流战略目标的实现。

3. 企业物流战略的行动计划和项目

有了目标之后就要落实执行，组织人力和物力来实施行动，以项目为中心，逐段逐项目地完成，明确职责，分工协助，责任到人。

4. 企业物流的资源配置

完成企业物流资源的调配，根据实施的阶段和任务的重要性、紧急性进行资源分配，本着量入为出的原则，少花钱多办事，对各个流程进行计算，以财务报表的形式表现出来，使决策者能够根据现在的资源进行协调，保证项目的实施，解决遇到的问题，加快实施的进度。

5. 企业组织结构的物流战略调整及物流战略子系统的接口协调

为了能够更好地实现战略目标，必须对物流企业的组织结构进行相应的调整，协调人员的配置，随着社会的动态变化，组织结构也会不断调整。物流战略下面有多个子系统，如何做好子系统的衔接、调控，必须有明确的说明，防止产生交叉或职责不清的情况。

6. 制定应变计划

社会在不断变化，市场行情受到社会、国家政策、意外事件的影响和制约，也在不断变化。物流战略规划在保持稳定不变的前提下，也要不断地做出调整，提前制定好应急预案，防止突发事件的产生，避免企业遭受损失。

二、物流战略的控制

（一）物流战略控制的定义

在实施企业物流战略的过程中，由于市场、社会等各种因素的变化，执行过程会产生一定的偏差，如果不及时发现并采取补救措施，就可能严重偏离原来的目标，而物流战略控制就是在物流战略实施过程中定期进行检查，确保计划目标的实现。物流战略控制可能会产生两种结果：一是物流战略按照计划的目标顺利进行，二是对物流战略进行结构性调整或采用新的物流战略方案。

（二）物流战略控制的标准

从严格意义上讲，物流战略控制没有确切的标准，只要符合企业发展的使命，符合企业长期发展目标在控制的范围之内即可。物流战略实施中的任何控制活动都不能背离这个标准。企业的目标和使命是长远的规划，而控制是实时的、具体的。在物流战略实施的体系中，已将企业的使命和目标分解为企业各个部门在各个战略时期的目标和行为准则，这些具体的目标和行为准则就是物流战略控制的依据和标准。

（三）物流战略控制的方法

物流战略控制的常用方法有预算、审计和现场观察。采用什么样的方法需要根据物流战略实施的阶段和进程确定，往往是多种方法结合使用，以便准确地进行控制。

1. 预算

预算是使用最广泛的控制方法和工具。通过预算能够以定量的形式进行企业内部资源的分配和监控，简单易行。

2. 审计

审计主要是审查财务支出情况有无违规，是否符合实际情况，从而客观地衡量资金的使用情况，也可以快速地查找问题，从而起到控制作用。

3. 现场观察

现场观察主要是指管理人员到项目实施的现场去观察，通过与一线职工的访谈，发现项目实施中出现的问题，并提出具体的解决措施。

（四）物流战略控制的方式

物流战略控制的基本方式如下。

（1）事前控制。在物流战略实施前把所有可能出现的问题及情况列出来，并提出具体的解决措施，防患于未然，保证物流战略的顺利实施。

（2）事后控制。在实施物流战略后，将取得的结果与预期目标比较，根据结果是否达到预期目标，找出产生偏差的原因，确定解决的方案。

（3）过程控制。过程控制属于事中控制，通过检测阶段目标是否产生了偏差，及时采取补救和纠偏措施，以期目标实现。

（4）实时控制。在工作过程中，不定时地检测，检查工作的实际结果与预测是否有出入，从而决定行动是否需要调整。

采取何种控制形式需要综合考虑，一般考虑因素有控制的要求、控制量及控制成本。

（五）物流战略控制的步骤

物流战略控制的目的就是保证物流战略目标的实现，避免物流战略实施过程中各种因素的影响。物流战略控制过程大致有 4 个基本步骤：制定标准，衡量、评价物流战略实施的成效，信息反馈，纠正偏差。

1. 制定标准

物流战略目标已经形成，在实施的过程中分阶段来实现，其中各阶段实现的小目标已经设计好，所以在实施的过程中结合完成情况，与预期目标比较，制定一个符合企业的实施标准，以便于企业自查。一般有定性分析和定量研究两种方法。

2. 衡量、评价物流战略实施的成效

估计物流战略实施的发展趋势，衡量各阶段的实施成效，与预期目标比较，找出偏差，保证目标的顺利实现。

3. 信息反馈

在物流战略控制过程中会产生一系列数据信息，对所有数据信息进行收集和整理，形成报告，交由管理者进行决策，因为管理者做决策必须掌握充足的信息，信息越充足，决策的准确率就越高。

4. 纠正偏差

在物流战略实施过程中产生一定的偏差是正常的，如果偏差比较小，不影响企业整体目标的实现是可以被接受的，相反，如果偏差严重影响物流战略的实施，则必须纠正偏差。偏差发现得越早越及时，纠偏的成本越低，相反，偏差越大，发现得越晚，采取补救措施消耗的人力、物力就越多。

经典案例

差异化战略案例

1984—1991 年是海尔集团实施品牌战略的阶段，别的企业上产量，而海尔集团扑下身子抓质量。此战略在海尔集团创立之初即以张瑞敏砸冰箱的戏剧化举动宣告推出。此后的六七年间，海尔集团完善了生产过程的全面质量管理，同时在销售方面推出星级服务的概念，在消费者心目中树立起质量超群的国产品牌形象。海尔集团在实践中，逐渐形成一套以人本主义为核心的企业文化。在此基础上，海尔集团在 20 世纪 90 年代初提出了 OEC 工作法，它的中文表述则为“日事日毕，日清日高”。至此，海尔集团以其全面质量管理和 OEC 工作法、以星级服务为特色的营销方式和客户导向的产品改进与开发，三位一体形成了一个高效率、高品质的经营管理体系。

20 世纪 90 年代初，海尔集团年利润不过 3 000 多万元。因此其发展必须采取低成本扩张的方式。海尔集团从本地政府和武汉、广东等外地政府手上以低廉的代价接管了多家亏损企业，并依托这些企业建立了空调、洗衣机和彩电等新事业。1991 年，海尔集团兼并青岛空调器厂和电冷柜总厂，标志着大规模多元化进程的开始，并持续到 1998 年。

海尔集团拥有水平明显高于大多数国内企业的管理能力并善于将其植入被兼并的企业，同时借助公司上市募集的资金在海尔工业园新建了一批企业。海尔集团在 20 世纪 90 年代将自己扩展为一个横跨白色家电、黑色家电、米色家电（PC 等）、各种小家电以及制药、生物工程、金融服务等领域的多部门公司。海尔集团为适应其多产品的产业格局，在组织结构上完成了事业部制结构的改造，形成了成本中心、利润中心和资源调度中心的三级架构。

资料来源：https://wenku.baidu.com/view/d38d3fbbd3d233d4b14e852458fb770bf78a3b1c.html。

素质提升

找准自己的定位，实施差异化战略，提升民族自信心和自豪感。

实训　中海集团物流战略规划

【实训背景】

中海集团是一家跨国经营的大型物流公司，经营业务覆盖全国甚至全球，旗下拥有庞大的运输船队，涉及多个行业及众多企业。中海集团在不断发展的基础上，持续贯彻“抓住沿海、拓展远洋、一业为主、多元发展”的战略，不断拓展业务，实现传统业务的转型升级。

中海集团的发展历程有以下几个特点。

（1）市场定位准确，以多元化物流经营为主，通过优化供应链，为客户提供增值服务，提升企业的利润增长点。

（2）整合企业物流资源。

对企业现有的资源重新进行整合，形成一体化网络，服务网点遍布全国，形成了完整的物流供应链，为客户提高全方位的物流服务。

（3）注重物流领域合作。

在国内外范围内加强与航空公司及物流企业的合作，实现资源的整合和优势互补，不断完善企业物流业务支撑体系。

（4）加强物流基础设施建设。

为客户提供更好的服务，致力于基础设施的建设，不断完善信息系统建设、网络设施建设，以及运输网络建设。

（5）积极建立物流营销队伍。

为了适应全球化的发展趋势，不断吸收优秀人才，并不断调整营销策略，建立专业化的营销队伍。

【实训目的】

通过对中海集团物流战略规划案例的分析与学习，使学生认识到物流战略规划对于企业发展的重要性，同时提高学生物流战略规划的意识。

【实训组织】

（1）自由组合，组成若干小组。

（2）认真阅读案例，讨论中海集团如何进行有效的物流战略规划。

（3）搜集网上资料，为中海集团提出更多的建议和完善性措施，使其做得更好。

（4）分组讨论。

【实训评价】

从各组的团队配合情况、参与度、提出建议的创新性等方面进行综合评价。

【项目测评】

一、判断题

1. 战略导向、战略优势、战略态势又称为物流战略规划的基本要点。　　（　　）

2. 物流战略层决定着物流企业的发展方向。 (　　)

3. 企业物流战略规划与管理的第一层为执行层。 (　　)

4. SWOT 分析法是将企业外部环境的机会（O）与威胁（T）、内部条件的优势（S）与劣势（W）列在同一张“十”字形图表中加以对照。 (　　)

5. 物流战略控制的方式只能是事后控制。 (　　)

二、单选题

1. (　　) 是物流战略的核心问题。

A. 战略目标　B. 战略导向　C. 战略优势　D. 战略态势

2. 不属于 21 世纪物流环境主要特征的是（　　）。

A. 信息量太少　B. 技术进步加快

C. 要求可持续发展　D. 市场和劳务竞争全球化

3. 物流战略控制的常用方法有预算、审计和（　　）。

A. 问卷调查　B. 现场观察　C. 电话调查　D. 核算

4. 物流战略控制的步骤排序正确的是（　　）。

A. 制定标准—信息反馈—纠正偏差—衡量、评价物流战略实施的成效

B. 信息反馈—衡量、评价物流战略实施的成效—制定标准—纠正偏差

C. 衡量、评价物流战略实施的成效—制定标准—信息反馈—纠正偏差

D. 制定标准—衡量、评价物流战略实施的成效—信息反馈—纠正偏差

5. 一个完整的物流战略目标不包括（　　）。

A. 企业物流的目的是什么

B. 完成企业物流的费用

C. 企业物流要达到什么样的发展标准

D. 具体完成企业物流的时间进程

三、多选题

1. 物流战略规划的内容包括（　　）战略措施和战略步骤等。

A. 战略目标　B. 战略导向　C. 战略优势　D. 战略态势

2. 企业的物流战略通常表现为（　　）。

A. 全局性战略　B. 结构性战略　C. 功能性战略　D. 基础性战略

3. 结构性战略包括（　　）与（　　）两个方面的内容。

A. 宏观层面的物流规划　B. 渠道设计

C. 网络分析　D. 微观层面的物流规划

4. 企业物流战略环境包括（　　）。

A. 宏观环境　B. 行业环境　C. 企业内部环境　D. 物流体系环境

5. 物流战略实施原则包括（　　）、阶段发展原则和系统优化原则。

A. 战略协同原则　B. 力求优势原则

C. 区域平衡原则　D. 有限合理原则

四、案例分析

按照背景资料完成相关任务。某公司成立于2022年，位于北京市大兴区经济技术开发区。该公司在东北三省、内蒙古、河北、山东、上海、浙江等地有丰富的车源，在北京市内还有厢式货车，车型有4.2米、4.5米、5.2米、6.2米、6.8米、9.6米、12.5米、17.5米、21米等以及敞车、高栏车、平板车。该公司代理全国货物运送，拥有员工35人，资产为500万元。请为该公司制定物流战略规划，并使之行之有效，能够很好地指导该公司发展，增加其竞争力。

任务要求：同学以小组为单位开展研究、查找资料和调研等，通过CDIO（即构思、设计、实现、运作）实现本项目，并以PPT的形式完成汇报。

项目四　学习物流系统配送中心规划设计

【项目介绍】

了解配送中心的类型及功能，通过学习配送中心的选址规划与设施规划，理解配送中心规划的重要性。

【知识目标】

(1) 了解配送中心的含义及类型；
(2) 理解配送中心的功能和目标；
(3) 了解配送中心规划的原则。

【技能目标】

(1) 掌握配送中心规划设计的程序；
(2) 理解配送中心选址的方法；
(3) 理解配送中心的设施与设备规划的方法。

【素质目标】

配送中心虽然只是终端的一个环节，但却影响整个企业的效益。通过学习培养螺丝刀精神、无私奉献精神和精益求精精神，发扬工匠精神。

【项目导学】

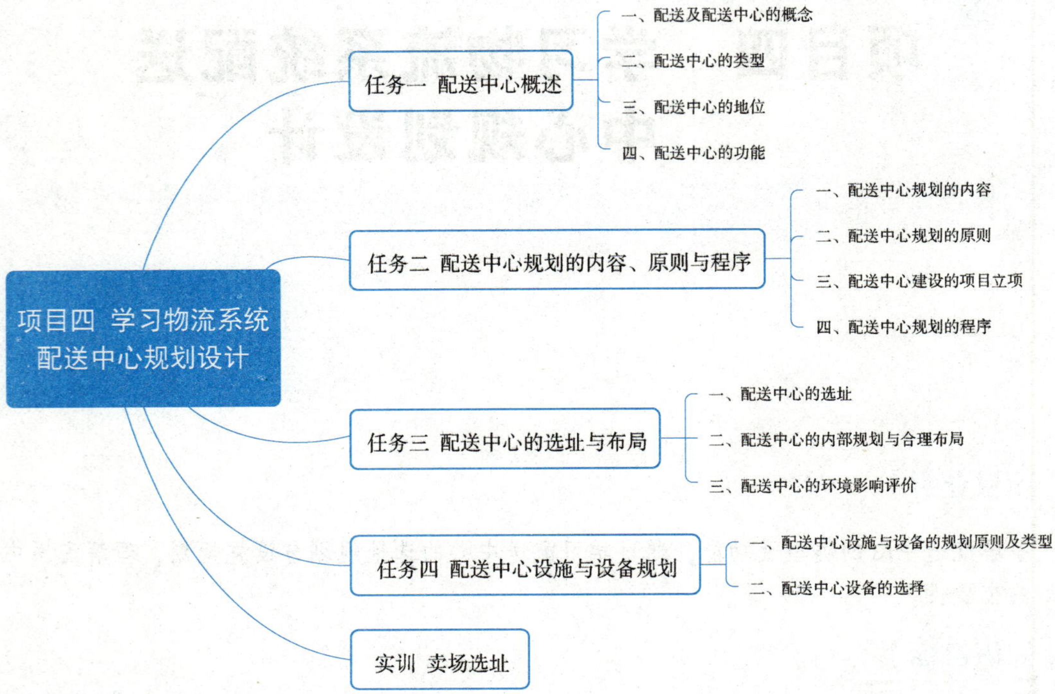

案例引入

海尔物流目前在全国多个地方成立了物流中心，其中青岛海尔物流中心推行“即需即送”服务，根据客户的反馈信息来看，配送的效率提高了2~3倍，甚至当天订货当天送达，大大提高了客户满意度。同时海尔为了降低库存成本，在物流管理上实行“零库存”模式，从而保证资金和生产优质循环。海尔集团以“即需即送”为目标，做到“零库存”，以热情的态度对待客户，不断提升服务的质量，使更多的客户感受海尔集团的高质量服务，不断扩大市场份额。

任务：海尔物流中心如何推行“即需即送”服务？

任务一 配送中心概述

【任务描述】了解配送中心的概念、目标和意义，能够区分配送中心的类型，了解配送中心的功能。

【任务分析】学生了解配送中心的作用和意义。教师通过案例引导学生了解配送中心的功能及其对企业的重要性。

【相关知识】

配送中心

【知识学习】

一、配送及配送中心的概念

（一）配送的概念

配送与运输不同，运输一般属于长距离的输送，而配送解决的是“最后一公里”问题，往往是根据客户的要求，在物流节点内进行分货、包装及配货等工作，并将货物最终交给收货人的过程，完成物流的最后一个环节。组配和送货是配送的基本功能，具有以下特点。

（1）配送的实质是送货。配送和一般的送货有区别：一般的送货往往是根据需要进行的，具有偶发性质，而配送是在一定的组织管理下，按照一定的规则制定，具有固定的、长期的状态。一般的送货为个人行为，配送为企业行为。

（2）配送是一种中转形式，将物流节点的货物送给终端客户，而一般的发货采用直送模式，将货物直接送给客户，不需要中转。

（3）配送是“配”和“送”的有机结合。配送是企业将大量的货物根据优化后的配送路线进行输送的过程。由于配送量大，会产生规模效应，使配送的成本降低，企业的整体利润增加。一般的送货则不考虑送货成本，把货物送给客户即可。

（4）配送以用户的要求为出发点。企业倡导以客户为中心，提高客户的满意度，通过物流企业的配送网络逐级实现货物分批运输，而一般的送货则不需要以客户为主导。

（二）配送中心的概念

配送中心是专门从事配送的物流节点，同时具有加工、包装、理货、配送等多种功能，是企业的终端配送组织。货运物流实用手册对配送中心的解释是：配送中心（Distribution Center，DC）是实现配送业务的现代化流通设施。中华人民共和国国家标准物流术语规定，从事配送业务的物流场所和组织，应符合下列条件。

（1）主要为特定的用户服务；

（2）配送功能健全；

（3）有完善的信息网络；

（4）辐射范围小；

（5）所配送货物品种多，批量小；

（6）以配送为主，以储存为辅。

（三）配送的目标与意义

1. 配送的目标

（1）快速。以前生产力水平低，人们对配送的时间观念弱，但是现在的生活节奏越来越快，人们对配送的要求越来越高，企业配送的速度越快，越能赢得客户的信赖，配送的优势就在于能够快速地实现“门到门”服务，把运输的时间缩短。

（2）及时。及时是配送的生命。企业为了降低成本，追求“零库存”，对配送的要求越来越高，如果不能将货物及时送达，则企业将交不出订单，声誉受损，配送就失去了意义，所以物流企业一定要保证配送的及时性，它是物流企业的核心竞争力。

（3）可靠。配送的质量也是至关重要的，物流企业不仅要追求配送的速度，更要追配送的质量，不能出现包装破损、货物损坏等事件，在运输过程中要减少磨损，采取良好的防护措施。

（4）节约。配送的利润主要来源于节约，通过优化配送路线，减少运输的批次，增大单次运输的量，从而控制配送的成本。

2. 配送的意义

配送是物流运输的末端环节，这个环节处理的好坏，影响到客户的最终感受，它也是提升企业口碑和品牌的重要一环。

二、配送中心的类型

（一）按照配送中心的主要功能分类

1. 储存型配送中心

这是一种有很强的储存功能的配送中心。我国幅员辽阔，货通南北的量非常大，企业为了降低成本，专门设立具有储存功能的配送中心，用来暂时储存货物或者中转货物这类配送中心一般面积比较大，交通比较便利，适合作为全国的中转枢纽。

2. 流通型配送中心

这种配送中心储存功能比较弱，货物一般随进随出，收到货物之后立刻进行配货和送货。这种配送中心一般面积比较小，主要承接多式联运的中转配送，然后通过汽车或货车等完成终端配送。

3. 加工配送中心

加工配送中心根据客户的需求，重新对货物进行分装、包装、组装等活动。这一方面可以满足客户的要求，提高产品的附加值，另一方面对产品的再包装也可以提高企业的销售利润，同时加工完货物后进行配送可以缩短货物运输的时间。

（二）按照配送中心承担的流通职能分类

1. 供应配送中心

供应配送中心一般有固定的企业客户，配送的量及配送的范围比较稳定，一些大型的连锁超市、加工厂等都有采用供应配送中心，其配送的品种和数量相对比较稳定，而且能够提高配送的效率，对货物进行集中配送可以降低配送的成本。

2. 销售配送中心

销售配送中心以销售经营为主，以配送为辅，其客户的数量比较大，配送的计划性差。销售配送中心大体有三种类型：第一种是生产企业将本身产品直接销售给消费者的配送中心，在国外，这种类型的配送中心很多；第二种是流通企业建立配送中心以扩大销售，作为自身经营的一种方式，我国目前拟建的配送中心大多属于这种类型，国外的例证也很多；第三种是流通企业和生产企业联合建设的协作型配送中心。比较来看，国外和我国的企业都在向以销售配送中心为主的方向发展。

（三）按配送区域的范围分类

1. 城市配送中心

城市配送中心主要面向企业客户，根据企业的特点，进行定时定量的配送，结合配送的路线和运量，可以及时通过节约里程法等实现各个企业的小批量多批次的配送服务。由于城市的基础设施建设比较成熟，城市配送中心一般采用厢式货车进行配送，其运速快，可满足客户多样化的需求。

2. 区域配送中心

区域配送中心以区域为中心，面向全国甚至国际市场的客户进行配送服务，配送的规模和数量都比较大，往往起到货物中转的作用，再由下一级配送中心将货物运送给终端客户。

（四）按配送的专业程度划分

1. 专业配送中心

专业配送中心大体上有两个含义：一是配送对象、配送技术属于某一专业范畴，在某一专业范畴内有一定的综合性，综合这一专业的多种物资进行配送，例如多数制造业的销售配送中心，我国目前在石家庄、上海等地建设的配送中心大多属于这一形式；二是以配送为专业化职能，基本不从事经营的服务型配送中心，如蒙克斯帕配送中心。

2. 柔性配送中心

柔性配送中心能够根据客户的需求灵活地应对不同的情况，具有很强的适应性，主要针对一些零散客户，能及时根据客户的需求编制配送计划。柔性配送中心与专业配送中心形成互补，是整个配送市场的补充。

3. 综合配送中心

综合配送中心配送的货物种类繁多，可以配送不同领域的产品。对于需要配送货物种类多的客户，不用分批次进行输送，只需要联系综合配送中心就可以减少配送的次数，降低配送的成本。综合配送中心是所有配送中心中服务能力最强的类型。

（五）按运营主体划分

1. 以生产厂商为主的配送中心

这种配送中心的主要服务对象是生产厂商。由于生产厂商在组装生产时需要大批量的零部件和原材料，所以这类配送中心运输量大，可以缩短运输的距离，降低运输的成本，提高运输的效率，流通能力比较强的企业还可以通过此类配送中心直接将产品配送给终端客户。

2. 以批发商为主的配送中心

专职流通业的批发商需要的商品种类较多，不仅依靠单一生产厂商的产品，而是采购多家生产厂商的产品，这难免会增加运输成本，降低效益。以批发商为主的配送中心把多个生产厂商的产品集中起来，分批次运输给批发商，发挥规模效应，既降低了运输的成本，又满足了批发商多样化的需求。

3. 以零售商为主的配送中心

以零售商为主的配送中心主要面向大型商超等，它们本身不生产商品。以销售商品为主。为了保证各个门店商品的充足供应，商超会从工厂直接进货到自由配送中心，再由配送中心配送到各个门店，这样有利于库存集中，还有利于减少商店的库存总量。

4. 以物流企业为主的配送中心

以物流企业为主的配送中心是为批发企业服务的综合性物流中心。这类配送中心主要起到流通或储存的功能，可以节约客户的储存成本，它直接将货物由生产厂商运输到客户，充分利用物流设施设备，降低了成本，提高了双方的效益。

三、配送中心的地位

无论从现代物流学科建设方面还是从经济发展的要求方面来讲，都需要对配送中心这种经济形态有一个明确的界定。

（一）层次定位

物流系统主要包括三个方面：流通中心、物流中心以及配送中心。物流系统的流通功能非常完善，集商流、物流、信息流、资金流于一体，四流合一。流通中心属于第一个层次的中心。物流中心不涉及商品的交易，仅涵盖商品交易后的物流、信息流和资金流三流合一，所以物流中心属于第二个层次的中心。配送中心主要进行终端的配送，位于流通中心或物流中心的下面，属第三个层次的中心。

（二）横向定位

横向来看，仓库、码头、货栈等和配送中心具有类似的功能，都属于物流的末端。配送中心具有专门的配送功能，固定向目标客户进行配送，而仓库、码头、货栈等仅具有装卸和储存功能，不具备配送功能。

（三）纵向定位

物流企业运输过程按纵向划分为四个阶段，即物流准备过程、首端物流过程、干线物流过程、末端物流过程。配送中心属于末端物流过程，实现货物的“门到门”服务，还具有信息反馈的作用。

（四）系统定位

在物流系统中，虽然配送中心处于物流的末端位置，但其系统定位却非常重要，它决定着整个物流系统的效率，可以实现货物的“门到门”服务。

（五）功能定位

配送中心最基本的功能就是根据客户订单完成配货和送货，配货和送货是配送中心最基本的功能。

四、配送中心的功能

随着现代物流业的发展，配送中心作为一种重要的物流节点，通过对商流、物流和信息流进行有机结合，其服务功能在集货、分货和流通加工等各个阶段不断完善和延伸。一般来说，配送中心主要有以下功能。

（一）采购功能

配送中心的采购功能是指根据客户的订单和需求采购商品，实现准确无误的配送。由于市场情况在不断变化，配送中心需要不断调整采购计划，以满足客户的具体需求。

（二）储存保管功能

物流主要实现的是货物在时间和空间上的移动，配送中心在物流的末端位置。根据客户的要求以及时间节点的限制，货物不能立即送给客户，需要在配送中心进行短暂的储存和保管。对于一些常用商品，配送中心进行一定量的储备，可以满足客户的不时之需，提高客户满意度。对于储存的商品，配送中心需要定期检查，确保商品完好。

（三）分拣配送功能

在电商时代，很多客户习惯网上购物，所购商品数量庞大，批量小，品种多。因此，对于上级物流中心的货物，配送中心要进行快速的分拣和配送，并以最快的速度在指定时间将商品送到客户手中。

（四）分装功能

从物流企业的角度，小批次、大批量地运输货物可以降低成本，但客户往往采用小批量、多批次的方法进货。企业对多个客户的相同货物进行整批运输，采用分批包装的形式，既降低了成本，又满足了客户的需求。配送中心就具备分装的功能。

（五）集散功能

为了降低运输成本，若干企业把所有的货物集中到某个配送中心进行发货，到达另外的配送中心后再进行分散配送，或者将其他分散的货物收集，然后统一集中配送。通过配送中心的集散功能可以提高货物的装载率，降低运输成本。

（六）流通加工功能

为了扩大经营范围，提高经济效益，多数配送中心具备一定的流通加工能力，能够根据客户的要求提供分装、换装、商品组合和贴牌等服务，满足了客户多样化的需求。

（七）延伸信息服务功能

基层的配送中心可以搜集大量的数据信息，包括客户喜欢的产品、兴趣爱好等，从而对客户未来的需求进行预测，为客户提高更专业的咨询服务。

经典案例

立足“最后一公里”体验，构建线上线下一体化仓配体系

伴随苏宁零售业务的发展，苏宁物流持续推进线上线下一体化融合，完善“最后一公里”布局，拓展社会化服务功能，提升消费者体验。

一、线上线下一体化融合

苏宁物流在集团线上线下融合总体战略下，持续整合上下游资源，打通线上（苏宁易购平台、苏宁易购天猫官方旗舰店）及线下（苏宁易购门店、苏宁小店等）渠道，打造线上线下一体化融合的仓储配送管理体系，实现门店端、PC端、移动端和家庭端四端协同，为消费者提供家电、3C、母婴、百货、超市、服装等全品类、全渠道的优质服务。

在动态库存管理方面，通过大数据分析和智能调度系统，形成枢纽分拨和最短配送路由，实现全国范围“一盘货”管理；在货位管理方面，通过ABC分区及库存总量预测，缩短77%的订单拣选路线，提高拣选效率；在配送路径优化方面，通过建立虚拟模型和导入实际作业数据，形成动态路网规划、高灵敏的路由路线排程、智能调度引擎，平均提高车辆装载率18%，缩短总配送距离13%，降低配送成本22.3%。

二、完善“最后一公里”布局

苏宁物流充分发挥线上线下零售平台和物流快递设施优势，通过建设快递直营网点、苏宁帮客县镇服务中心、苏宁小店生活帮、零售云门店自提网点，整合旗下天天快递网

点等措施，打造智慧零售末端仓配综合服务网点，形成强大的城乡末端配送网络。目前，苏宁物流已建设 27 744 个末端快递点、480 家苏宁县级服务中心，覆盖全国 2 858 个区县，其中 40%的区域已实现半日达配送和售后服务，60%的区域实现当日达服务。

三、探索社会共享平台服务

苏宁物流打造开放的第四方综合物流信息服务平台，探索实现社会化服务转型。在社会化服务方面，服务平台基于物联网、大数据、云计算等技术形成信息化体系，实现支线运输、仓储、配送、自提等各环节供需双方的有效对接，并通过担保交易、信用管理、保险赔付等机制，提高物流交易的安全性与可靠性。目前，服务平台已入驻商户 2 000 余家，在线共享仓储租赁面积超过 10 万平方米，覆盖全国 57 个地区。

资料来源：http://www.nong.link/news? op=detail&id=27。

任务二　配送中心规划的内容、原则与程序

【任务描述】了解配送中心规划的内容、原则，熟悉配送中心规划要解决的问题，掌握配送中心规划的相关程序。

【任务分析】学生通过预习熟悉配送中心规划的内容及原则。教师指出配送中心规划时可能出现的问题，引导学生解决问题。

【相关知识】

如何规划一个“好”的配送中心

案例引入

生鲜农产品的安全问题已受到人们的广泛关注，而保障生鲜农产品品质最为关键的因素之一就是产品流通问题。配送中心是生鲜农产品进入消费市场的“最后一公里”的重要节点，如何使用有效的方法对现有生鲜配送中心进行合理布局，将会直接影响配送中心管理的科学性，也会影响生鲜农产品各个环节作业的效率。生鲜农产品的品质高低和货品损耗率也会受配送中心布局的影响。

生鲜配送中心主要包括验收、仓储、分拣、加工、配送、运输等环节，其中仓储环节包含常温仓、冷藏仓、冷冻仓，基本的加工内容主要包括蔬果的预包装、肉品的分割包装、散干货的分装等，很多企业便于管理也把中央厨房、加工工厂都放到一起，因此生鲜配送中心是企业的大后台。

思考：在配送中心规划过程中除了需要以 SLP 方法作为理论基础，还需要遵循的原则有哪些呢？

【知识学习】

一、配送中心规划的内容

配送中心规划是一项系统工程，包括设施选址、物流功能规划设计、物流设施规划设计、信息系统规划设计、运营系统规划设计等多个方面。

（一）设施选址

设施选址恰当与否直接关系到物流企业的效益。设施选址涉及的方面比较多，要综合考虑租金、位置、交通配套设施，以及企业未来的发展与扩充。如果设施选址不当，拆迁的成本极高。

（二）物流功能规划设计

物流功能规划设计应将配送中心作为一个整体进行考虑，结合配送中心所处的位置和功能，以及物流企业的目标，重新设定配送中心的功能，使其侧重于加工、配送、储存、保管等功能。

（三）物流设施规划设计

配送中心效率的高低取决于物流设施的先进性及信息系统的支持程度。一般而言，先进的技术设备会提高配送中心的效率，也是配送中心能够正常作业的基本条件，其空间的布局、设施的规划、设备的选型等都会影响工作效率的提升。

（四）信息系统规划设计

信息系统规划设计一般包括网络平台架构及内部的管理信息系统分析与设计，是配送中心规划的重要组成部分。当前的信息数据非常多，处理不慎就会出错，而采用先进的信息系统可以提高配送中心的效率和准确率，便于配送中心及时获取相应的信息，并且能够为客户提供专业咨询服务。

（五）运营系统规划设计

运营系统规划设计包括作业程序与标准、管理方法和各项规章制度、对各种票据的处理和各种作业指示图、设备的维修制度和系统异常事故的对策设计等。良好的运营系统能够帮助配送中心更好地处理业务，提高工作效率，对客户的需求能够精准把握，提升企业的利润。

二、配送中心规划的原则

配送中心是整个物流系统规划与设计的重要组成部分，各个系统之间联系紧密，任何一个环节出现问题都可能影响整个企业的正常运行，而且配送中心的建设成本比较高，一旦建成，改建的成本极高，因此在敲定规划方案之前必须经过反复的计算和评估。配送中心规划的原则有以下几点。

（一）系统最优原则

物流企业在进行配送中心规划时应当从全局着眼，对于各个系统的规划设计应当以定性和定量相结合的方式，进行准确的论证。配送中心规划必须服从企业的总体目标，从全局出发来布局各个物流节点，不能追求单个部门的最优化，应当追求整体的最优化，各个系统之间应紧密衔接，为客户创造更大的效益，实现配送的最优化。

（二）价值工程原则

在激烈的市场竞争中，客户对于配送的时效性要求越来越高，而企业在满足服务质量要求的同时，必须考虑物流成本。配送中心的建设及软/硬件设施的投入必须符合企业的投入产出比，不能为了追求客户满意度而盲目投资，应尽可能降低成本，扩大产出，以求最大的经济效益和社会效益。

（三）工艺、设备、管理科学化原则

科技发展的速度越来越快，各种系统不断出现，企业更加重视软件和硬件的投入，但是产品的升级换代的周期越来越短，所以在选择设备时应本着量入为出的原则，尽可能选择性价比高、能够更新升级的产品，不要盲目追求过分超前、一步到位的产品。

（四）因地制宜原则

每个地区、每个企业的发展情况不一样，因此应该因地制宜，结合企业自身的经济实力，充分利用政府现有的基础设施、人力资源条件等，本着节约的原则建设配送中心。

（五）交通便利原则

配送中心的运输量比较大，而且所进行的是固定长期的配送，不能贪图一时的成本低廉，而选择交通不便的地方，这样后期会增加企业的成本。配送中心尽可能建设在交通便利的地方，能够辐射到周边地区，扩大影响范围，降低运输成本。

三、配送中心建设的项目立项

在建设配送中心时不能盲目决策，首先要进行项目立项，综合各种因素进行考虑。配送中心建设项目立项时应考虑以下内容。

（一）配送中心建设要解决的问题

配送中心建设要解决以下几个问题。

（1）容量不足问题。若企业前期进行配送中心规划时没有考虑到后期的发展，则企业发展壮大时可能发现配送中心已经不能满足企业的发展，想要扩大配送中心的规模却发现已经没有扩充的余地，改建又需要很高的成本，进入进退两难的境地。因此在前期规划时就应该为后期的发展留下足够的发展空间。

（2）配送据点分散问题。若配送的据点比较分散，则单独配送成本较高，需要建立区域性配送中心，对货物进行集散，提高作业的效率。

（3）设备老化、陈旧问题。购买的设备随着时间的推移变得比较陈旧，系统无法进行升级，无法适应当前社会的高速发展，需要及时地进行产品的换代升级。

（4）环境变化问题。环境变化既包括社会环境的变化，又包括市场环境的变化。社会环境变化诸如交通拥堵，会导致运输效率降低，城市建设会导致配送中心迁移。市场环境变化诸如客户由大批量向小批量、个性化定制转换，会导致配送设施进行相应的改造。

（二）配送中心系统的确定

配送中心建设项目立项时，必须对其各个子系统综合考虑，根据现有配送中心存在的问

题，确定切合实际的配送中心系统构成。

确定配送中心系统时需要研究以下问题。

(1) 经营规模与发展。应做好企业的中长期规划以及配套系统的定制，确定配送中心应当具备的功能，对未来市场及竞争优势进行预测。

(2) 选址。确定配送中心的位置，研究其优点和不足之处。

(3) 作业系统。以最小的投入获得最大的产出，以最少的资金购买作业系统的设备，改善作业的环境，提高作业的效率。

(4) 质量。实现100%的质量保证：尽量使误配送率达到零；实现单据无纸化；提高结算能力；使配送中心的配送流程更合理、更科学。

(5) 成本。盈利是企业的最终目标，应降低配送成本，拓展配送中心的功能，扩大配送作业的范围，节流开源才能为企业创造更大的效益。

(三) 可行性研究

配送中心规划的前期调研等工作都是在理论上进行研究，而现实生活中有很多制约因素，要考虑具体项目的实施是否具有可行性。

(四) 编制项目

从财务的角度进行计算，将配送中心的租金、设施设备投入、人员工资都纳入项目表，计算投入产出比，估算对未来营收、资金占比、回报率，及企业可以承受损失的程度等。

(五) 实施计划

在经过方案的比选后，以最佳方案进行项目实施。

四、配送中心规划的程序

(一) 规划准备阶段

(1) 前期的组织调研，成立包括投资方、工程设计部门等在内的项目部，对周边的情况进行深入调研。

(2) 明确未来要实现的功能，并收集历史资料和数据进行分析，适当对配送中心的功能进行调整。

(3) 收集资料的目的在于把握现状，掌握市场容量。收集的资料既包括现有的数据，也包括未来的市场预测数据，通过大数据对城市和行业的发展进行预测，以确定未来配送中心要实现的功能。调查方法包括现场访问、网上调研以及对实际使用的表单进行搜集等。

(二) 总体规划设计阶段

1. 基础资料分析

对前期收集的基础数据资料进行汇总分析，一方面对市场行情进行预测，对配送中心的工作量进行分析，确保收集的数据准确无遗漏；另一方面根据配送中心的功能，对区域的布局进行合理划分。

2. 规划条件设定

对配送中心的现状，以及现有的自然条件、拥有的技术、设备设施等进行分析，力求以最小的成本投入获取最大的经济效益。

3. 作业需求功能规划

对配送中心的作业功能进行详细的分析和预测，以图表的形式列出作业的具体流程，编制作业流程表，并不断完善。

4. 设施需求规划与选用

对于物流设施的选用必须把握好度，先进的设备会提高企业的作业效率，但也增加了企业的成本，对各个配送中心的地理位置、功能倾向、业务量的大小进行合理配置，以便提高作业的效率，做到合理采购。

5. 信息情报系统规划

配送中心处理的数据量大，种类多，出库、入库、配送等信息量非常大，仅依靠人力或者简单的系统已经不能满足人们的需要，必须借助先进的信息系统进行规划，由企业统一采购，提升信息化技术水平，针对部门各个层次进行调研，争取使开发的软件系统能够满足各个部门的需要，提高作业的效率。

（三）方案评估决策阶段

在进行方案设计时会制定多个方案，应当结合各个方案的特点和企业的实际情况进行评估，同时需要一线员工和管理人员介入，进而确定最佳的方案。

（四）详细设计阶段

经过方案设计和多轮评估之后确定最终方案，确定最终方案后就要进行详细的设计与规划，对预算、设备的投入、实施过程中可能出现的问题进行详细的考虑。本阶段的主要任务如下。

1. 物流系统设备规格型号的设计

根据预算和要达到的目标确定物流系统设备的规格型号，如运输车辆的规格、类型，并考虑物流系统要实现的功能、前期资金的投入、硬件和软件系统的采购预算。

2. 设备面积与实际位置的设计

根据设备的型号和占地面积，根据配送的结构布局，进行合理的划分，做到精准无误，各办公区域及车间的布置都要提前设计好，也要考虑员工的休息区、娱乐区及餐饮区等的布置。

3. 运营系统与信息系统详细规划

首先把物流企业所有的物流节点统一起来进行运营，形成一个整体，将层次等级界定清楚，形成完整的架构，实施合理化作业，然后进行信息系统的功能和整体框架、设备和界面等的设计。对信息系统要实现的功能。软/硬件的匹配，系统的界面、操作方式等进行详细的规划，然后查漏补缺。

4. 周边设施的设计

周边设施的设计主要是指配送中心外围设施的设计，如站台、通道等。这些设施的设计有助于提高效率，降低成本。

（五）计划执行阶段

当各项指标完成后，确定最后的方案，接下来进入计划执行阶段，要调动一切资源保证配送中心建设顺利完成。应对参与设计施工各方所设计的内容从性能、操作、安全性、可靠性、可维护性等方面进行评价和审查，严格按照设计的要求进行建造，参与建造的过程，如发现问题应提出改善要求，尽可能在投入使用之前完成整改要求，避免后期出现问题影响正常的运营。

经典案例

苏果的生鲜加工配送中心

苏果超市有限公司（以下简称“苏果”）的生鲜加工配送中心属于典型的流通型配送中心，商品停留的时间非常短，一般只有几个小时，目的在于将大批量的商品分解成小批量的商品，再将不同种类的商品结合起来，满足门店多品种小批量的订货要求，通过集中与分散的结合，减少运输的次数，提高运输效率以及理货作业效率。苏果的生鲜加工配送中心的作业流程如下。

（1）商品进货。

水果是从农贸中心批发的，蔬菜是从白云亭蔬菜交易市场批发的。商品的信息包括产地、供应量等。

（2）验收入库。

根据门店的要货量，入库相应的数量；根据验收标准进行收货，质量差就退货。

（3）拣选货物。

根据门店的订货要求发货，再将不同品种的商品结合起来。

（4）储存。

储存时间一般只有3个小时左右，这是生鲜农产品本身的时效性所决定的。

（5）出货配送。

调度人员根据门店的要货量及地址，选择相应的路线和车型。货物少的，距离又不太远的，可以并车，以降低运输成本。

（6）店铺送货。

与门店约定时间收货，在收货的同时可以检查货物，确实有品质问题的，可以拒收，退回配送中心再处理。

苏果通过建立配送中心，成功地构建了一个盈利的组织架构，提高连锁经营效益，使物流费用、成本费用、损耗率、人工费用等降低，以取得最大的利润。

在对产品品种、数量、加工工艺、加工流程、设备选型、温度带、制冷管路、作业人员、物流配送进行综合考虑之后就可以初步确定加工配送的平面图。

资料来源：https://max.book118.com/html/2018/1014/5014331011001322.shtm。

任务三 配送中心的选址与布局

【任务描述】了解配送中心选址的重要性，以选址目标、选址原则、影响配送中心选址的要素，掌握配送中心选址的方法。

【任务分析】学生了解配送中心的选址对企业的意义。教师引导学生掌握配送中心选址的定性分析和定量分析方法。

【相关知识】

配送中心选址的原则

案例引入

作为阿里新零售的样板企业，有一种说法是，盒马鲜生因为线上销售占比较高而可以降低对门店位置的要求。对于三公里内配送到家的业务而言，门店位置显得没有那么重要了。

事实真是如此吗？不久前，极海品牌监控平台发布的《盒马鲜生品牌分析报告》通过大数据分析了盒马鲜生门店选址的一些特征。这也是业界第一次对传说中的“盒区房”有了一个直观的画像。

数据显示，截至2022年10月21日，盒马鲜生开发了321家门店，覆盖了全国16个省份、24个城市。监测数据显示，10月的前21天，盒马鲜生共开发了6家门店，门店增长率为1.9%，近3个月内新开门店16家，门店增速达到了5.25%。随着盒马鲜生规模的不断扩大，其门店选址逻辑越发清晰。

《盒马鲜生品牌分析报告》显示，盒马鲜生的门店布局以一、二线城市为主，门店集中于住宅小区、购物中心和商务写字楼商圈，从周边房价以及居民消费能力来看，盒马鲜生定位明显高于沃尔玛、大润发、永辉等传统超市。

从盒马鲜生门店覆盖的人口来看，由于门店数量原因，其全国覆盖总人口数虽然少于沃尔玛等企业，但门店辐射区域的人口密度更大，上班族占比更高。

思考：从盒马门店选址考虑的要点中，你得到了哪些启示？

【知识学习】

一、配送中心的选址

（一）配送中心选址的目标

配送中心选址的意义重大，直接影响整体的配送水平和服务水平，是由企业高层经过反复研究决定的，一旦建成就不能随意改动，所以配送中心选址的目标是：成本最低化、物流量最大化、服务最优化、综合多目标。

1. 成本最低化

在各个备选方案中选择总成本最低的方案，这是进行配送中心选址的常用方法，其中成本的计算主要包括以下几个方面。

1）运输成本

距离和单价决定了运输成本的高低，应综合考虑多种因素，包括客户和配送中心的交通条件、车辆在相同条件下的运输成本，对于个别方案还要考虑相关政策的影响。

2）土地成本

各个地方的经济发展水平不一样，企业的竞争程度不同，对土地的供应会影响土地成本，主要以租金的形式显示出来，在差别不是特别大的情况下尽可能选择交通便利的地方。

3）库存成本

配送中心的功能主要是配送，库存量比较小，如果在企业布局中侧重于配送中心的储存功能，就要重点考虑此类配送中心的布局和数据，从降低库存成本的角度出发，合理地规划布局。

4）建设成本

配送中心的建设成本比较高，从运输效率的角度看，配送中心的数量越多，客户的运输距离就越短，占用企业的总成本就越多，需要综合考虑建设配送中心的数量和投入。

2. 物流量最大化

应当充分利用配送中心，提高车辆的装载率，优化配送路线，使配送中心的物流量最大化。

3. 服务最优化

衡量配送中心服务的指标主要有速度和准时率。配送中心与客户的距离及交通便利条件直接影响配送的速度，机械化水平的高低会影响准时率，因此从提高客户满意度的方面考虑要把服务最优化作为必要的指标之一。

4. 综合多目标

配送中心的建设需要综合考虑多个方面，在资金有限的情况下，应综合考虑物流企业的市场定位、竞争优势，以及未来的布局等多个目标进行决策。

（二）配送中心选址的原则

配送中心选址对企业的全局发展具有重要作用，配送中心的位置及其覆盖的区域都会影响最终的配送效率，为了避免盲目决定配送中心的位置而导致重大损失，一般来说，在规划配送中心的时候，需要遵循四条原则：适应性原则、协调性原则、经济性原则、战略性原则。

1. 适应性原则

配送中心规划必须与当地的经济、政策保持一致，充分考虑当地的消费水平、生活习惯，且保持一定的灵活性，与经济和社会发展相适应。配送中心的布局决不能将环境条件和影响因素绝对化，因为配送中心的服务对象、交通条件、成本和价格等因素都在不断地变化。因此，规划要有相当大的柔性，能够在一定的范围内做出适当的变化。

2. 协调性原则

配送中心是企业物流网络的一部分，各个配送中心之间具有相应的协调性，能够根据运力、交通条件及人员配备相互协调，与企业外部的环境保持一致。

3. 经济性原则

经济性原则是指在同等条件下选址费用比较少的方案，例如配送中心选择在市区还是郊区，并没有统一的标准，而是考虑各方面因素选择二者之中选址费用比较少的方案。经济性原则是一个重要原则，是判断选址优劣的重要参考标准。

4. 战略性原则

配送中心选址应有战略眼光。一个企业的发展高度由其发展战略来体现，管理层在制定发展计划时可能牺牲局部利益来实现整体的目标，配送中心选址也要服从企业的战略目标，既要考虑当前情况，又要考虑企业今后的发展，做到有理有据。

（三）影响配送中心选址的因素

1. 经济环境因素

（1）货流量的大小。配送中心的设置必须考虑当地的货流量大小，如果企业在当地的货流量太小，使企业入不敷出，就失去了设置配送中心的意义。从设置配送中心的初衷出发，是为了降低物流成本，而不仅是为了提高客户满意度，需要综合评判。

（2）货物的流向。货物的性质和货物的流向影响着配送中心的位置，也决定着所选用的设施设备等。如果货物的流向主要是大多数生产加工企业，为了节约生产企业的成本，配送中心应建在生产企业附近，这既可以提高配送速度，还可以降低生产企业的库存成本。如果货物的流向主要是向商超等销售企业，配送中心就需要建在门店或者消费者附近。

（3）城市的扩张与发展。随着城市的发展速度越来越快，在建设配送中心时要考虑城市的发展速度、城市的改造扩建等未确定因素。一方面，人流的增加会导致需求的增加，配送中心的业务量增加，则配送中心需要进行扩充；另一方面，城市化进程会导致相应的改造和拆迁，配送中心可能外迁，这些不确定因素也要考虑进去，配送中心不是一成不变的，必须跟着实际情况的变化而不断调整。

（4）交通运输条件。交通运输条件是配送中心规划中至关重要的因素，直接影响配送的成本，例如交通发达的地方运输成本就低，经济发展越快速；相反，交通不便的地方，不仅运输速度慢，而且运输成本高。

（5）经济规模的要求。在前期的调研中应估算运输的批量及规模，以及同行从业者的大致情况，当业务量比较小时没必要设置铁路专线，如果业务量超过 30 万吨就可以设置铁路专线，设置铁路专线不仅降低了运输成本，同时降低了管理费用，非常方便。

（6）人力资源条件。人才是企业的核心资源，必须培养优秀的物流人才。配送中心的工作大多依赖于丰富的劳动力来，这就需要考虑当地的工资水平、技术水准、劳动者的素质等因素，一方面要招募人才，另一方面要留住人才，保持企业的正常运营。

2. 自然环境因素

（1）地理因素。每个地区的地理情况不一样——有的地方湿热多雨，要注意做好防潮防水工作；有的地方寒冷干燥，要做好防火工作；有的地方处于山区，要预防泥石流等自然灾害的发生。配送中心最好选择在地面较高，地势平坦的地方，以预防自然因素导致的强降水，减少企业的不必要损失。

（2）气候因素。各地的气候条件不同，在当地建设配送中心时应当获取历年的气象数据，判断可能出现的气象问题，寒潮、霜降、暴雨等可能出现的天气都应当考虑在内，提前做好相应的预防措施，防患于未然。在配送过程中注意物品的要求，做好防晒防湿工作，保证产品的质量。

3. 政策环境因素

要了解国家的相关物流政策。各地政府为了促进当地经济的发展，对物流业会提供相应的支持。对于各地的物流政策要认真地进行解读，了解最新的行业信息，捕捉行业发展的趋势。正是因为有政府的支持，我国物流业才取得了飞速发展。

（四）配送中心选址的方法

目前常用的配送中心选址的方法是定性分析法和定量分析法。定性分析法是首先找出可能影响配送中心选址的要素，然后根据各要素对配送中心的重要程度进行定性分析，分清主次，确定相应的权重系数。定量分析法就是根据现有的资源构建数学模型，从理论上计算。这两种方法各有优、缺点，需要多方位比较和衡量，最后选出和企业实际情况相符的方法。

1. 定性分析法

定性分析法往往用来解决复杂问题，借助权威人士及专家的意见进行判断。因为没有先期的数据，只能依靠专家或企业管理人员根据专业知识及丰富的实际经验进行判断，从而确定配送中心的位置，常用的方法有专家评分法和德尔菲法。定性分析法的优点是速度快、简单易行；其缺点是受主观因素的制约，会出现不理想的决策。

2. 定量分析法

定量分析法是从数学的角度进行研究，用数据说话，常用的方法包括加权评分法、重心法、运输规划法、整数规划法、遗传算法、启发式算法等。定量分析法的优点就是能够通过数据分析问题，给出具体的解决方案，说服力强；其缺点就是为了得到相应的数据，往往将复杂的事情简单化，得出的数据可能与实际有偏差，使人产生误解。

二、配送中心的内部规划与合理布局

（一）作业流程规划

配送中心主要面向客户终端，实现配送的最后一个环节，处理的数据量比较大，而且比较复杂，各个配送中心的侧重点不一样，实现的功能也不一样，例如有的配送中心不仅要配送，而且要根据客户的要求进行二次加工包装。因此，需要在整理前期数据的基础上进行分析，对配送中心的流程进行合理规划，简化作业的流程，减少不必要的环节，配备相应规格的设备设施，在实施的过程中根据实际情况进行调整和部署。

（二）作业区域功能规划

1. 作业区域功能区的布局

确定了配送中心的流程后，就需要根据各流程进行功能规划，计算各功能区所需要的面积、实际的比例、空间布局。作业区域功能区布局的主要步骤如下。

（1）设定功能区模板。根据功能区所完成的业务量进行分区布置，同时根据比例计算出长宽的数值，做成模板，放在模拟区，并保持一定的柔性，在实际使用的过程中可以进行适当的调整，以满足企业的需要。

（2）物流功能区布设。根据作业流程设计功能区的先后顺序，减少无用的环节，先布置占地面积比较大的功能区，例如自动化立体仓库等，再考虑其他占地面积比较小的功能区，如托盘、地牛等，这样可以减少大幅变动的成本，提高布置的效率。

（3）非物流功能区布设。非物流功能区包括行政楼、餐厅、休闲区及机房等，应考虑员工出入方便、人车分流的情况，既要提高员工的满意度，又要减少事故的发生。办公区一般设置在出入口的位置，以方便工作人员出入和作业。

（4）整体布局调整。在功能区布局初步完成后，还要进行调试，看其是否与实际的操作流程和操作方式一致，对规划的流程进行优化之后还要对布局进行调整，为各功能区分配相应的面积，形成功能区方案布局。

（5）布局方案修正。在配送中心运行后，根据工作人员的体会和建议，需要对现有的布局方案进行修正，使布局更合理，效率更高。

2. 作业区域规划布局

1）通道空间的布局规划

通道虽然看起来比较小，但是作用很大，要结合设施设备的尺寸及操作空间，计算出作业所需要的面积。合理的设计不但能够节约空间，还可以提高物流作业的效率。影响通道布置和宽度设计的因素有：配送中心的业务量，出入库的流程设计，以及电梯、斜道等的布置。

2）进出货区作业空间的布局规划

货物出入库时不能直接进行作业，而需要在进出货站台上进行整理，如分装、拆装、打包等，将进出货站台作为缓冲区以实现有序的出入库。为了使进出货站台与设备进行有效衔接，还需要配备相应的连接设备，待将进出货站台上的工作完成后可以直接进行出库作业或入库作业。这种连接设备需要宽度为 1~2.5 米的空间。若使用固定式连接设备，则需要宽度为 1.5~3.5 米的空间。为了使车辆及人员畅通进出，在暂存区和连接设备之间应有出入通道。

配送中心的通道包括两类，即厂区通道和厂内通道。厂区通道主要供企业内部的车辆通行和工作人员出入。要遵守作业的流程，避免意外事故的发生，要注意车辆回转和上下货位置。厂内通道包括如下几种。

（1）工作通道。工作通道包括主要通道和辅助通道，用来完成仓储作业和出入库作业。主要通道一般设计的面积大，宽度比较大，便于车辆快速作业及货物交接工作。辅助通道主要起到辅助作用，衔接各个工作区域的道路，一般和主要通道平行或垂直。

（2）员工通道。员工通道是员工出入工作区的人行道，既要保证员工的安全，又要给员工进出提供便利。

（3）电梯通道。电梯通道是出入电梯的通道，一般距主要通道 3~4.5 米。

（4）其他通道。其他通道是进出公共区域以及在紧急情况发生时使用的通道，如消防楼梯等。

3）站台的设计形式

（1）站台空间布局。

站台的整个平台一般包括三个主要区域：第一个区域是站台内侧的接货区与发运区；第二个区域是装卸搬运设施所占的空间；第三个区域是为了使搬运车辆及人员能顺畅进出而规划的通道。

（2）站台位置的设计。

站台位置的设计非常重要，直接影响作业的效率。站台的主要作用是完成进货、出货、理货。进货平台和出货平台的相对位置很重要，它们的位置需要根据配送中心的面积、功能、作业流程来设计，设计时可以采用进出货共用站台、进货及出货站台相邻、进货及出货站台完全独立、多个进/出货站台等方式安排。

①进出货共用站台。进、出货物都用同一个站台，这种做法有利有弊，好处在于可以节省投资的成本，充分利用空间，提高设备的利用率；坏处在于管理比较困难，尤其是出、入库同时进行，造成双方的干扰，影响工作效率，甚至会产生副作用。这种形式适用于作业量不是特别大，而且出货和入货的时间明显错开的仓库，如图 4-1 所示。

②进货及出货站台相邻。将进货和出货站台平行地放在一起，既可以使出货、进货互不干扰，各自独立进行，还可以共用设备，提高设备的利用率，但是空间利用率比较低，主要适用于空间比较大且进、出货容易互相干扰的仓库，如图 4-2 所示。

③进货及出货站台完全独立。站台的出货口和进货口是分开的，不相邻，相互独立，作业时互不干扰，而且能够提高出、入库的作业效率。其不足之处在于空间利用率比较低，主要适用于仓库面积小、空间不足的情况，如图 4-3 所示。

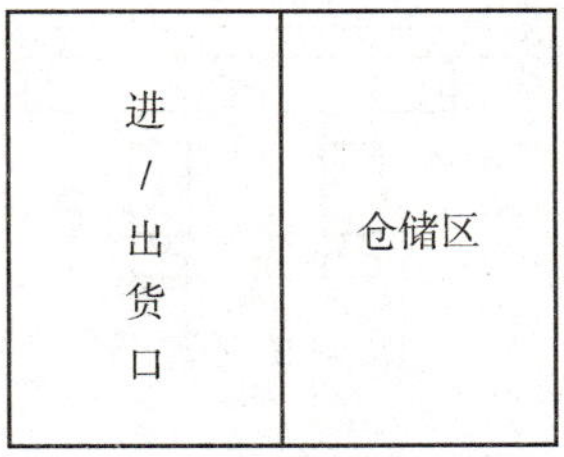

图 4-1　进出货共用站台

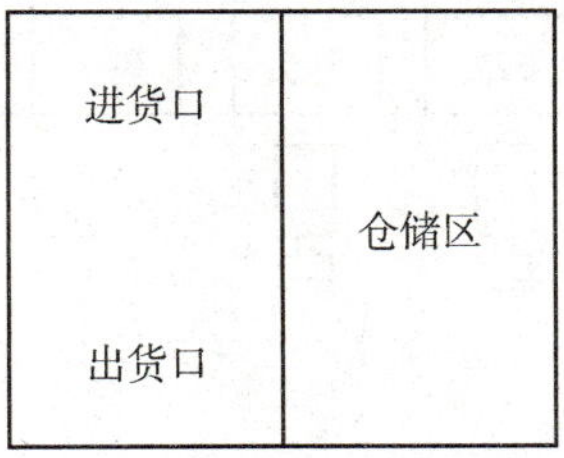

图 4-2　进货及出货站台相邻

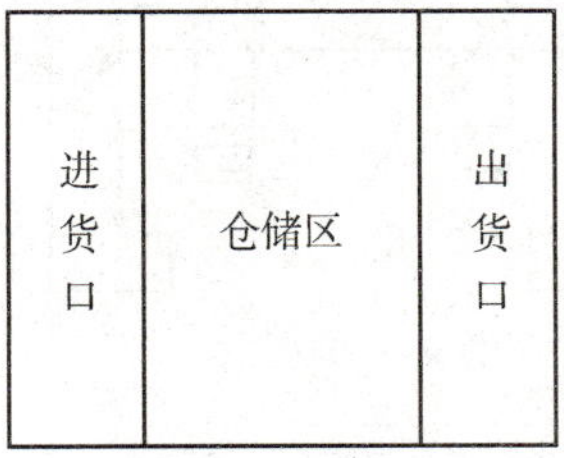

图 4-3　进货及出货站台完全独立

④多个进/出货站台。主要适用于进、出货频率高，进、出货量大的企业，其仓库面积大，可在多个位置设置不同出货站台和进货站台。

(3) 站台本身的设计形式。

站台本身的设计形式主要有锯齿形、直线形两种。锯齿形站台对于外部空间的需求比较小，车辆工作期间回旋空间纵深比较小，主要适用于内部空间大、外部空间小的企业，如图 4-4所示；直线形站台主要适用于外部空间大、内部空间小的企业，其缺点是车辆作业时回旋空间纵深较大，如图 4-5 所示。

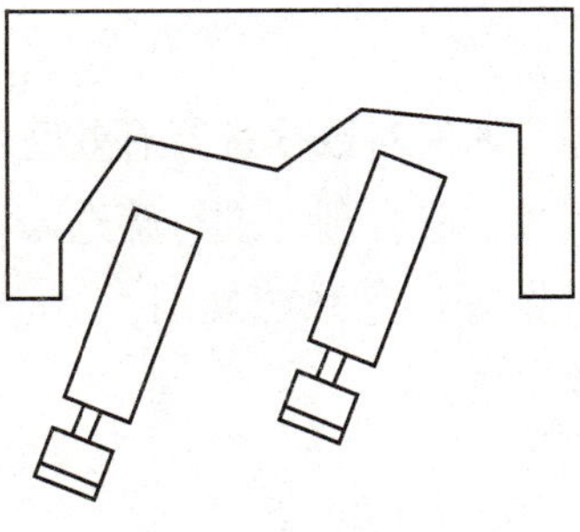
图 4-4　锯齿形

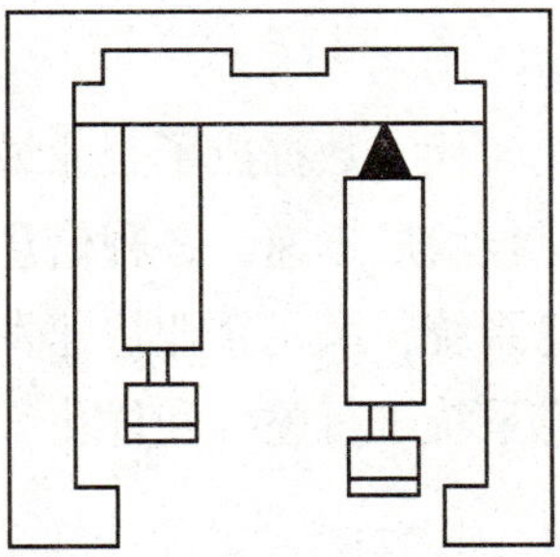
图 4-5　直线形

(4) 站台周边的设计形式。

设计站台时要多方面考虑，如站台与车辆衔接的连贯性、安全性，确保出、入库作业不出现问题，还要考虑自然环境的变化，防风防水。站台周边的设计形式主要有以下三种。

①内围式。这种形式造价比较高，将站台全部放在仓库中间，非常安全，不怕风吹雨淋，不仅能保证货物不受损害，还能够延长站台的使用寿命，它要求仓库自身的面积比较大，如图 4-6 所示。

②齐平式。将站台与仓库的设计为内切模式，整个站台仍然受到仓库的保护作用，而且造价比较低，可以充分利用仓库内、外的空间，保证货物的质量，因此这种形式最受企业的欢迎，使用也比较广泛，如图 4-7 所示。

③开放式。站台与仓库外切，站台完全处于仓库的外部，受天气影响比较大，货物质量不能保证，安全性也比较低，如图 4-8 所示。

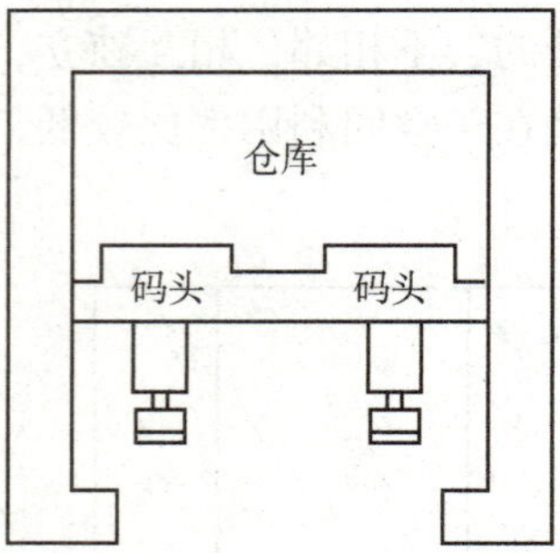

图 4-6 内围式

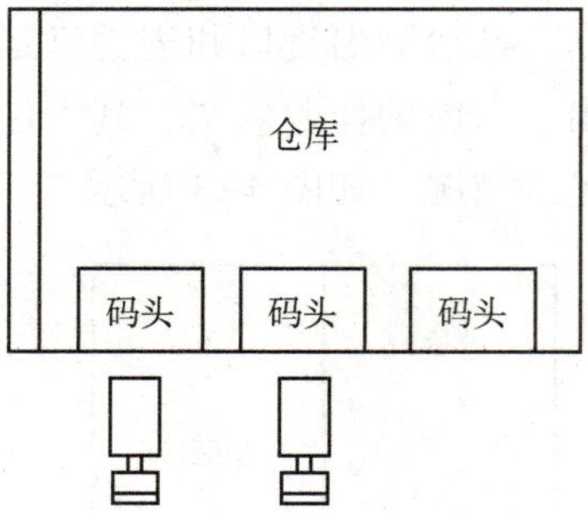

图 4-7 齐平式

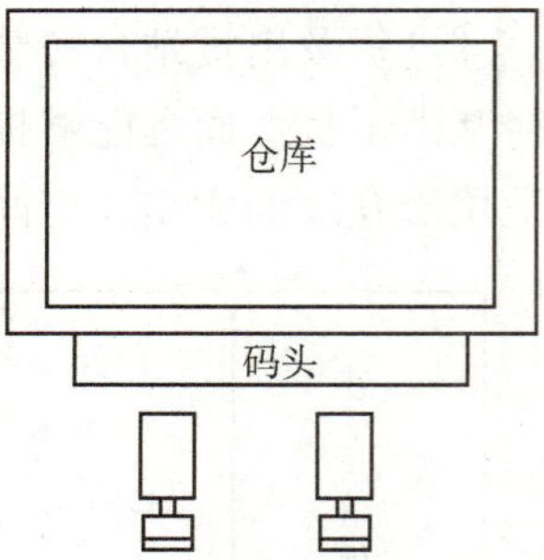

图 4-8 开放式

4）仓储作业空间的规划布局

在规划配送中心仓储作业空间时应根据货物的性质、规格来设计，采购托盘的尺寸要与货架的规格匹配，根据空间的大小计算采购的数量以及相应的堆码垛等，使每一寸空间都得到充分利用，根据建筑物的结构合理设置通道、柱间距离。

5）拣货区作业空间的规划布局

拣货作业主要是分拣货物，是配送中心最核心的作业环节，工作量非常大，如何提高分拣的速度和准确率是非常重要的。对于分拣设备的引进、货物的分拣方式等都要进行合理规划，使批量拣货和零星拣货分开，提高拣货的灵活性。拣货区作业空间的规划是否合理关系到企业的效益，也影响到企业的口碑。

3. 信息系统规划

进入信息化时代，数据成了企业最重要的资源。如何对数据进行有效管理，关系到企业的发展。现代科技发展迅速，各种信息系统层出不穷，应合理地进行筛选与鉴别，选择适合企业发展的信息系统，满足企业快速发展的需要，做好信息系统规划，从企业的全局出发，对各部门的信息系统进行整合和优化，使其利用效率更高。

三、配送中心的环境影响评价

配送中心的建设是一项复杂的工程，不仅会对周边的自然环境产生影响，还会对社会的经济产生影响，给当地经济带来一定的活力。因此，在进行工程项目的可行性研究和设施选址时，除了要进行市场研究、原料和工艺技术路线选择及经济评价等工作外，还要进行环境影响评价研究工作。

经典案例

生鲜配送中心选址及规划实战分析

一、生鲜配送中心的选址要素

靠近供应链：这是很多生鲜仓库选择设置在离农贸市场比较近的地方的原因。

客户的分布：选址时应考虑客户的地理分布，以提高配送服务时效和降低配送成本。

交通条件：地址宜紧临重要的运输线路，以方便配送运输作业的进行。

仓库格局：用地的形状、长宽、面积与未来扩充的可能性，必须与规划内容一致。

其他：考虑自然条件，如温、湿度会影响仓库商品的储存品质，另外在选址的时候也要考虑山洪、台风、地震等自然灾害因素；考虑人员招聘因素，人口稀少、偏僻的地方不利于作业人员的招聘。

二、生鲜配送中心规划实战

1. 整体区域的规划

首先，根据配送中心现有的业务量和未来的业务拓展计划，确定仓库大致的整体使用面积和未来可能拓展的面积；其次，根据现有的和未来要拓展的经营品类、作业类型决定仓库具有哪些子仓库和功能区，并根据各自的业务量确定各子区域的面积；最后，根据所有（主要的）作业动线，合理规划各子仓库和功能区的位置，保证作业效率的最大化，最终形成草图。

2. 主作业动线的规划

仓库布局与作业动线有非常紧密的关系，专业的仓库设计需要模拟各种作业流程和工作量，经过详细计算后得出合理的仓库布局。

1）加工类产品收货后按客户分货

收货计重/质检—商品加工/包装—称重贴标—按客户分货—出货装车。

2）非加工类产品收货后按客户分货

收货计重/质检—称重贴标—按客户分货—出货装车。

3）库存商品按客户分货

收货计重/质检—产品入仓—产品出仓—称重贴标—按客户分货—出货装车。

4）库存商品按订单拣货

收货计重/质检—产品入仓—按订单拣货—称重/计数出仓—拉至待发区—出货装车。

3. 各子仓库的规划

1）冻库、冷库

如果有储藏冷冻产品的需要，那么一般需要规划一个温度为-18℃的冻库，以供储藏冷冻的肉类、水产类产品。

2）常温库（生鲜）

根据不同季节、时间仓库所在地的室内温度，可以节约冻库/冷库的空间和能源，最大化利用原有场地低成本地储藏一些产品。

3）标品库

标品是指配送产品中可以用条码管理的标准产品，其可以是计数产品或称重产品。标品库多数可用货架的方式来管理，固定产品的库区、库位，就可以使用条码采集器（PDA）进行方便快速的日常仓库管理。

4）耗材/行政库

耗材/行政库主要存放非配送的物品，包括包装耗材、行政用品、机械、设备等，它们主要是与配送中心日常运营配套的一些耗材、办公用品等。

4. 各子区域的规划

①收货区；②中转区/退货区；③加工/包装区；④称重贴标区；⑤分货/待发区；⑥发货区；⑦办公区/检测室；⑧员工宿舍。

资料来源：https://baijiahao.baidu.com/s? id = 1635752392925455046&wfr = spider&for = pc。

素质提升

要学会具体问题具体分析，能够举一反三，根据实际情况能够将原则性和灵活性结合，提高应变能力和应用能力。

任务四　配送中心设施与设备规划

【任务描述】理解配送中心设施与设备规划的原则，掌握配送中心设备选择的方法。

【任务分析】学生能够灵活应用配送中心设施与设备规划的原则。教师通过案例引导学生了解在配送中心设施与设备规划中可能存在的问题及相应的解决方案。

【相关知识】

物流设备知识

案例引入

近年来，医药行业进入蓬勃发展期，医药需求量越来越大，人们对医药物流配送中心提出“系统性、专业性、高效性”的要求。为了顺应医药市场对药品高效、及时的配送需求，结合医药物流行业多年的服务经验，锋馥集团与大参林医药集团（以下简称“大参林”）达成战略合作，对大参林物流配送中心进行系统规划与科学布局，建设了“快速、高效、安全、稳定”的现代新型医药物流配送系统。

大参林是一家集医药生产、批发、零售为一体的大型综合性上市医药企业，在全国已开设 3 000 余家门店，遍布十几个省份。随着医药业务的快速发展，其规模不断壮大。大参林在医药物流配送方面存在以下需求。

（1）需要系统规划与科学布局的现代医药物流配送中心。

（2）需快速及时地将药品从物流配送中心统一配送至各门店。

（3）效率急需得到提升，人力成本需得到控制。

（4）由于药品的种类多样，药品品种不一，且易碎以及易挥发，分拣配送设备不仅要快速、高效，更要安全、精准和稳定。

思考：针对大参林的物流配送需求，在配送中心设施与设备规划中应该考虑哪些因素？

【知识学习】

一、配送中心设施与设备的规划原则及类型

（一）配送中心设施与设备规划的原则

1. 减少或消除不必要的作业

消除重复劳动，减少不必要的工作流程，缩短生产周期，减少储存、装卸搬运货物的时间，引进先进的技术，提高设备的利用率，以较少的投入获取最大的回报。

2. 以流动的观点作为出发点

要以流动的观点作为出发点，因为整个流程不是静态的，而是伴随着人流、物流、信息流不断运行的，要具有较强的变通性和灵活性，不能机械地操作，要将这种观念贯穿于规划设计的始终。

3. 追求系统的整体优化

站在宏观的角度，从配送中心的整体出发进行规划设计，达到所有系统的最优化，而不仅是单个部门、单个阶段的最优化，利用科学的方法进行分析，将定性分析和定量分析相结合。

4. 重视人的因素

充分考虑人的工作感受，创造良好的工作环境，定期进行相应的培训，明确员工的晋升计划，招聘吸收优秀的人才，扩大企业的后备发展力量，提高员工的工资待遇，调动员工的积极性，使其以更饱满的热情投入工作，为客户提供更加优质的服务。

5. 反复迭代及并行设计

配送中心设施规划不是一蹴而就的，其受到各种因素的影响，需要不断地试验和调整，反复迭代，由一线工人不断地提出修正意见，不断地进行设计、使用、评价、修正这样一个过程，从而最终使规划结果更加符合实际情况，使系统资源能够得到合理配置。

（二）配送中心设施与设备的类型

正确地选用配送中心设施与设备是企业正常运行的前提条件。需要结合企业现有的情况及相应的规划设计情况，按照企业的需要来选择设施与设备。配送中心设施与设备基本分为三类：物流作业区域设备、辅助作业区域设施和厂房建筑周边设施。

1. 物流作业区域设备

配送中心的主要内容就是物流作业，包括一系列的仓储、配送、装卸搬运等操作，因此物流作业区域设备的选择非常重要，不仅要满足实际的需要，还要和作业区域预留的面积、企业的预期投入匹配，做到节约不浪费，同时避免采购的盲目性和随机性。物流作业区域设备主要以前期规划为主，后期在使用过程中可以少量增添。物流作业区域设备主要如下。

（1）容器设备。在作业流程中，容器是必不可少的，它有利于各作业过程的顺利开展。常用的容器设备有托盘、箱子等，应按照要求的规格和型号采购，以满足作业的需求。

（2）储存设备。储存设备可以扩大仓库的储存空间和提高仓库的利用率。常用的储存设备包括货架、自动化立体仓库等。

（3）拣取设备。货物拣选的工作量比较大，仅依靠人力效率太低，必须借助相应的拣选设备，例如自动化分拣机、射频识别设备等。

（4）搬运设备。在仓库内完成货物的分拣后，必须快速将分拣后的货物运输到相应的车辆或货架等位置。为了提高搬运的效率，可借助叉车、地牛、输送机等搬运设备，这样不仅节省了人力，而且降低了出错率，提高了搬运的效率。

（5）流通加工设备。为了扩大业务范围，满足客户多样化的需求，很多配送中心具备一定的流通加工能力，采用一系列流通加工设备，如剪切机、打包机、称重设备等。

2. 辅助作业区域设施

为了做好各个环节的协调工作，企业通常会设立辅助作业区域，并且建设相应的设施，保证工作的顺利进行，如基础网络设施、娱乐区设施及餐饮区设施等。

3. 厂房建筑周边设施

厂房建筑周边设施是指为防止意外事故发生而建设的设施，如消防设施等，以及配合作业中心建设的岗亭等设施。

二、配送中心设备的选择

（一）配送中心设备选择的原则

配送中心设备的选择必须遵循一定的规则，根据企业的需要选择规格型号、价位和形状，做到量入为出，适度超前，不能盲目追求先进性。在选择配送中心设备时应遵循以下几个原则。

1. 合理定位

配送中心的业务量比较大，工作比较烦琐，在选择设备时应该系统规划，将作业区的工作分门别类，区别对待。对于货物量不是很大，客户时效性要求不高的，可以采用价格不高的半自动化或机械化设备；对于货物量很大，品种多，客户要求高的，可以采用自动化设备。综合考虑实际情况，使设备既可以满足需要，又可以降低运营的成本，达到以最小投入获得最大产出的目的。

2. 选择满足使用要求的设备

设备主要根据业务量及业务范围进行选择。以选择车辆为例，如果运输量比较大，距离比较远，应当选择载重量比较大、发动机性能比较好的车辆；如果运输量比较小，距离比较短，应当选择小型汽车。车辆的型号和规格都不一样，在选型时要具体问题具体分析，对业务量、距离等都要充分考虑，不能所有车辆都选择同一规格。

3. 尽量选用标准化的设备

配送中心设备应当尽可能标准化、统一化，以便于维修和更换，降低维护的成本。使用标准化的设备也方便进行管理。

（二）搬运设备的选择

搬运主要是指对于存放的物料根据实际需要进行时间和位置改变的活动。物料搬运是一项十分烦琐的活动，作业频率非常高，要提高作业效率，就要对搬运设备各环节的活动进行有效衔接，保障作业顺利进行。

1. 选择搬运设备时考虑的问题

搬运设备是配送中心能够高效运行的基础，在选择时应考虑搬运设备的型号和软/硬件系统等，包括以下几个方面。

1）搬运系统的设计目标

搬运系统的设计目标是：降低搬运成本；提高物流效率；确保适时适地搬运物料；提高安全性。

2）搬运系统的设计原则

（1）系统整合原则。各个作业流程应该规划好，计算好每个环节需要的物流量及人力资源，做到合理分配人力物力。由于信息量比较大，往往需要特定的软件系统予以辅助，从系统整体的角度出发，在软件系统的辅助下，合理安排各个环节的设施运作，提高整体运行的效率。

（2）作业方面的原则。在作业方面主要讲究原则性和灵活性相结合。对于常规的运作进行标准化管理，提升作业的效率。随着人力成本的提升，机械化和智能化是未来发展的趋势，应采用先进的设备，进行机械化作业。在标准化作业的过程中，对于一些特殊情况要灵活处理，实现弹性化管理。

（3）移动方面的原则。在移动货物的时候应该本着方便、安全、省力的原则，尽量减少货物的搬运量，以水平直线搬运为主。

3）影响搬运系统设计的因素

影响搬运系统设计的因素有很多，包括配送中心主要货物的性质、形态，物流量，配送中心的建筑面积等。

4）搬运系统设计流程

搬运系统设计流程如下。

（1）确定搬运系统的目标。搬运系统的类型及任务不一样，目标也不一样，要根据企业整体的规划设计确定搬运系统的配送目标。

（2）收集有关影响搬运系统设计的资料。收集数据资料进行定量分析，将配送中心的作业布局作为设备选型的依据。

（3）确定移动的起始点和终止点。根据调查的数据和最终分析的结果，确定最后的搬运路径，一定要根据实际运行数据来计算，并根据实际的需求变化不断改进。

（4）确定设计方案。结合配送中心的实际情况，与先期的预算投入进行对比，确定设备的选型等，同时根据实际保留修正的空间。

2. 搬运设备的选择步骤

可供选择的搬运设备有很多种，选择合理的搬运设备可以减少浪费，使配置更合理，具体步骤如下。

（1）描述物流作业功能需求。对于作业功能需求必须界定清楚，尤其是管理人员，这个界定会影响设备的选型。设备的功能定位只有管理人员最清楚，一定要进行实地调研和访谈，确定真实的需求，这样才能使需求与设备匹配。

（2）定义关键因素，确定备选设备。与管理层确定配送中心的关键因素，如目标、投入、定位等，这些因素会决定选择什么样的设备。

（3）制定设备选择方案。通过对作业功能的界定，确定选择什么样的设备性价比最高，投入最经济，这必须由专业人员分析，由管理人员敲定，在定性分析和定量分析结合的基础上，制定更详细的选择方案。

（三）储存设备的选择

1. 储存设备类型

配送中心承担着不同物料的装卸搬运、储存以及中转等多种功能，为了使作业效率更高，满足各个环节的需要，必须具备各种类型的储存设备，如托盘、货架等。为了使各个作业流程可以相互衔接，应制定比较好的流程制度，简化审批手续，做到资源的循环利用，减少空置，提高储存设备的利用率，提高资金的周转率。

2. 储存设备选型

1）储存设备选型原则

其主要原则有：充分利用仓库容量；便于存取货物；有利于提高搬运效率；有利于货物在仓库的快速流动等。

2）影响储存设备选型的因素

其主要因素有以下几个方面。

（1）货物特性：是指货物的尺寸、质量、储存单位；

（2）存取特征：货物自身的性质、批量批次、货位的管理、存取频率等都需要考虑。对于储存密度大、存取频率高的货物，要优选自动化水平高的储存设备；对于储存密度小、存取频率低的货物，可以选择机械化或半自动化的储存设备，以降低投入成本。

（3）出入库量：这是考量货物作业频率高低的一种数量指标，也是储存设备选型的一个重要参考数据。出入库量大的货物，储存设备配置要好一些；出入库量小的货物，可以选择低频度作业的储存设备。

（4）搬运设备：指各种搬运设备配置以及数量等。

（5）仓库结构：仓库房建好后是不能改变的，只能去充分利用仓库现有的结构，如果仓库尚未建好，则可以根据实际需求来调整。

3）储存设备选型和空间布局设计流程

（1）存储需求分析。配送中心每天储存的货物种类多，数量大，储存要求不一样，因此要对货物的需求进行数据分析，根据需求进行储位的配置、储存设备的采购，进行统筹安排，以提高储存设备的利用效率。

（2）储存设备选型。根据需求分析，制定储存设备选型方案。

（3）方案评价。制定若干不同的方案，对各个方案通过定性分析和定量研究的方法进行决策，选取最佳的方案。

经典案例

20世纪90年代中后期，一家大型零售企业为了提高物流效率，为其配送中心购买了一套自动分拣设备，但是由于规模、技术等原因该企业不能有效使用该设备，出现了手工分拣成本低于自动分拣成本的情况。因此，该设备被闲置。

请用配送中心设备选择的相关要点对该案例进行分析。

资料来源：https://doc.docsou.com/b5826c3e0193ac98a70bcbcd281fe7244cdac689e.html。

素质提升

在工作中一定要做好事前调研工作，一定要理论结合实践，没有调研就没有发言权，要发扬务实精神。

（四）出/入库设备的选择

货物入库时要考虑其形态、体积等来决定选用什么规格的储存设备、运输设备等，以减少盲目性。在出库作业时，其流程与入库作业相反，但其出库设备类似于入库设备。另外，在出/入库设备的选择中，要注重条码技术和射频技术的运用。

（五）仓库及其设备的选择

1. 仓库的选择

仓库有多种类型，可以自建或租借。对于普通的货物，企业可以自建仓库，这样成本低、效率高；对于一些对储存有特别要求的货物，如生鲜食品可以通过租用冷库来降低成本，当企业规模发展到一定程度，资金实力比较雄厚时，再自建冷库。

2. 货架的选择

货架有很多类型，如重型货架、中型货架和轻型货架，应根据货物的性质和质量来选择相应的货架。如果货物的质量比较大，而且体积比较大，就需要选用重型货架；如果货物的质量比较小，体积比较小，则选用轻型货架。根据功能和用途选择相应的货架，能够提升效率，降低成本。

3. 装卸搬运设备的选择

选择合适的装卸搬运设备（如叉车、地牛、AGV等）有利于提高工作效率，降低工人的工作强度，减少出错。

4. 堆垛机的选择

堆垛机主要实现货物由货架到搬运设备的移动，其机动性强，承载能力强，可实现重大货物的移动，根据需要选择即可。

（六）运输设备的选择

1. 普通运输设备的选择

普通运输设备的选择主要是根据配送量选择相应的运输车辆，其目的是提高车辆载运率，降低成本。

2. 冷链运输设备的选择

冷链配送对冷链运输设备的要求很严格，特别在长途运输中，冷藏车的选择更是关键。现阶段冷链低温配送模式有三种。

（1）冷藏车制冷低温配送。生鲜食品类商品保质期短，属于易损易耗品，如果通过普通的车辆运输，很容易变质，严重影响客户满意度。冷藏车制冷低温配送可以有效解决这个问题，而且能够适应长距离大批量的冷鲜食品类商品的配送。

（2）以干冰作为冷源的低温配送。干冰的制造成本低，简便易用，在很多情况下适用于对温度要求不高的商品的运输，如食品、水产品等。但是干冰的主要成分属于温室气体，不符合当前的环保政策，目前处于禁用状态。

（3）相变蓄冷材料的低温配送。该模式主要是以蓄冷材料为主来进行低温配送，这样既满足配送的需求，又不将污染物排入大气，造成温室效应，其因生产与制造成本比较低，在市场中非常具有竞争力。

根据蓄冷剂的冻结温度，蓄冷剂分为冷冻低温型、冷冻高温型、冷藏低温型、冷藏高温型几种型号，在一定程度上可以取代干冰，且可以循环使用，储运方便，节能环保。

3. 特殊货物运输设备的选择

（1）玻璃、陶瓷等易碎物品的配送。在易碎物品的配送过程中，运输环节是关键，运输环节的运输质量在很大程度上决定了整个配送过程的质量，因此，运输设备的选择和运输中货架的选择成了重中之重。

一般在玻璃的运输过程中，由于玻璃的特性（面积大、厚度小、易碎等），要求使用特定的货架以及防振性能较好的配送车辆。在配送玻璃时通常使用立式货架，在配送过程中，玻璃是竖立在车上的，两边都由绳子固定，防止玻璃侧翻，车厢底下垫有泡沫塑料，用来减少运输过程中的振动。

在陶瓷等其他体积中等的易碎物品的配送过程中，通常采用防振性能较好的车辆以及间隔较大且有柔软的隔离物的货架或包装。

（2）大件货物的配送。大件货物一般采用大型车辆运输，这些车辆一般车架较低，车身较宽。在配送过程中应该注意车辆的高度、宽度和长度是否满足特殊路段的通行要求。

经典案例

利得配送中心

利得公司是一家第三方物流公司，在 2005 年年底承包了某个大型配送中心。该配送中心主要是为当地及周边地区多家家电经销商提供产品配送业务。配送中心长 170 米，宽 60 米，建筑面积为 10 200 平方米。配送中心的收发货平台可同时容纳近 40 辆车同时装载。中心的管理采用 RF（无线终端扫描技术）并结合仓库管理系统（WMS）进行运作。中心的搬运设备包括前移式叉车、电动托盘拣选车、电动托盘车。货物的储存采用欧式托盘（0.8 米×1.2 米）。目前配送中心日均出入库量约为 8 000 箱（台）。

利得公司的业务量已经开始增加，目前又有一家电脑经销商也有意向把配送业务交给利得公司。但现在出现的一些现象已引起利得公司的注意，比如进出配送中心的车辆越来越多，而中心仓库外面的面积是有限的；供应商反映配送中心收货时间长、速度慢；各环节运作的差错率有升高的趋势。利得公司的管理层已经认识到必须对配送中心的运作流程进行优化和细化，做好充分准备迎接业务量的增加，同时也要充分利用配送中心的资源，进一步降低成本。

思考讨论：

（1）该配送中心存在哪些问题？

（2）结合案例，描述配送中心完整的运作流程包括哪些环节。

资料来源：https://doc.docsou.com/b2e029eaec022d74cebe901ad394faf852d3e104c.html。

实训 卖场选址

【实训背景】

卖场选址至关重要，不仅要考虑周边人口分布密度和数量、消费习惯、年龄结构、文化水平等，还要考虑当地的经济发展水平，以及人均可支配收入。卖场选址是多方面综合考量的结果，例如永辉超市会根据当地居民的分布情况、人口密度、居民的收入水平、交通状况来设置卖场的位置，既方便居民购物，又使服务人群最大化。同时结合居民的喜好进行产品的个性化定制与推广服务，卖场的规模不断扩大，永辉超市将这一模式复制到不同地区并取得了成功。

【实训目的】

通过查阅资料和计算掌握卖场选址需要注意的问题，并提出合理的建议。

【实训组织】

（1）自由组合，组成若干小组。

（2）各组通过收集网上资料和图书馆资源，查找永辉超市卖场选址的相关信息进行汇总分析。

（3）各组自行设计方案和提纲。

（4）进行调研，了解永辉超市卖场选址的现状及效果，并提出合理的建议。

（5）分组讨论，最后形成完整的报告。

【实训评价】

从各组的团队配合情况、资料的收集程度、论证的完整性、创新性等方面进行综合评价。

【项目测评】

一、判断题

1. 配送的实质是送货。（ ）
2. 减少或消除不必要的作业是配送中心设施与设备规划的原则之一。（ ）
3. 站台周边的设计形式包括直线式、内围式、齐平式。（ ）
4. 按配送的专业程度配送中心划分为专业配送中心和柔性配送中心。（ ）
5. 冷藏车制冷低温配送能够适应长距离、大批量的冷鲜食品的配送。（ ）

二、单选题

1. 配送中心按照其承担的流通职能分为（ ）和销售配送中心。

A. 加工配送中心　　B. 流通型配送中心

C. 供应配送中心　　D. 储存型配送中心

2. 下列不属于配送中心功能的是（　　）。

A. 采购功能　　B. 储存保管功能　　C. 分拣配送功能　　D. 生产制造功能

3. 战略控制的常用方法有预算、审计和（　　）。

A. 问卷调查　　B. 现场观察　　C. 电话调查　　D. 核算

4. 配送中心总体规划设计阶段排序正确的是（　　）。

A. 基础资料分析—规划条件设定—作业需求功能规划—设施需求规划与选用—信息情报系统规划

B. 规划条件设定—作业需求功能规划—设施需求规划与选用—信息情报系统规划—基础资料分析

C. 作业需求功能规划—设施需求规划与选用—信息情报系统规划—基础资料分析—规划条件设定

D. 基础资料分析—作业需求功能规划—规划条件设定—信息情报系统规划—设施需求规划与选用

5. 下列不属于定量分析法的是（　　）。

A. 重心法　　B. 加权平均法　　C. 定性分析法　　D. 整数规划法

三、多选题

1. 下列属于配送目标的是（　　）。

A. 快速　　B. 及时　　C. 可靠　　D. 节约

2. 配送中心按照其主要功能可以分为（　　）。

A. 储存型配送中心　　B. 流通型配送中心

C. 供应配送中心　　D. 加工配送中心

3. 配送中心按配送的专业程度可以分为（　　）。

A. 区域配送中心　　B. 专业配送中心

C. 柔性配送中心　　D. 综合配送中心

4. 下列属于配送中心选址目标的是（　　）。

A. 成本最小化　　B. 物流量最大化　　C. 服务最优化　　D. 综合多目标

5. 站台本身的设计形式包括（　　）。

A. 锯齿式　　B. 平齐式　　C. 内围式　　D. 开放式

四、案例分析

有一家销售企业，主要对自己的销售点和大客户进行配送，配送方法为只要销售点和大客户有需求就立即组织装车送货，结果经常造成送货车辆空载率过高，同时往往出现所有车都派出去而其他客户的需求无法满足的情况。销售经理一直要求增加送货车辆，但由于资金原因一直没有购车。

问题：

1. 如果你是企业负责人，你会同意销售经理的要求，通过买车来解决送货效率低的问题吗？为什么？

2. 请结合所学知识分析该案例，并提出解决办法。

项目五 分析物流设施规划与设计

【项目介绍】

通过对物流系统的研究，掌握物流系统布置设计的基本要素和模式，根据各作业单位间的物流强度和相互关系进行物流设施规划与设计。

【知识目标】

（1）了解物流设施规划与设计的内容；
（2）理解物流设施规划与设计的具体步骤；
（3）了解物流系统布置设计的基本要素。

【技能目标】

（1）能够利用定量方法进行物流分析；
（2）能够根据物流强度等级布置各作业单位；
（3）理解物流系统布置设计 SLP（流程）模式。

【素质目标】

通过学习物流设施规划与设计，认识到物流设施规划与设计的科学性及严谨性；明白只有不断地学习和创新，才能做得更好；培养独立思考的能力，发扬精益求精的精神。

【项目导学】

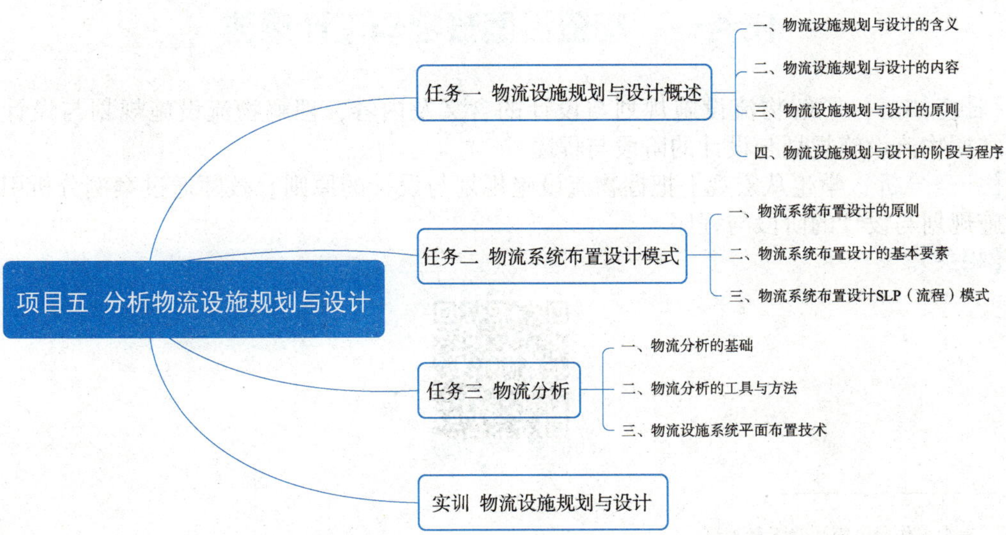

案例引入

某配送中心拟把8个部门都布置在同一层区域内，面积是2 000平方米，各部门的情况如图5-1和表5-1所示，试画出一个块状区划图。

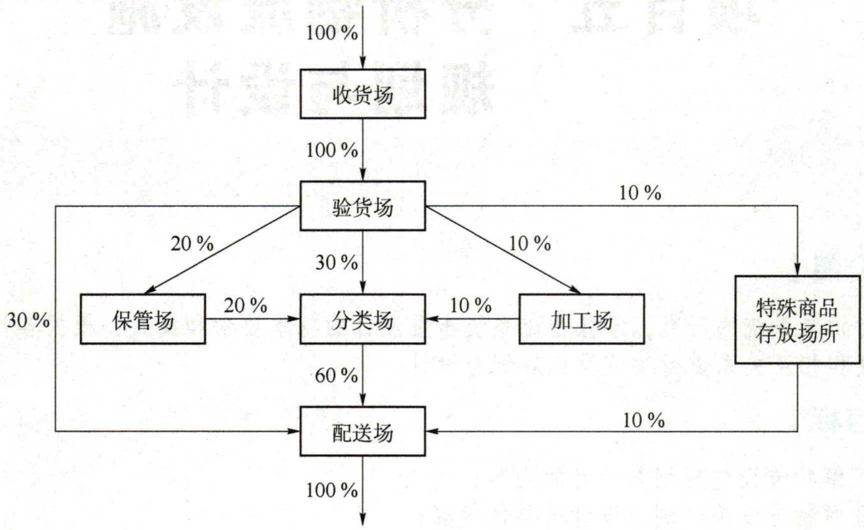

图 5-1 各部门作业量分布

表 5-1 各部门作业量分布①

设施名	收货场	验货场	分类场	保管场	加工场	特殊商品存放场所	配送场	事务所	合计
作业量	100	100	30	20×7	10	10	100	—	—
单位面积作业量/平方米$^{-1}$	0. 2	0. 2	0. 2	1	0. 2	0. 2	0. 2	—	—
设施面积/平方米	500	500	150	140	50	50	500	110	2 000

任务：应当如何布局，才能既满足各部门的要求，又能够提高作业效率，减小搬运量？

任务一 物流设施规划与设计概述

【任务描述】了解物流设施规划与设计的含义及内容，理解物流设施规划与设计的原则，掌握物流设施规划与设计的阶段与程序。

【任务分析】学生从宏观上把握物流设施规划与设计的原则。教师通过案例分析引出物流设施规划与设计的阶段与程序。

【相关知识】

物流系统布置设计

① 表中工作量已简化为无量纲量。

【知识学习】

一、物流设施规划与设计的含义

（一）物流设施规划与设计的定义

物流设施规划与设计主要是针对配送中心的流程以及所需的设施、设备等进行最佳的配置和利用，使人力、物力及财力得到最充分的利用，满足企业正常运营的需要，提高设备的利用率。人们通过物流设施规划与设计对企业整体进行布局，选取最佳组合的设备，使各个部门的设施协调一致，为企业的整体运营服务。

（二）物流设施规划与设计的含义

由于各经济领域的企业性质不同，其设施的功能也不同，但只要是从事商品生产或流通的企业，其设施就与物流活动有关联，就存在其物流系统的优化问题。对于物流设施规划与设计，要学会具体问题具体分析。

生活中，生产、流通等都会涉及物流活动，都可以从物流的角度进行规划与设计，如图 5-2所示。

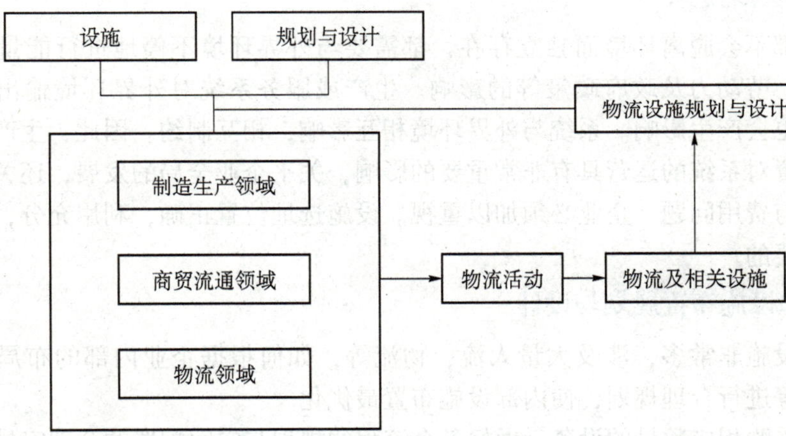

图 5-2　物流设施规划与设计同各经济领域设施的相关性

（三）不同领域物流设施规划与设计的内涵

在一般生产或服务系统设施规划与设计中，对于生产要求比较高，侧重于生产制造，物流活动仅是其组成的一部分，对其涉及的物流活动，需要使物流设施配置合理化，不会像专业的物流中心那样要求严格。一般生产服务物流的搬运量、装卸量相对较少，只要满足日常生产经营活动就可以。

在专门的物流领域，如物流中心、配送中心、仓库等，由于物流作业活动是设施的主体活动，因此在规划设计时其地位完全不一样。物流活动合理化是规划与设计的重点，并要求其他相关作业或服务设施与物流活动协调，通过高效率的物流系统的建立，期望能有效地服务于生产与营销，促进企业战略目标的实现。

二、物流设施规划与设计的内容

物流设施规划与设计的内容包括设施场地选择和内部设施布置规划与设计，如图 5-3 所示。

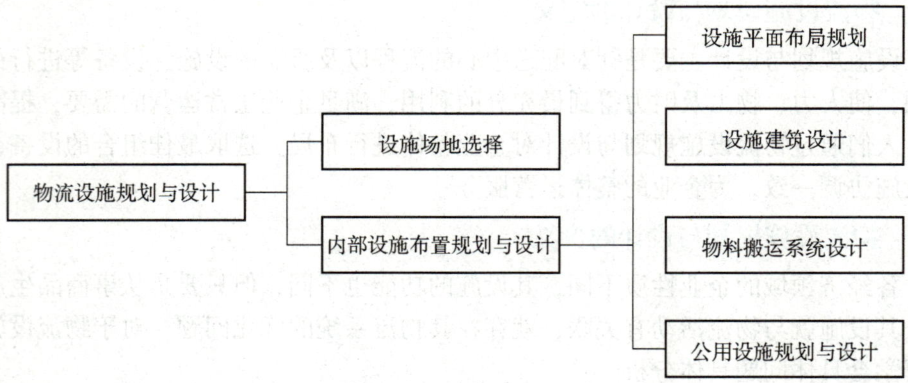

图 5-3 物流设施规划与设计的内容

（一）设施场地选择

任何系统都不会脱离环境而独立存在，都需要与外界环境不停地进行能量和物质的交换，受到科技、劳动力及政府政策等的影响。生产或服务系统对外界环境输出其产品、服务、废弃物等也会产生影响。系统与外界环境相互影响，相互制约。因此，生产或服务系统设施所在的位置对系统的运营具有非常重要的影响，关乎企业全局的发展，还关系到整个企业的物流效率与费用问题，企业必须加以重视。设施选址位置正确，利用充分，对于企业的发展是十分重要的。

（二）内部设施布置规划与设计

企业内部设施非常多，涉及大量人流、物流等，如何根据企业内部的布局、现有的设备，以及通道等进行合理规划，使内部设施布置最优化。

根据需要采购相应数量的设备，做好各个流程的规划与空间配置的合理安排，要考虑运输路径的优化等，因为这不仅会影响搬运的距离、路径及其效率，还会影响企业的整体运营目标。

（三）物料搬运系统设计

根据对以往数据的统计分析，对于生产制造企业而言，其相当一部分工作量来自物料搬运，物料搬运费用占产品制造费用的 20%，甚至达 50%，如果能切实降低物料搬运的成本，将大大提高企业的运营效益。

因此，越来越多的企业开始重视物料搬运系统，它是影响企业发展的重要因素之一。

（四）设施建筑设计

设施建筑设计主要是根据生产需求对已有仓库的格局及生产要求进行整改，从而使设施建筑的空间得到充分利用，同时保证设施建筑美观、安全。

（五）公用设施规划与设计

对公用设施进行有效的设计和改造，如通风、电力、给排水设施等。它们虽然是辅助设施，但是作用非常大，能够在后续的生产运营中发挥重要作用，可以保障企业的安全，使物流系统能够高效运营。

三、物流设施规划与设计的原则

（1）减少或消除不必要的作业。

（2）以流动的观点作为出发点。

（3）追求系统的整体优化，而不仅是物流系统的优化。

（4）重视人的因素。

（5）进行反复迭代及并行设计。

在物流设施规划与设计的过程中影响因素比较多，在计算过程中可能会产生误差，导致人们无法快速找到正确答案，只能根据实际的需求，并利用现有的方式逐步迭代，在反复的计算过程中，不断检验和修正，从而逐步接近最优解。在布置方案的过程中，需要理论与实践相结合，反复计算并不断修正，直到得到理想的结果为止。

总之，物流设施规划与设计涉及的因素比较多，需要综合考虑各种因素，对物流系统中的软件和硬件设备进行分析和设计，使企业内部的资源得到充分利用。

四、物流设施规划与设计的阶段与程序

物流设施规划与设计工作贯穿于工程项目发展周期中前期的可行性研究与设计阶段，因此，物流设施规划与设计必然存在与时间有关的阶段结构，见表 5-2。

表 5-2　物流设施规划与设计的阶段结构

阶段	0	Ⅰ	Ⅱ	Ⅲ	Ⅳ	Ⅴ
名称	预规划	确定方案	总体规划	详细规划	规划实施	规划后
成果	确定目标	分析并确定物流设施的位置及其外部条件	总体规划	详细规划	物流设施实施计划	竣工试运行
主要工作内容	进行物流设施要求预测，估算生产能力及需求量	确定物流设施的要求、生产能力及需求量	选址及总体布置图	按规划要求做详细规划及绘制详细布置图	绘制进度表或网络图	项目管理（施工、安装、试车及总结）
财务工作	财务平衡	财务再论证	财务总概算比较	财务详细概算	筹资	投资

物流设施规划与设计必须按照严格相应的流程来完成，其具体实施步骤如图 5-4 所示。

（一）计划准备阶段

在该阶段主要是根据企业物流设施建设的目标和任务，组建筹划小组进行具体事宜的策划工作，根据现有的目标规划和实际情况，对物流设施建设的必要性和可行性进行详细的论证和考量。计划准备阶段是基础，为以后的规划与设计奠定了坚实的基础。该阶段的主要工作就是进行调查研究，收集相关的数据资料，并进行科学分析，投入相应的人力、物力，务必保证所收集数据的准确性，否则会导致后期的工作产生失误，影响到整个企业的运营。

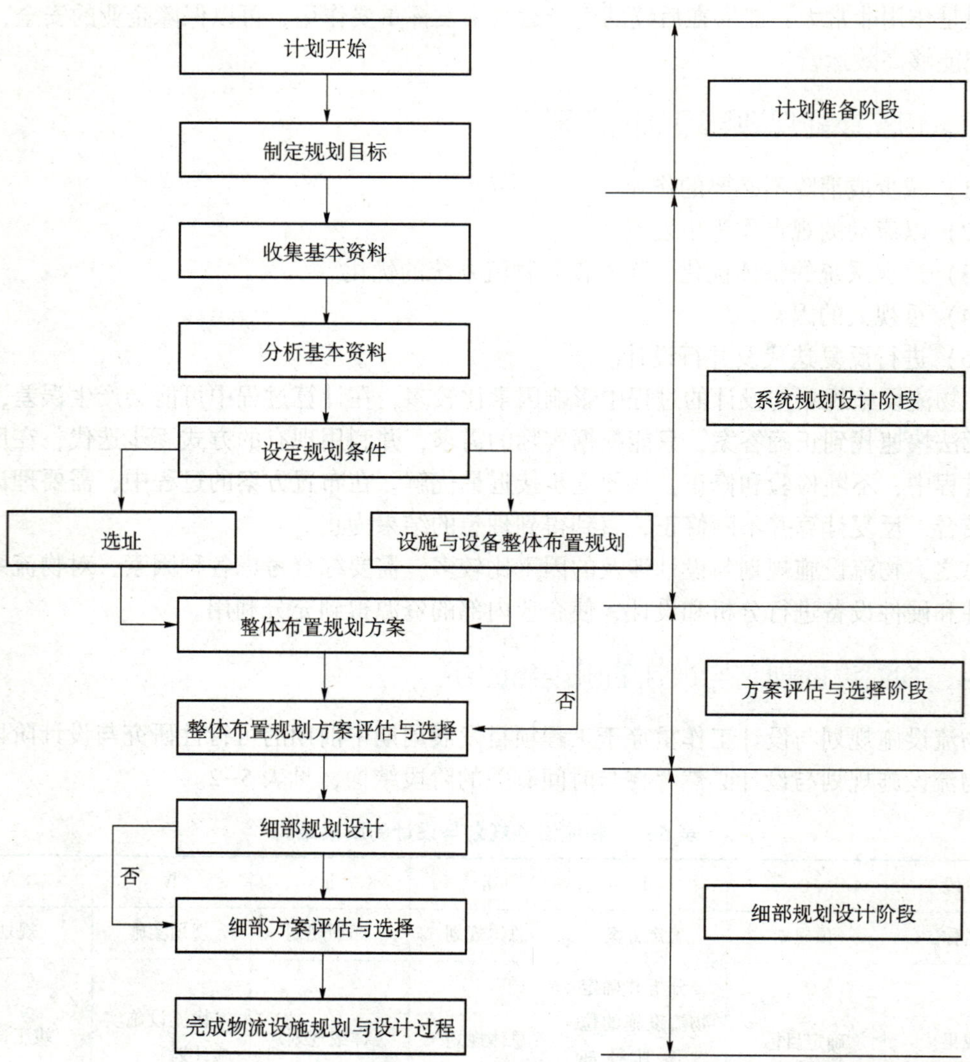

图 5-4　物流设施规划与设计的具体实施步骤

（二）系统规划设计阶段

1. 分析基本资料

首先获得第一手的资料并进行分析，包括货物的特征、种类及数量，根据市场的趋势对未来市场进行预测。

2. 设定规划条件

为了方便计算，应对各阶段所得到的信息进行充分的考虑，为后续的规划设定基本的参数，从而有利于计算工作的开展，找到各种资源对应的规划条件，使计算更有计划性。

3. 对设施、设备进行规划

1）作业流程规划及其功能需求分析

应根据物流设施的总体功能定位分析设计其作业流程，然后根据流程环节明确物流设施应具备的作业功能要素及各作业功能要素对设备、空间有何要求，为各作业功能区域划分和设备配置奠定基础。作业流程规划的重点在于合理化、简单化、机械化。

2）各作业功能区域划分与空间布局规划

在作业流程规划及其功能需求分析之后，应划分作业功能区域，并进行各作业功能区域（建筑物）的空间布局规划，产生作业（单位）区域的区块布局图，标示各作业区域的面积与界限范围。

3）设施、设备需求规划与选用

设备的需求量决定了设备的采购量，在进行设计时要考虑企业完成整个工作所需要的设施、设备数量，这是物流设施规划与设计的重心和重点。

4）建筑设计规划

建筑设计规划主要是对建筑的现有构造进行认真分析，在现有的基础上进行改造，使设施、设备的运行效率更高效快捷。

（三）方案评估与选择阶段

通过前期的观察和调研，对收集到的数据进行分析，综合现有的资源进行计算，找到若干个可行方案，经过反复迭代，同时兼顾企业的经济实力和目标定位，找到最符合企业实际情况的方案进行详细设计。

（四）细部规划设计阶段

在细部规划设计阶段，需要先进行各项作业设备与周边设施、设备的规格设计，然后进行细部布局规划，即依照各设备的规格资料完成设备面积与实际方位的配置，再配合各项实体限制做细部的调整。

当细部调整的结果有可能改变系统规划阶段的区域布局内容时，则返回前一阶段，做必要的修正后，继续回到细部规划设计阶段，进行实际位置的配置与调整。最后整合作业功能区域与周边设施、设备的各项配合需求，完成整个物流设施规划与设计程序。

（五）计划执行阶段

当所有的评估工作完成后，计算成本与收益，管理层共同做出最终的决策，为接下来的工作奠定基础。同时为了保证物流系统的整体性和安全性，应对参与设计施工各方所设计的内容从性能、操作性、安全性、可靠性、可维护性等方面进行评价和审查。

经典案例

物流中心主要负责便利店的常温商品配送。由于便利店的面积小，所以其物流中心具有如下特征：主要以拆零配送为主，拆零比率高达85%～90%；配送商品以小批量、多批次为主要特征；配送周期短，如1天1配或2天1配等。因此，在规划时可参考便利物流行业的标杆企业，如美宜佳物流、可的物流、全家物流等，再加入企业自身的业务特性，形成最终方案。

一、规划设备方案

现代物流中心所用的设备很多，需要进行细致的规划，一般会用到如下设备。

（1）储存设备：为了增加仓库的储存能力，横梁式的高位立体式货架是基本配置。

（2）整箱拣货设备：液压车（或者电动平移车）+贴标拣货（或者RF拣货）。

（3）拆零拣货设备：以“电子标签+流利架+传输带+废纸回收传输带”为主要规划方案，辅助设备和耗材还有废纸堆垛机、周转箱、周转箱封口、条码打印机等。

(4) 无线手持设备 RF 及仓库无线 AP 等。

(5) 先进的仓库管理系统。

(6) 电动叉车：电动平移叉车、前移式高位叉车及平衡重叉车等；

(7) 电子看板：各种类型的、布置于不同货区的电子看板。

二、功能分区规划

(1) 收货暂存区：待收货及已收货未上架的商品暂存区域。

(2) 储存区：所有商品的储存区域，包含整箱拣选商品和拆零拣选商品。

(3) 拣选区：整箱及拆零待拣选的商品存放区域。

(4) 集货区：用来收集拣选区、贵重品区等拣选完成的商品，并按门店进行摆放。

(5) 退货区：收回下游客户的退货，储存管理，并将退货交接给供应商。

(6) 贵重品区：贵重商品的储存和拣选区域。

(7) 辅助功能区：比如叉车充电区、托盘/周转箱等设备存放区、废纸箱存放区等，以及其他办公生活区域，包括洗手间、打单室、机房、办公室、会议室等。

资料来源：https://www.sohu.com/a/136943855_610732。

任务二 物流系统布置设计模式

【任务描述】理解物流系统布置设计的基本要素，掌握物流系统布置设计 SLP（流程）模式，确定物流系统布置设计的最佳方案。

【任务分析】学生了解物流系统布置设计需要考虑的因素。教师通过讲授物流系统布置设计的模式引导学生构建最佳的物流系统布置设计方案。

【相关知识】

车间生产布局分析之物流系统布置设计模式

案例引入

TACO 是美国著名的流体设备和技能系统制造公司。20 世纪 90 年代早期，TACO 公司总裁约翰·怀特发现厂区堆满了存货而且产品的交货要花数周甚至数月时间；同时，产品在厂区的产出时间即从开始生产到完成也要花费大量时间。厂区布置是根据生产流程设计的，即所有机加工设备集中放在一个地方，所有装配设备集中放在一个地方，所有喷漆设备集中放在一个地方，其他类型相同的设备依此类推。因此，TACO 公司的产品从一个地方转移到另一个地方要花费很长时间，并且经常在完成所需加工工程之前要等待很长时间，这些长时间的等待由过多存货积压所致。TACO 公司从 20 世纪早期约翰的祖父创业以来就一直生产循环机泵，民用和工业用的循环机泵均由TACO公司生产，前者的产量很大，后者的产量较小，通常根据客户特定的需求来设计和生产。在分析了企业生产的各种产品后，TOCA公司总裁约翰·怀特按照产品导向而非流程导向重新设计了厂区布置，三个主要生产车间被分成三个产品线。

思考：结合TACO公司厂区布置的过程，谈一谈物流系统布置设计时应该考虑哪些问题。

【知识学习】

一、物流系统布置设计的原则

（1）简化加工或作业过程；

（2）有效地利用设备、能源和人力资源；

（3）最大限度地减少物流搬运作业；

（4）缩短生产作业周期；

（5）力求投资最低；

（6）为职工提供方便、舒适、安全和卫生的工作条件。

二、物流系统布置设计的基本要素

（一）工厂系统布置设计基本要素

在缪瑟提出的工厂系统布置设计（SLP）理论中，把产品P、产量Q、生产路线R、作业单位部门S及时间T作为布置设计工作的基本出发点来看待。

因此，根据缪瑟的工厂系统布置设计（SLP）理论，将产品P、产量Q、生产路线R、作业单位部门S及时间T称为工厂系统布置设计的基本要素（原始资料）。

1. 产品P

产品P具体指即将布置的企业商品、原材料、半成品和成品等，在生产投产之前一定要确定具体产品的类型、项目特征等。产品也是进行物流设施规划与设计的重要内容，包括具体的生产流程、各单位间的作业关系。

2. 产量Q

产量Q是指具体的产品，包括产品的数量、包装及规格，可以根据具体的产品规格用数量或者质量表示。产量Q这一要素影响生产系统的规模、设备的数量、运输量、建筑物面积等方面。

3. 生产路线R

生产路线R指的是产品加工的工艺流程。工艺流程的设置合理与否影响着各个作业单位之间的关系，影响到搬运路线的设计，一般用工艺流程图等进行表示，以便于人们理解和操作。生产路线的设计是一项非常重要的工程，需要根据每个作业单位的先后顺序、完成时间节点、工作量等进行计算和统筹安排。

4. 作业单位部门S

根据各个作业单位部门的职能，可以将作业单位部门分为职能管理部门、生活服务部门、仓库储存部门、生产部门等，虽然每个作业单位部门的功能不一样，但它们都是保证企业正常运行的一部分，因此在进行设计时要站在企业整体的角度进行考虑，不能厚此薄彼，而是根据实际需要配置人力，物力及相应的设施、设备。

5. 时间 T

时间 T 是衡量速度和效益的一个重要因素。根据生产过程中每个环节的完成时间、需要完成的工作量、各个环节的时间衔接，考虑如何以最短的时间来完成既定的任务，对各个环节的时间进行统筹，计算出各工序的平衡时间，合理调用人力、物力等。

（二）物流中心布置设计的基本要素

在进行物流中心布置设计时，应根据配送中心的功能进行规划，同时还要根据以下要素进行分析，即客户订单（Entry）、商品种类（Item）、商品的数量或库存量（Quantity）、各个环节的物流路径（Route）、服务水平或内部服务单位划分（Service）、具体的交货时间（Time）、物流成本（Cost）等，简称为 E、I、Q、R、S、T、C。

1. 客户订单（E）

客户不同，其具体的订货要求也不同，即订单的数量、品种、规格、批次完全不同，完成工作的设备有所不同，不能一概而论。要满足客户的需求，提高客户满意度，就需要根据不同的客户订单采取不同的应对办法。如果配送对象是经销商，每次的订货量非常大，要快速地完成出入库，就要物流中心的出入库功能足够强大。如果配送对象是零售店或个体商户，订货的种类多，批量小，频率高，就需要快速地完成分拣工作，要求物流中心的分拣功能要强，根据客户对象的不同，要学会区别对待，对物流中心的配置要有所侧重。

2. 商品种类（I）

物流中心需要处理的商品不仅种类繁多，而且数量巨大，其处理起来也不尽相同。如果商品的种类少，储存过程就比较单一，可以实现机械化、自动化操作，反而会减少很多工作量。如果物流中心的商品种类、数量特别多，就需要对单个种类的商品进行分类储存，操作起来难度较大。

商品不同，采用的储存设备不同，如要分别使用重型、中型和轻型货架，选用的托盘类型也不尽相同。有些特殊的商品还要注意其时间性的要求，如季节性商品，需要留出相应的弹性空间，保证企业不遭受相应的损失。

3. 商品的数量（Q）

商品数量是影响物流中心规划的重要因素之一，因为要根据商品数量进行物流中心设施、设备的规划。

商品的数量影响物流中心整体的规划布置，如设备采购的数量、建筑物的面积、运输量的大小及人力和物力的安排。

4. 物流路径（R）

物流路径具体包括两方面，一方面是指具体的运输线路，另一方面是指作业区域的物流道路，涉及时间节点的安排、运力的布置、时间和空间的衔接，直接影响到作业的效率和成本。

5. 服务水平或内部服务单位划分（S）

（1）服务水平。服务水平是影响留住老客户和开发新客户的重要因素，包括交货的准时性、货品的完好性等。高水平的服务意味着投入成本增加，应该在提高服务水平的同时降低服务成本。

（2）内部服务单位划分。内部服务单位划分影响到物流中心的服务能力。作业区域（单位）与辅助服务区域（单位）的设置不同，其服务功能要素存在差异，如储存型物流中心，其主要功能是仓储，必须考虑设置大仓库，对于转运型物流中心，还要考虑换装理货等服务，扩大设施使用面积。

6. 交货时间（T）

对交货时间的控制非常重要，交货太早或太迟都会影响客户服务水平，只有在规定的时间内将货物送达客户，才能提高客户满意度。

对交货时间的控制取决于设备、设施的工作效率，工作人员的配合程度，各个作业流程的规划合理程度，以及运输的能力等。目前客户的要求不断提高，采取先进的系统和设施可以提高作业的效率，提升配送货的速度，降低差错率。

7. 物流成本（C）

在为客户提高更好的服务的同时，也要注意控制物流成本。良好的物流成本控制是企业的第三利润来源。物流成本包括运输成本、储存成本、设施建造成本等。

三、物流系统布置设计 SLP（流程）模式

物流系统布置设计 SLP（流程）模式按照相应的步骤来完成，最终选出最佳方案，如图 5-5所示。

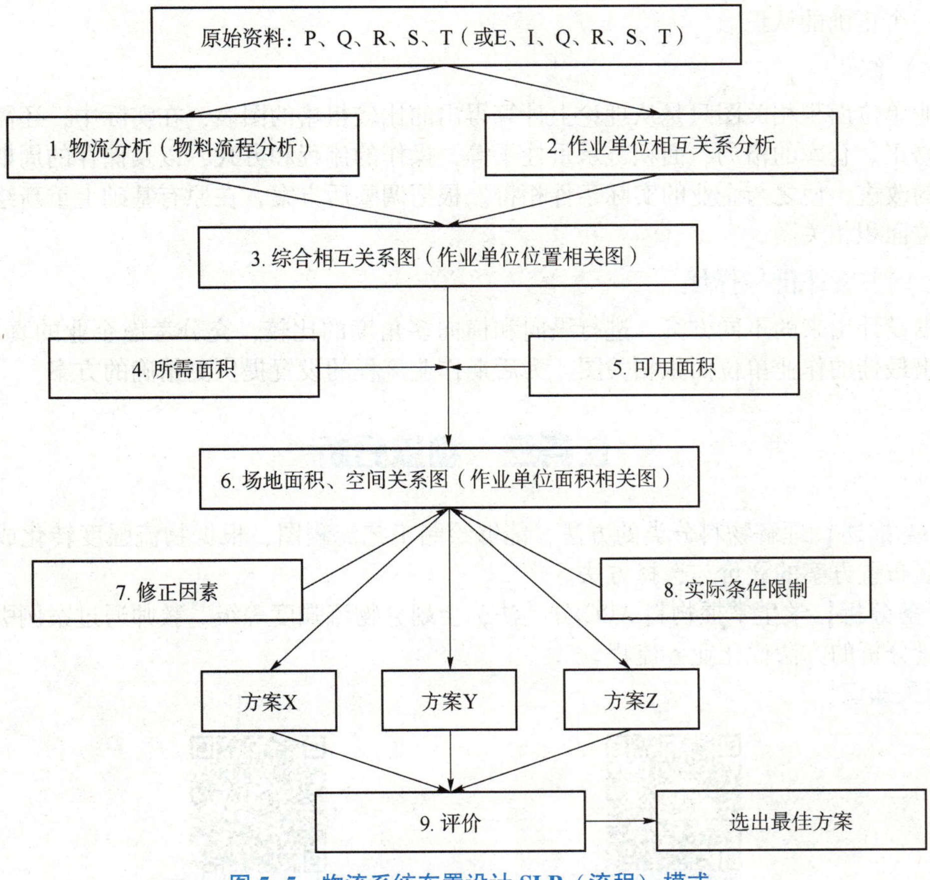

图 5-5　物流系统布置设计 SLP（流程）模式

（一）准备原始资料

在物流系统布置设计时，必须收集原始资料并进行分析，对各作业单位的情况进行合理规划，对于一些不必要的流程和业务可以进行合并和取消，达到整体流程最优。

（二）物流分析与作业单位相互关系分析

通过物流分析可以快速地看到系统运行的情况及载荷量，发现在运输过程中产生的问题，一般用物流强度表示。作业单位相互关系分析有助于进行优化布置，提升作业单位的效率。既要考虑作业单位之间的关系，也要考虑物流量的大小。由于各环节对总的目标的影响程度不同，因此也可以通过加权的方式表示各环节在系统中的作用和地位。

（三）绘制作业单位位置相关图

图表的方式可以更为直接地呈现问题和结果。根据物流关系表和作业单位相互关系表，绘制相应的作业单位位置相关图，清晰地表示出它们之间的相对位置关系，再结合实际的比例进行设计，可以减少失误，提高工作效率。

（四）作业单位占地面积计算

作业单位位置相关图确定之后，计算出各作业单位的面积，计算时需综合考虑设备占用面积及人员作业面积等，根据实际情况做出相应的调整。

（五）绘制作业单位面积相关图

根据比例进行相应的缩放，准确表示各作业单位所占用的面积，与作业单位位置相关图结合，形成作业单位面积相关图。可以清晰地看到作业单位具体的位置和所需要的面积，对整体有一个正确的认识。

（六）修正

作业单位面积相关图只是从理论上计算得出的比较粗略的图表，在实际中，还需要不断调整和修正。仓库的格局、面积、承重柱子等，操作的流程和方式，以及储存的周期等，需要不断的改进，使之与企业的实际条件相符。根据调整后方案，在原有基础上重新绘制新的作业单位面积相关图。

（七）方案评价与择优

根据设计出来的不同方案，进行纵向和横向多角度的比较，充分考虑企业的真实情况，最终得出最佳的作业单位面积相关图，为后期作业流程的设置提供更精确的方案。

任务三　物流分析

【任务描述】理解物料分类的方法，能够绘制工艺流程图，根据物流强度转化成五个等级，掌握布置方案的评价与选择方法。

【任务分析】学生掌握物料 ABC 分类法，会划分物流强度等级。教师通过案例引导学生通过定量分析的方法优化业务流程。

【相关知识】

业务流程重组　　物料 ABC 分类法

案例引入

石油运输技术方案的产生

在美国阿拉斯加东北部的普拉德霍湾油田每天有200万吨原油运回美国本土。油田所在的海湾温度比较低，最低气温在-50 ℃以下，海湾长时间处于冰冻状态，导致石油运输极为困难。人们最初提出两个方案：方案一，利用油轮从海上进行运输；方案二，采用管道进行运输，并给管道安装加温设备，防止石油凝固。

对于方案一，其优点是运价比较低，运输量比较大，但是运输时间短，需要破冰运输，增加了成本，投入过高，而且风险极大，一旦出现问题，油船搁浅可能造成更大的损失。

对于方案二，其优点是利用管道进行输油的技术已经相当成熟，问题是北极圈极其寒冷，冻土无法铺设管道，因为冻土层受热融化，无法固定管道，估算有一半管道需用底架支撑，这样架设管道的成本是铺设地下管道的三倍，成本太高，可实施性较小。

在以上背景下，方案三和方案四出台。

方案三：把一定量的海水加入原油，使低温下原油与海水的混合物成乳状液态，仍能在管道内畅流，这样就减少了加温环节，同时海水含盐比较多，可以降低石油的凝固点。该方案的创造性在综合运用中得以体现。

方案四：马斯登和胡克是两位具有丰富石油知识的专家，他们在研究中发现石油和天然气是混合在一起的，它们的凝固更低，如果把天然气换成甲醇后再与石油混合，不仅流动性好，而且降低了甲醇和石油混合物的凝固点，使石油的传输效率更高，从而实现石油的高效输送。

思考：结合身边的例子谈谈你对系统和系统分析的理解。

【知识学习】

一、物流分析的基础

物流分析必须建立在调研的基础上，把与系统相关的所有数据都收集起来，并且将数据种类、数量等划分清楚，对收集的数据进行分类整理，使复杂的数据分析变得简单化，为后期物流分析提供精确的参考。

（一）计算物流量

1. 物流当量

在运输中，物品的形状、质量、体积等不一样，很难进行精准的计算，对于不同的物品想要得到精准的数据变得异常困难。为了能够合理运输物品，对不同规格和型号的物品进行归一化处理，即对体积和重量进行换算，转化成统一标准的量，这样会使计算和分析变得更为简单，这个归一化处理结果就是物流当量。例如载重量是20吨位的货车，当它装上20吨钢材时，当量物流量为20吨，而运输4吨塑料，由于其密度小、体积大，虽然质量没有超过20吨，但是装在货车里刚刚好，那么20吨钢材的物流量和4吨塑料的物流量是一致的，即4吨塑料的物流当量等于20吨钢材的物流当量。通过物流当量的计算，可以对不同的物料进行统一的换算，合理地安排物料的运输，提高货物的装载率。

2. 玛格数法

玛格数法来源于美国，是一种不太成熟的物流当量计算方法。玛格数法比较适合一些特性相差不大的物料搬运。一个玛格数的物料是：可以方便地拿在一只手中，相当密实，结构紧凑，具有可堆垛性，不易受损坏，相当清洁、坚固和稳定。一般以一块经过粗加工的 10 立方英寸①大小的木块（约有两包香烟大小）作为一玛格数。计算公式为：计算物料体积-确定玛格数基本值-确定修正参数-确定玛格数。

在计算物料体积时，采用外部轮廓尺寸，不要减去内部空穴或不规则的轮廓，然后查阅专用玛格曲线表，得出玛格数基本值 A，如低堆垛的托盘玛格数基本值为 38。玛格数基本值还要按疏密程度或密度（B）、形状（C）、损伤危险性（D）、情况（E）和价值因素（F）五个参数来修正，这些参数取值一般为 0~4。玛格数 M 的计算公式为：$M=A+A(B+C+D+E+F)/4$ 。

（二）物料分类

在实际工作中按照物料的物理或化学性质，如形状、尺寸、数量、状态、质量、时限等因素划分其种类，以便于归类和计算。对于一个企业而言，需要在企业内部统一计算的标准，这样操作起来速度快，而且可以统一进行，方便交接方的顺利对接。

对物料的分类原则上分得越细越好，但是分类太多计算比较复杂，也不利于后期的物流分析。一般而言，将物料分类控制在 10 类左右最好，最多不超过 15 类，见表 5-3。

表 5-3 物料分类

物料名称	包装单元	单元的物理特征							其他特征			类别
		尺寸/厘米			重量/千克	形状	易损性	状态	数量特征	时间性	特性要求	
		长	宽	高								
钢带	卷	直径 60		25	2.7~5.4	盘状	—	—	少	—	—	D
空纸袋	捆	70	48	60	22	矩形	易撕破	—	少	—	—	D
油料豆	袋	80	40	20	44	矩形	—	—	中等	—	—	C
鱼油	桶	直径 60		80	148	圆柱形	—	有油腻	多	—	—	B
乳胶	坛	直径 60		65	40	圆柱形	怕撕破	—	很少	—	—	D

归类方法主要是绘制 $P-Q$ 图，进行 ABC 分类。

1. 绘制 $P-Q$ 图

P 代表物料种类，Q 代表物流量（物流当量）。根据每一种物料 $P_i(i=1,2,\cdots,n)$ 其对应的物流量 Q_i（$i=1, 2, \cdots, n$），即可画出由直方图表示的 $P-Q$ 图，如图 5-6 所示。

2. ABC 分类

一般 A 类物料占总品种数的 5%~10%，其物流量占 70%以上。

B 类物料占总品种数的 20%左右，其物流量占 20%左右。

C 类物料占总品种数的 70%以上，其物流量仅占 5%~10%。

上述百分比不是绝对的。

① 1 立方英寸≈1.64×10^{-5}立方米。

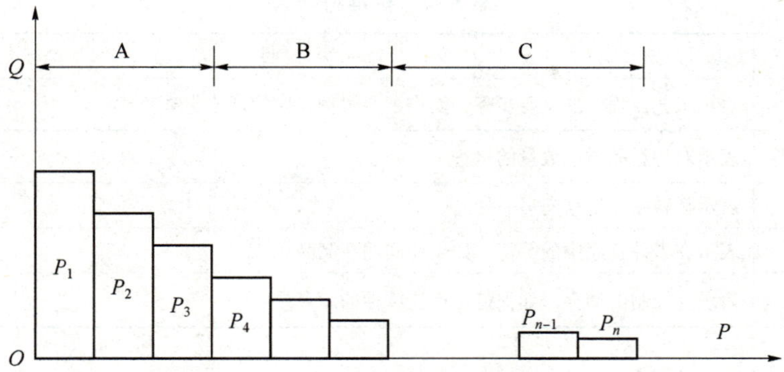

图 5-6　*P-Q* 图

在分析设计时对物料进行 ABC 分类，有助于抓住重点，更好地进行物流分析，当物料数量众多难以计算时，也可以将 C 类物料忽略不计。

二、物流分析的工具与方法

（一）工艺流程图

通过工艺流程图，可以掌握各个环节所需时间和流程，做出统筹规划和合理安排，对物流路线进行进一步的优化设计，如图 5-7 所示。

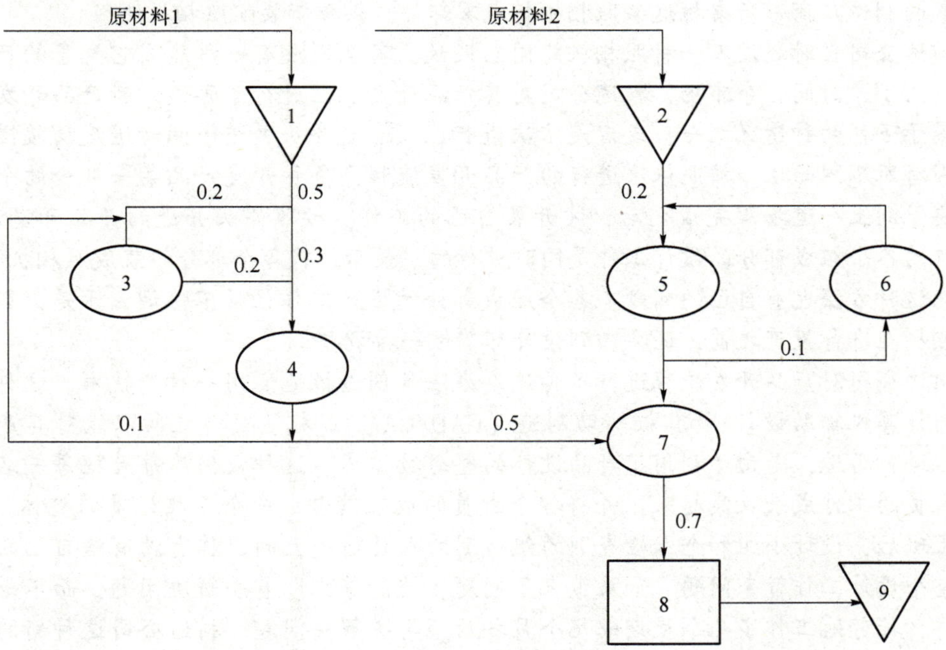

图 5-7　工艺流程图

美国机械工程师学会制定了一套标准符号，见表 5-4。

企业流程再造是 20 世纪 90 年代初期在美国兴起的又一管理变革浪潮。根据它的创始者哈默和钱皮的定义，企业流程再造是“对组织的作业流程进行根本的再思考和彻底的再设计，以求在成本、质量、服务和速度等各项当今至关重要的绩效标准上取得显著的改善”。

表 5-4　标准符号

符号	名称	说明
○	操作	表示工艺流程中的主要步骤，操作中要对物料做物理或化学变革
□	检查	表示对物料品质或数量的检查
→	运输	表示物料由一处移向另一处
D	停留	表示在事件顺序中的等待，如工序间的在制品积压
▽	储存	表示受控制的储存，如保持生产连续性的库存

再造是指对企业流程进行基本的再思考和再设计，以期取得在成本、质量、服务、速度等关键绩效上重大的改进。企业流程再造是一个根本设想，就是以首尾相接、完整的整合性过程来取代以往被各部门割裂的、不易看见也难于管理的支离破碎的过程。

经典案例

流程再造成功案例——产品开发流程（柯达公司）

1987 年，柯达公司的老对手富士（Fuji）公司推出一种 35 毫米、一次性使用的新式照相机。顾客买了这种照相机，装上的胶卷被用过一次以后，可以把照相机退给冲洗这种胶卷的制造厂商。后者把这架照相机拆成零部件，供重新装配照相机使用。

柯达公司当时还没有一种照相机能同它匹敌，甚至还没有一种能同它竞争的产品在设计。为了争时间、夺市场，柯达公司对其产品开发流程进行了再造。新产品开发流程大多属于下列两种情况之一：或者是依次进行，或者是齐头并进。两者进度均缓慢，只是原因有所不同而已。按照依次进行的产品开发流程，负责开发产品某一部分的个人或小组要等到上一道步骤完成之后，才开展自己的工作。按照齐头并进的产品开发流程，照相机的各个组成部分的设计工作是同时进行的，最后，将各个部分组装成照相机整机。不过，这种方法也有自己的问题：各个组成部分的设计工作往往不协调，于是，新设计的照相机在准备投产之前，还要回到设计环节做一番调整。

柯达公司对产品开发流程进行了再造。办法是创造性地运用一种新技术。这种新技术名叫计算机辅助设计/计算机辅助制造（CAD/CAM）。柯达公司之所以能对其产品开发流程进行再造，是由于利用了产品设计的整套数据库。这种数据库每天把每一名工程技术人员的工作成果收集起来，并将各个成员的成果结合成一个互相连贯的整体。每天上午上班后，设计小组和个人检查别的组、别的人员前一天的工作有没有给自己的工作或给整个设计工作带来问题。如果带来了问题，就能够立即着手解决问题，而不是像先前那样，徒劳地工作了几个星期或几个月之后，再去解决问题。柯达公司这种新的产品开发流程叫作协调一致工程。

柯达公司运用协调一致工程，使 35 毫米、一次性照相机从概念到投产的整个流程所需的时间减少了将近一半，也就是减少到 38 个星期。此外，再造产品开发流程后，模具设计人员可以在产品设计完成之前开展自己的设计工作，可以从容地运用专业知识去设计模具，使之既便于制造，所花费用又不多。柯达公司使其一次性照相机的模具制造费用和照相机的生产成本降低了 25%。

素质提升

办法总比困难多，我们要打破思维局限，进行创新性思考，不断学习，进行集体决策，终能解决困难问题；发扬团队合作的精神，打造团队凝聚力，发扬工匠精神。

（二）多产品工艺过程表

在产品品种比较多而且批量比较大的情况下，将多种产品的产量以及生产的工艺路线等都汇总在同一张表上，以便于观察和计算，进行看板管理，一目了然，同时可以反映出各个环节的工作量，便于协调和控制，见表5-5。

表5-5　多产品工艺过程表

产品号	工艺路线	每月产量/件
1	A→B→C→D→E	200
2	A→D→E	900
3	A→B→C→E	400
4	A→C→D→E	650

（三）物流连线图

在企业物流中，为了更好地分析相关数据，可以把各个物流线路画在同一张图上，可以用相应的几何元素表示车间、仓库、车站等，把各个作业单位用线连起来，表示它们之间的物流线路，用箭头表示物流的流向，用线条的多少表示物流量。该图看起来一目了然，虽然不能很准确地表示物流关系，但是能够大致说明问题，这种图形称为物流连线图。

（四）从至表

从至表是一张方格表，左边为“从”边，从上到下按生产顺序排列，右边为“至”边，从左到右按生产顺序排列，然后将物流量标在相应的方格中，表示从某一工作地到另一工作地的总物流量及其分布，见表5-6。

表5-6　从至表

从	至								
	Z	B	C	D	E	F	G	X	和
Z		1	18	7.5		1	30		57.5
B			1	1+30	7.5			18	57.5
C	1				1+18				20
D	18+7.5				30+1		1		57.5
E				18+1				31+7.5	57.5
F							1		1
G		30	1					1	32
X									
和								总计	283

（五）物流相关表

通常情况下，用物料的种类和数量进行物流分析，用工艺流程图表示产量大、品种少的物流关系，当产品的品种多且物流量比较大时，可以用多产品工艺过程表或从至表来表示具体物流量的大小。为了简化计算，可以用 SLP 法进行工厂的布置设计，不考虑各个作业单位之间的关系，而是以各作业单位的物流强度来表示，把物流强度划分为不同的等级，综合计算，以简洁明了的方式表示工厂的总体物流状况。

SLP 法中将物流强度转化成五个等级，分别用符号 *A*、*E*、*I*、*O*、*U* 来表示（也表示权值，见后文），其物流强度逐渐减小，对应着超高物流强度、特高物流强度、较大物流强度、一般物流强度和可忽略搬运五种物流强度，见表 5-7。

表 5-7 物流强度等级

物流强度等级	符号	物流路线比例/%	承担的物流量比例/%
超高物流强度	*A*	10	40
特高物流强度	*E*	20	30
较大物流强度	*I*	30	20
一般物流强度	*O*	40	10
可忽略搬运	*U*	—	—

某工厂有五个车间，分别用 A、B、C、D、E 来表示，其中车间的距心用“+”号表示，如图 5-8 所示。该工厂生产四种产品，各产品的工艺路线和每个月的产量通过表 5-8 表示，单种产品的生产批量为 50 件。

表 5-8 产品的工艺路线和产量

产品号	工艺路线	每月产量/件
1	A→B→C→D→E	200
2	A→D→E	900
3	A→B→C→E	400
4	A→C→D→E	650

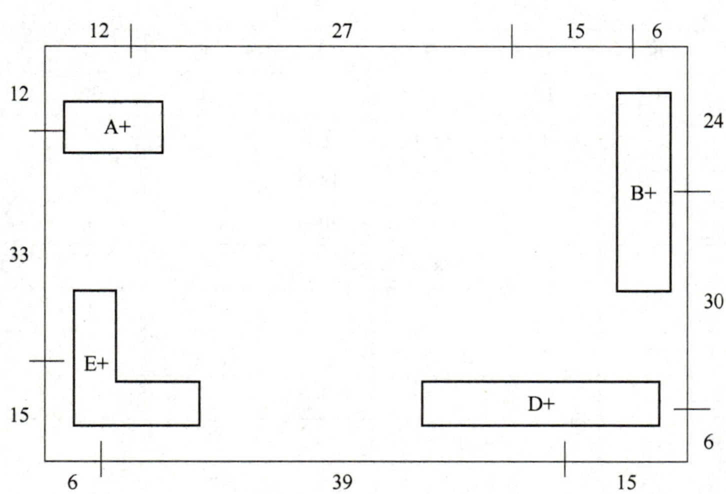

图 5-8 某工厂各车间位置（单位：米）

（1）试以直角距离绘制两车间的距离从至表。

（2）绘制物流搬运量从至表。

（3）计算搬运工作量，并据以绘制物流强度从至表，假设每批次搬运移动 1 米的成本是 2 元/米。试将物流强度从至表转化为物流成本从至表。

解：

（1）以直角距离计算意味着从一个距心到另一个距心只能水平或竖直走，且只能直角转弯。直角距离为两点坐标的 X 和 Y 之差的绝对值相加。

本例设左下角为原点，可得各点坐标为 $A(12,48)$，$B(39,48)$，$C(54,36)$，$D(45,6)$$E(6,15)$，从而 A 和 B 的直角距离为 27 米，同理可以算出其他直角距离，得到距离从至表，见表 5-9。

表 5-9　距离从至表

从	至				
	A	B	C	D	E
A		27	54	75	39
B	27		27	48	66
C	54	27		39	69
D	75	48	39		48
E	39	66	69	48	

（2）物流搬运量按产品来算，即将各产品工艺路线的每一段物流搬运量分别列入从至表对应的方格，然后将不同产品在同一方格中的数据相加，得到物流搬运量从至表，见表 5-10。

表 5-10　物流搬运量从至表

从	至				
	A	B	C	D	E
A		200+400＝600	650	900	
B			600		
C				850	400
D					1 750
E					

（3）以搬运工作量表示的物流强度从至表见表 5-11。

表 5-11　物流强度从至表

从	至					
	A	B	C	D	E	合计
A		16 200	35 100	67 500		118 800
B			16 200			16 200
C				33 150	27 600	60 750

续表

从	至					
	A	B	C	D	E	合计
D					84 000	84 000
E						
						279 750

若按每批次搬运成本为 2 元/米计算，则每件产品的物流成本为 2/50[元/(米·件)]，计算出物流成本从至表，见表 5-12。

表 5-12　物流成本从至表

从	至					
	A	B	C	D	E	合计
A		648	1 404	2 700		4 752
B			648			648
C				1 326	1 104	2 430
D					3 360	3 360
E						
						11 190

该布置方案的总物流强度为 279 750 件，搬运物流总成本为 11 190 元，进行搬运工作量-距离分析，发现 D、E 车间物流量大，费用高，且距离远，不合理，宜改进。

三、物流设施平面布置技术

（一）根据物流强度等级布置各作业单位

已知各作业单位对物流强度权重赋值（$A=6$，$E=5$，$I=4$，$O=3$，$U=2$，$X=1$）及密切联系等级（Total Closeness Rating，TCR），试对下列 5 个作业单位进行合理布置。

各作业单位对物流强度权重赋值及密切联系等级 TCR 见表 5-13。

表 5-13　各作业单位对物流强度权重赋值及密切联系等级

作业单位	1	2	3	4	5	TCR	面积/平方米
1		6	3	2	2	13	20
2	6		3	4	4	17	40
3	3	3		2	2	10	40
4	2	4	2		4	12	60
5	2	4	2	4		12	

可以根据表中的物流强度等级的具体 TCR 值和各作业单位面积的大小进行分析排序，优先安排物流强度等级，其次以所占面积大小排序，从表中可以看到作业单位 2 的物流强度等级 TCR 值最大，应当优先布置；再以作业单位 2 为中心，与作业单位 2 有 *A* 级密切关系的是作业单位 1，与作业单位 2 有 *I* 级密切关系的是作业单位 4 和作业单位 5，当物流强度

一致时，应考虑面积，面积大的优先排，作业单位 4 的面积更大，故应当优先布置；再布置与作业单位 2 有 O 级密切关系的作业单位 3，最终顺序为 2-1-4-5-3，按照这个顺序确定最终的平面布置。布置过程与结果如图 5-9 所示。

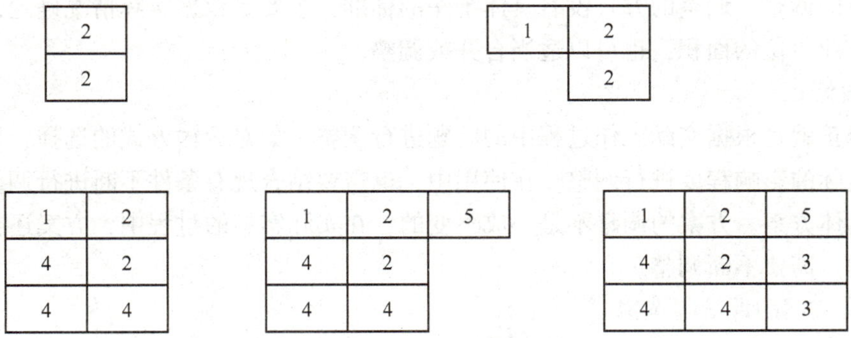

图 5-9　布置过程与结果

（二）作业单位相互关系分析

1. 建立作业单位综合相互关系表

工厂中，实际情况比较复杂，涉及的因素比较多，作业单位之间的关系比较复杂，各作业单位之间既有物流作业的关系，又有非物流作业之间的关系，而且经常出现不一致的情况。为了能够确定各作业单位之间的密切程度，必须将物流表和非物流表进行合并，形成作业单位综合相互关系表，从而实现各作业单位的合理布置。

（1）根据物流（m）和非物流（n）对作业单位的重要性进行加权取值，赋予相应的权重，一般情况下 $m:n$ 不应超过 1∶3 或 3∶1，因为当二者的比值大于 3 时，物流关系在所有关系中占主导地位，当二者的比值小于 3 时，说明非物流关系占主导地位。当一方占主导地位时，其他就可以忽略不计。当二者的比值在 1 和 3 之间时，通过加权的方式进行计算。

（2）计算综合相互关系。根据二者的等级进行量化，得出具体的数值，并根据相应的权重进行加权求和，计算出综合相互关系。

（3）划分综合相互关系的等级。经过量化计算获得的仅是数值，还需要根据数值进行相应等级的划分，才能最终建立作业单位综合相互关系表。

2. 作业单位位置相互关系分析

在 SLP 方法中，作业单位相互关系分析不考虑物流量，也不考虑作业单位的面积及形状等，只考虑作业单位的密切程度。一般而言，关系密切的作业单位距离近，关系不密切的作业单位的距离比较远。

3. 面积的确定

在规划设计过程中，数据的获取和计算是从理论层面上进行的，但是实际应用中有很多与理论不同的地方，比如面积、承重墙的位置等都会导致理论面积与实际使用面积不符，这就需要将理论与实际相结合，进行灵活调整。面积的设定方法有下列几种。

（1）计算法：通过定量计算出各个设备及作业单位所需要的面积，以及消防通道、作业区通道、辅助设施设备的面积，加在一起得到总面积。

（2）标准面积法：采用某种工业标准求得所需的面积。

（3）概略布置法：应用模板或设备模型进行布置并确定面积。

(4) 比率趋向预测法：将过去各个时期每台设备、每个工时或每个单位的面积作为基础，按未来产量和人员的发展预测要求，按比例设定面积。

一般来说，所需要的面积受到各种因素的制约，既有主观的因素，也有客观的因素，应当进行相应的调整，调整的方式没有具体统一的标准，主要是根据实际情况确定，可以适当压缩某些作业单位的面积，也可以适当合并或调整。

4. 布置修正

布置修正就是根据实际工作过程中的问题进行调整，如对运输方式的选择、厂房的特性等因素对实际的影响程度进行调整。在使用中，也需要结合现有条件不断进行调整，得出符合实际的具体方案。方案的调整不是一成不变的，在实际实施的过程中，方案还会受到各种因素的影响，需要不断调整。

5. 布置方案的评价与选择

制定多个布置方案，然后进行筛选。通常人们是从经济因素和非经济因素的角度考虑。对于经济因素，可以通过对数字的分析明确知道具体的数值，也可以采用费用对比法等。对于非经济因素，可以采用优、缺点比较法和加权因素法等。

1）非经济因素评价

方案的优劣有时不能用经济因素进行分析评价，它受多种因素的制约和影响，形成比较典型的非经济因素指标，比如对未来产品的适应性和发展趋势、产品的质量、设备的维修率、工作环境的舒适度、空间的利用率、企业的组织架构以及自然环境等都是非经济因素，同样可以影响方案的整体评价。

2）经济因素评价

经济因素评价是常用的一种评价方法，往往通过具体数值的计算来比较，至于选取什么样的标准，则需要根据具体的问题进行分析。

实训　物流设施规划与设计

【实训背景】

本实训进行行政办公区面积设计。

行政办公区面积设计主要是指非生产部门的工作场所面积计算，如办公室、会议室与档案室等。国家有关部门规定，工业项目所需行政办公及生活服务设施用地面积不得超过工业项目总用地面积的 7%。

(1) 办公室。办公室分为一般办公室和现场办公室两种。其面积大小取决于人数和内部设备。一般设计原则如下：办公室通道约为 0.9 米，每人办公面积为 4.5~7 平方米，可用隔断进行隔离，两桌间距离为 0.8 米。桌子与档案设备通道为 1~1.5 米，现场管理人员办公室面积为 6~18 平方米，主管领导办公室面积为 14~28 平方米，单位领导办公室面积为 28~38 平方米。

(2) 档案室。档案室是保管文件的重要设施，除档案架或档案拉柜空间之外，应留通道和档案存取空间。为方便抽屉拉出应留 1.2~1.5 米的通道。

(3) 网络控制与服务器室。中规模的控制机房面积约为 80 平方米。

(4) 接待室。接待室面积以 28~38 平方米为宜。

(5) 会议室。会议室的会议桌可采用长方形、U 形、H 形或环形排列。有办公桌的会议室，按容纳 15~20 人设计，面积为 80~90 平方米；无办公桌的会议室，按容纳 50 人设计，面积为 90~100 平方米。

(6) 休息室。休息室面积根据员工数和作息时间而定。物流配送中心不允许吸烟，为此可在特定地方设立吸烟室。

(7) 驾驶员休息室。在出入库作业区附近可设立驾驶员休息室，以便驾驶员装卸或等待表单。

(8) 洗手间。一般情况下，男厕大便器 10 人以下设置 1 个，10~24 人设置 2 个，25~49 人设置 3 个，50~74 人设置 4 个，75~100 人设置 5 个，超过 100 人时，每 30 人增加 1 套，女厕每 15 人设置 1 套。

(9) 衣帽间。衣帽间供员工更换衣服和保管个人物品之用，在库存区外设立衣帽间，每人 1 个格位，并配有格锁。

(10) 食堂。除餐厅外，食堂还应另设生活用品门店，为员工提供生活服务。餐厅按高峰期人数考虑，每人分配 0.8~1.5 平方米。厨房面积为餐厅面积的 22%~35%。

【实训目的】

通过以上需求合理规划行政办公区，使各区域布局合理，充分利用面积，锻炼学生的动手能力和规划能力。

【实训组织】

(1) 自由组合，组成若干小组。

(2) 各组自行设计，根据上述要求，进行合理规划和布局。

(3) 展示实训过程，并说明设计的理由和依据。

【实训评价】

从各组的团队配合情况、计算的准确性、布局的合理性、态度等方面进行综合评价。

【项目测评】

一、判断题

1. 以静止的观点作为出发点是物流设施规划与设计的原则之一。（　　）

2. 减少或消除不必要的作业是配送中心规划与设计的原则之一。（　　）

3. 凡是与物流比较密切的活动以及所用设施的规划与设计，都可以视为物流设施规划与设计。（　　）

4. 一般而言，将物料分类控制在 5 类左右最好，最多不超过 10 类。（　　）

5. B 类物料占总品种数的 20%左右，物流量占总物流量的 20%左右。（　　）

二、单选题

1. 一般（　　）物料占总品种数的 5%~10%，物流量占总物流量的 70%以上。

A. B 类　　B. A 类　　C. D 类　　D. C 类

2. 物流强度等级最大的是（　　）。

A. A 级　　B. E 级　　C. U 级　　D. O 级

3. 生产路线指一般用（　　）等进行表示，以便于人们理解和操作。

A. 生产布置图　　B. 设计规划图　　C. 生产作业图　　D. 工艺流程图

4. 物流设施规划与设计的阶段排序正确的是（　　）。
A. 总体规划—详细规划—规划实施—规划后—预规划—确定方针
B. 预规划—总体规划—详细规划—规划实施—规划后—确定方针
C. 预规划—确定方针—总体规划—详细规划—规划实施—规划后
D. 详细规划—规划实施—规划后—预规划—确定方针—总体规划
5. 物流设施规划与设计的内容包括设施场址选择和（　　）。
A. 重心法　　B. 设施内部系统布置设计
C. 定性分析法　　D. 整数规划法

三、多选题

1. 根据缪瑟的工厂系统布置设计（SLP）理论，下列属于工厂系统布置设计基本要素的是（　　）。
A. 产品 P　　B. 产量 Q　　C. 生产路线 R　　D. 生产时间安排 T
2. 物流中心的规划与系统布置要素包括（　　）。
A. 配送对象或客户　　B. 商品种类
C. 商品的数量　　D. 物流成本
3. 计算物流量的方法包括（　　）。
A. 物流当量　　B. 玛格数法
C. 重心法　　D. 量本利模型
4. SLP 方法中将物流强度转化成五个等级，分别用符号（　　）和 U 来表示。
A. A　　B. E　　C. I　　D. O
5. 布置方案的评价与选择包括（　　）。
A. 自然评价　　B. 投入评价
C. 非经济因素评价　　D. 经济因素评价

项目六　应用物流智慧仓规划设计

【项目介绍】

了解智慧仓在生活中的主要应用场景，理解智慧仓设备配置的原理及方法，掌握智慧仓布局规划的要点，能够独立完成智慧仓的布局规划。

【知识目标】

(1) 了解智慧仓的概念和主要应用场景；
(2) 掌握智慧仓设备的配置过程；
(3) 熟悉智慧仓的主要规划区域。

【技能目标】

(1) 能够根据智慧仓的实际情况进行设备配置；
(2) 能够完成智慧仓的布局规划；
(3) 掌握智慧仓布局规划的要点。

【素质目标】

明白智慧仓在生活中的广泛应用，并通过努力学习掌握智慧仓的相关知识，提升自身的技能，提高团队合作意识，发扬创新精神。

【项目导学】

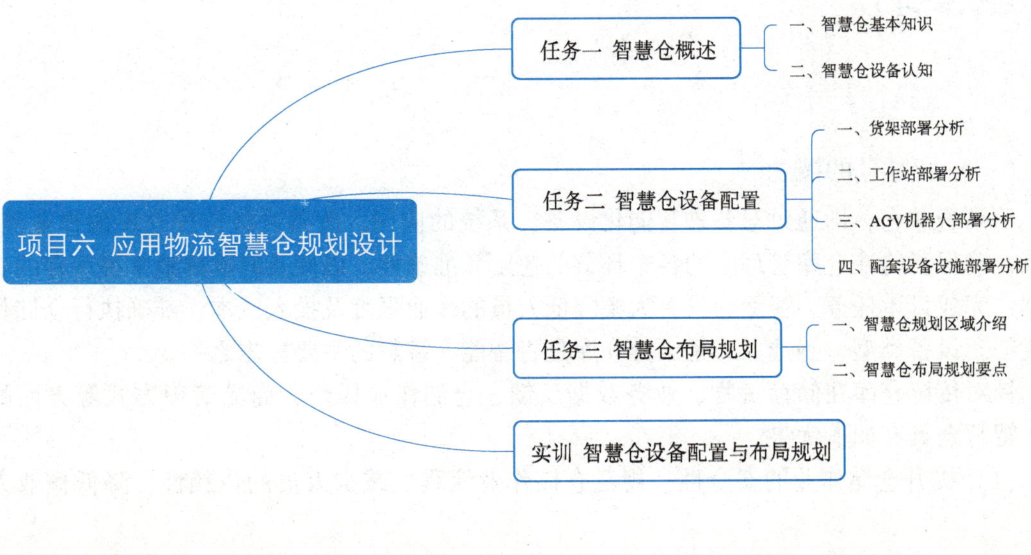

任务一　智慧仓概述

【任务描述】了解智慧仓的概念及应用场景，理解 AGV 机器人的主要运作优势及作业流程、拣选工作站的工作原理。

【任务分析】学生对智慧仓有一个正确的认识，熟悉智慧仓的应用场景。教师通过讲解智慧仓的工作原理，让学生明白 AGV 机器人和拣选工作站的工作原理。

【相关知识】

智慧物流　　AGV 自动化方案

案例引入

苏宁物流与小米的合作始于 2021 年 2 月，苏宁物流承接小米南京 RDC 仓运营，负责江苏、安徽等地小米经销商调拨出库业务、线上 B2C 订单出库业务。双方围绕全链路解决方案的升级进一步深化合作，苏宁物流为小米打造的智慧仓配中心正式上线。该智慧仓配中心上线一个月以来，发挥智慧云仓的科技优势，通过定制的全链路解决方案，在入库、打单、拣选、打包、出库等全环节精益求精、高效运行，不断为小米提升供应链物流效率，而且通过提供去前电联、送货上门、开箱验货等服务，为广大小米客户带去更好的物流服务体验。

该智慧仓配中心库内面积为 15 000 平方米，日常发货量为 16 万件，高峰时可达 25 万件，承接小米零售商、经销商调拨出库业务，线下门店以及线上 B2C 订单的全部履约任务，服务范围覆盖江苏、安徽等周边区域。

思考：智慧仓同传统仓库的区别有哪些？

【知识学习】

一、智慧仓基本知识

（一）智慧仓的概念

所谓智慧仓，即通过对各种智能化设备、系统的应用，改善升级传统仓库的作业流程、场景，确保货物在仓库管理中的各个环节的速度和准确性，以便及时准确地掌握库存的真实数据，完成订单任务。智慧仓具有大幅降低人员的作业强度及投入成本，准确执行仓储作业等优势。设备类型、拣选方式是区分仓库是否智能、智慧的主要标志之一。

针对传统仓库在储存货物、业务数据反馈、仓储作业操作、商品管理方式等方面的不足，智慧仓具有如下优势。

（1）提升仓储作业的安全性，规范仓储作业流程，减少人员的依赖性，降低作业人员的劳动强度。

(2) 减少商品库存，提升仓库货位利用率。

(3) 提高仓库的作业效率。

(4) 提高订单完成度和准确率。

(二) 智慧仓作业场景

智慧仓目前主要分为3个作业场景，即P2P智能搬运模式、GTP货到人模式、OTP订单到人模式。

1. P2P智能搬运模式

P2P是指点到点的搬运，一般用于工厂场景较多，例如将物料从流水线的a处搬运至b处。根据项目的不同，P2P智能搬运模式的复杂程度不同。P2P智能搬运模式在智能工厂中被广泛采用。在智能工厂中经常会存在上、下游物料供应的业务，上游多个生产线产出的物料，需要运送给下游多个生产线使用，如图6-1所示。

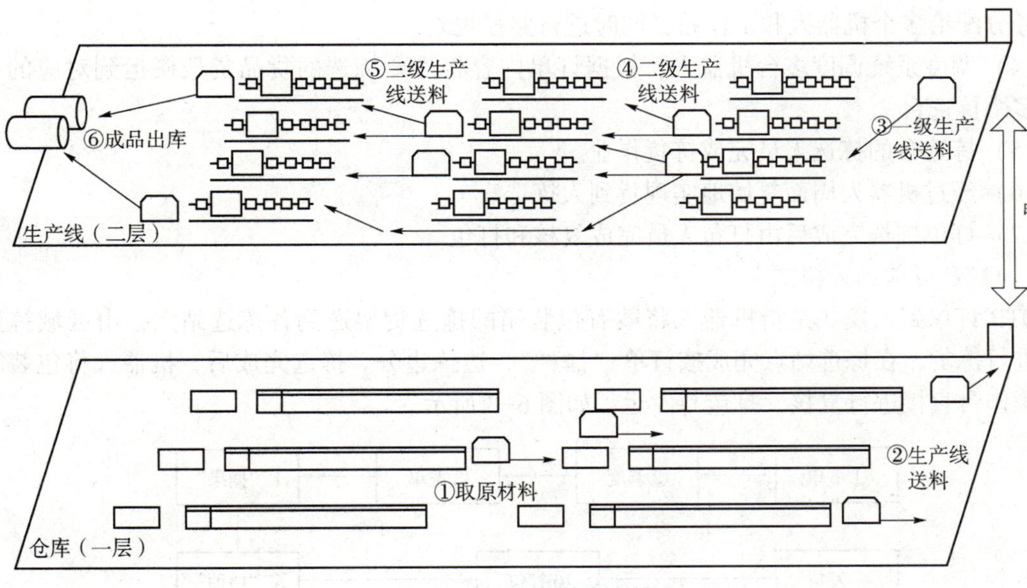

图6-1 P2P智能搬运模式

P2P智能搬运模式的作业流程如下。

(1) 上游生产线呼叫机器人把摆放在货架上的物料运走。

(2) 系统同时接收下游生产线的物料需求，在系统中进行需求排队。

(3) 机器人到上游生产线搬运物料准备完成的货架。

(4) 机器人搬运货架前往当前需要该物料的下游生产线。

(5) 下游生产线取出所需物料，放行（还有其他需求方且物料还有剩余）或释放机器人（没有其他需求方或物料无剩余）。

(6) 被放行的机器人前往下一个需求方生产线，搬运完物料后重复上一步骤。

(7) 被释放的机器人搬运空货架回到原来的出发位置，放下货架，等待下一次物料搬运呼叫。

达能作为一家跨国食品公司，把“通过食品，为尽可能多的人带来健康”作为企业使命，在健康食品的四个领域开展业务：鲜乳制品、饮用水和饮料、生命早期营养品和医学营养品。该企业应用 P2P 智能搬运模式，减少了工作量，降低了人工成本。

2. GTP 货到人模式

GTP 货到人模式替代传统人工仓人找货的模式，由机器人根据订单任务将要拣选的货品货架主动搬运到拣选台，拣货人员在拣选台完成拣货；机器人再将货架搬运到下一个拣选台或搬回库存区，如图 6-2 所示。

图 6-2 GTP 货到人模式

GTP 货到人模式的作业流程如下。

(1) 客户下单。

(2) 仓储系统进行订单分析、合单、分拨等处理。

(3) 仓储系统处理完成后将一组订单交由调度系统处理，调度系统根据订单内容将工作任务分配给多个机器人和工作站，同时进行路径规划。

(4) 调度系统调度多台机器人，根据订单内容将需要拣选的货品货架搬运到对应的一个或多个拣选台。

(5) 拣选台的拣选人员完成拣货作业。

(6) 经过机器人周而复始地实现货到人拣选。

(7) 订单拣选完成后由打包人员完成复核和打包。

3. OTP 订单到人模式

OTP 订单到人模式是指机器人将载有包装箱的拣选货架送到各拣选站点，由区域拣选人员进行拣货，在拣选站点完成按订单“播种”，边拣边分。拣选完成后，机器人将包装箱送到操作台直接进行复核、打包与发运，如图 6-3 所示。

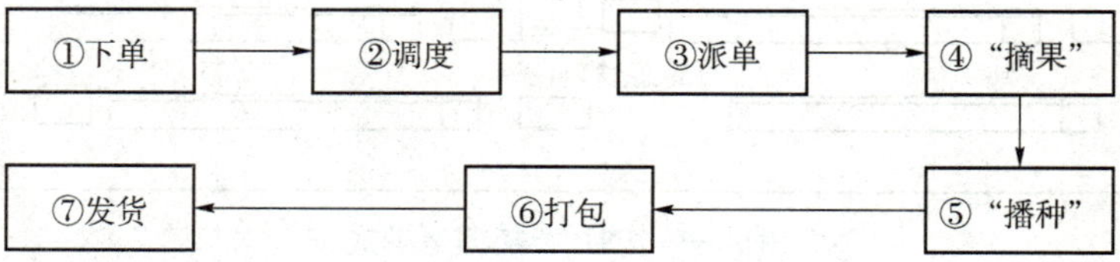

图 6-3 OTP 订单到人模式

OTP 订单到人模式的作业流程如下。

(1) 客户下单。

(2) 仓储系统进行订单分析、合单、并单、分拨等处理。

(3) 仓储系统完成处理后将一组订单交由调度系统处理，调度系统根据订单内容将工作任务分配给多个机器人和拣选站点，同时进行路径规划。

(4) 调度系统经过调度机器人（带着订单任务和一个空的搬运货架）到不同的区域拣选站点完成拣货。

(5) 区域拣选站点的拣货员根据当前机器人的订单任务完成“摘果”和“播种”。

(6) 拣货人员完成任务后，机器人回到下一个或多个拣选站点继续完成拣货。

(7) 机器人完成分配的订单任务后自动回到包装区域。

(8) 包装员卸货并完成复核、打包。

宝洁是世界上最大的日用消费品公司之一，拥有众多深受信赖的领先品牌。宝洁公司产品庞杂、赠品种类多，库内操作精准度要求高，促销频繁，单量巨大，库内作业效率要求高。科捷物流作为中国领先的电商物流运营商，承接部分传统渠道仓配业务以及天猫电商仓配业务。宝洁公司应用 OTP 订单到人模式，使作业准确率高达 99. 99%，效率提升 40%。

二、智慧仓设备认知

智慧仓中的仓储装备是有效实现仓储作业的技术保证，科学有效地运用仓储装备，加强仓储装备的管理，是保证智慧仓高效、低耗、灵活运行的关键。

（一）智慧仓自动化设备认知

智慧仓自动化设备主要实现搬运、拣货、存取三大场景的无人化作业。现阶段智慧仓中常见的自动化设备包括 AGV 机器人、机械臂和自动立体化仓库等。

AGV 机器人指装备有电磁或光学等自动导航装置，能够沿规定的导航路径行驶，具有安全保护以及各种移载功能的运输车。

机械臂是一种能模仿人的手和臂的某些动作功能，按固定程序抓取、搬运物件或操作工具的自动操作装置。机械臂应用在拆/码垛、分拣、拣选等多个环节，进一步提升仓储自动化和无人化水平。

自动立体化仓库又称为高层货架仓库（简称高架仓库），一般采用了几层、十几层乃至几十层的货架来储存单元货物，由于这类仓库能充分利用空间储存货物，故常被称为“立体仓库”。

自动仓库系统（Automated Storage and Retrieval System）是不需要人工处理即可自动储存和取出物料的系统。这个定义涵盖了不同复杂程度及规格的、极为广泛多样的系统。

自动化立体仓库是第二次世界大战之后生产和技术发展的结果。20 世纪 50 年代初，美国出现了采用桥式堆垛起重机的立体仓库；20 世纪 50 年代末 60 年代初出现了司机操作的巷道式堆垛起重机立体仓库；1963 年，美国率先在高架仓库中采用计算机控制技术，建立了第一座计算机控制的立体仓库。此后，自动化立体仓库在美国和欧洲得到迅速发展，并形成了专门的学科。20 世纪 60 年代中期，日本开始兴建立体仓库，并且发展速度越来越快，成为当今世界上拥有自动化立体仓库最多的国家之一。

（二）智慧仓搬运设备认知

GTP 货到人模式的智慧仓一般采用 AGV 机器人作为自动化搬运设备。AGV 的全称是 Automated Guided Vehicle，译为“自动导引运输车”，也可称为 AGV 机器人。AGV 机器人具有行动快捷、工作效率高、结构简单、可控性强、安全性好等优势。在自动化物流系统中，AGV 机器人最能充分地体现其自动性和柔性，实现高效、经济、灵活的无人化物流作业。

在 GTP 货到人模式中，AGV 机器人根据控制系统的指令到达待拣选物品所在的货架下，举起货架搬运至指定拣选台，拣选人员根据订单信息依次完成拣选任务；拣选完成后，AGV 机器人根据指令移动至下一个拣选台或将货架搬回原始位置，从而开始下一个拣选任务，空载的 AGV 机器人可在货架下行走，如图 6-4 所示。

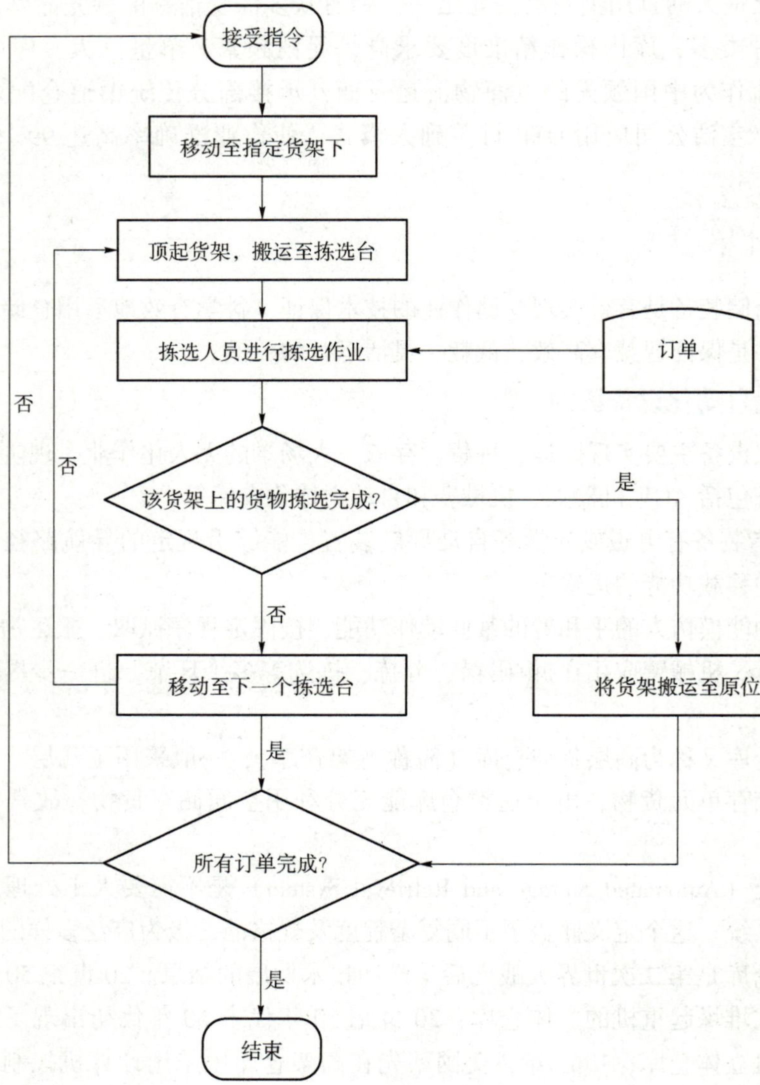

图 6-4 AGV 机器人作业流程

AGV 机器人的主要运作优势是无人化，具有较高的准确性和灵活性，效率高。

（1）无人化：AGV 机器人方便搬运，占地面积小，在人工成本的上涨的环境下 AGV 的无人化、少人化优势越来越明显。

（2）准确性高：一方面 AGV 机器人的行驶路径和速度可控，定位停车准确；另一方面可对 AGV 机器人全程监控，大幅提高了订单任务的准确性。

（3）灵活性高：AGV 机器人可与各类工作场景进行匹配，实现柔性衔接，如图 6-5 所示为专为冷库作业场景开发的 AGV 机器人。

（4）效率高：对于 GTP 货到人模式，可省去货品下架、搬运的时间；AGV 机器人具有自动充电的功能，可实现全天连续工作，提高作业效率。

AGV 机器人以轮式移动为特征，较之步行、爬行或其他非轮式的移动机器人具有行动快捷、工作效率高、结构简单、可控性强、安全性好等优势。与物料输送中常用的其他设备相比，AGV 机器人的活动区域无须铺设轨道、支座架等固定装置，不受场地、道路和空间的限制。

图 6-5　极智嘉 P800 低温版冷链 AGV 机器人

目前，市场上应用广泛的 AGV 机器人导航方式主要有二维码导航、电磁导航、磁条导航、激光导航、视觉导航等。

(1) 二维码导航。二维码导航的原理是 AGV 机器人通过摄像头扫描地面铺设的二维码，通过解析二维码信息获取当前的位置信息。二维码导航通常与惯性导航结合，实现精准定位。惯性导航是利用 AGV 机器人内部传感器（光电编码器、陀螺仪）获取 AGV 机器人的位置和姿态，通常作为辅助定位。

二维码导航的优点是定位精确，小巧灵活，铺设、改变路径较容易，便于控制通信，对声光无干扰。二维码导航的缺点是路径需要定期维护，如果场地复杂，则需要频繁更换二维码，对陀螺仪的精度及使用寿命要求严格，另外对场地平整度有一定要求，价格相对较高。

(2) 电磁导航。电磁导航是一种较为传统的引导方式，通过在 AGV 机器人的行驶路径上埋设金属导线，并加载低频、低压电流，使导线周围产生磁场，AGV 机器人上的感应线圈通过对导航磁场强弱的识别和跟踪，实现对 AGV 机器人的导引。

电磁导航的优点是导线隐蔽，不易污染和破损，导引原理简单可靠，便于控制通信，对声光无干扰，投资成本低。电磁导航也存在一定的缺陷，即改变或扩充路径较麻烦，导线铺设相对困难。

(3) 磁条导航。磁条导航与电磁导航相近，不同之处在于以在路面上贴磁条替代在地面下埋设金属导线，通过磁条感应信号实现导引。

磁条导航的优点是 AGV 机器人定位精确，路径的铺设、变更或扩充相对电磁导航较容易，磁条成本较低。其缺点是磁条容易破损，需要定期维护，路径变更时需要重新铺设磁条，AGV 机器人只能按磁条行走，无法实现智能避让或通过控制系统实时更改任务。

(4) 激光导航。激光导航有激光反光板导航和自然导航两种。

激光反光板导航是在 AGV 机器人行驶路径的周围安装位置精确的反射板，激光扫描器安装在 AGV 机器人车体上。激光扫描器在 AGV 机器人行走的同时发出激光束，发出的激光束被沿 AGV 机器人行驶路径铺设的多组反射板直接反射回来，触发控制器记录旋转激光头遇到反射板时的角度值。控制器根据这些角度值与实际的反光板的位置匹配，计算出 AGV 机器人的绝对坐标，从而实现非常精确的导引。

自然导航是通过激光传感器感知周围环境。自然导航与激光反光板导航不同的是，不需要在 AGV 机器人行驶路径的周围安装用于定位的反射板或反光柱。自然导航的定位标志物可以是工作环境中的墙面、物体等。相比于激光反光板导航，自然导航的施工成本较低、周期都较短。

激光导航的优点是 AGV 机器人能够灵活规划路径、定位准确、行驶路径灵活多变、施工较为方方便、能够适应各种使用环境。

激光导航的缺点是制造成本高、对环境要求较相对较高（外界光线要求、地面要求、能见度要求等）。

（5）视觉导航。视觉导航是通过 AGV 机器人车载视觉传感器获取运行区域周围的图像信息来实现导航的方法。在硬件上需要摄像头、补光灯和遮光罩等支持该种导航方式的实现。在该导航方式下，AGV 机器人在移动过程中用摄像头拍摄地面纹理自建地图，再将在运行过程中获取的地面纹理信息与自建地图中的纹理图像进行配准对比，以此估计移动当前位置，实现定位。

视觉导航的优点：硬件成本较低、定位精确。

视觉导航的缺点：对使用环境（地面、光线等）要求较高，AGV 机器人所运行的地面需要有纹理信息，当运行场地面积较大时，自建地图的时间比激光导航长，而且视觉导航技术还不够成熟。

（三）智慧仓储存设备认知

可移动式货架是配合 AGV 机器人实现低成本智能自动化的仓储货架，具有结构简单、价格低廉、使用方便等特点。可移动式货架在作业过程中具有可以大幅减少重复多余的步骤、减少不必要的人员岗位设置、实现产品质量可追溯等优势，并可以提高储存、分拣等方面的工作效率。

随着电子商务的发展，商家直接面对的是终端消费者，物流由“少品种、大批量”发展到“多品种、小批量”，并且商品到达消费者手中的时间直接影响其购物体验，对仓库的拣选出库作业提出更高的要求，传统仓库的货架形式难以适应这种趋势、满足这种需求，因此，采用可移动式货架实现自动化物流系统乃是大势所趋。

智慧仓中的储存设备是可移动式货架，每个货架之间是独立的，每个货架有多层储位，每一层储位又分为多个货格，可以实现在每一层货架存放不同类别的货品。

相较于其他货架，在规划移动式货架的尺寸时，不仅要参考货品的尺寸、质量，还需考虑 AGV 机器人的尺寸和顶升高度等参数，确保机器人在仓库中行走时货架能够平稳行进，如图 6-6 所示。

在“货到人”模式的仓库中，仓储区域中所存储的商品一般为小件商品，具有体积小重量轻的特点，一般不适合搬运尺寸较长、较重、不易存储的货品。

当货架上的某类商品数量不足时，系统会安排 AGV 仓储机器人搬运货架到补货（入库）站点进行补货操作。为满足众多品种的存储要求，每个种类商品在货架上的存储数量一般较少。

不同的货物储存场景所需的货架具有不同的特点，选择货架类型所考虑的因素如图 6-7 所示。

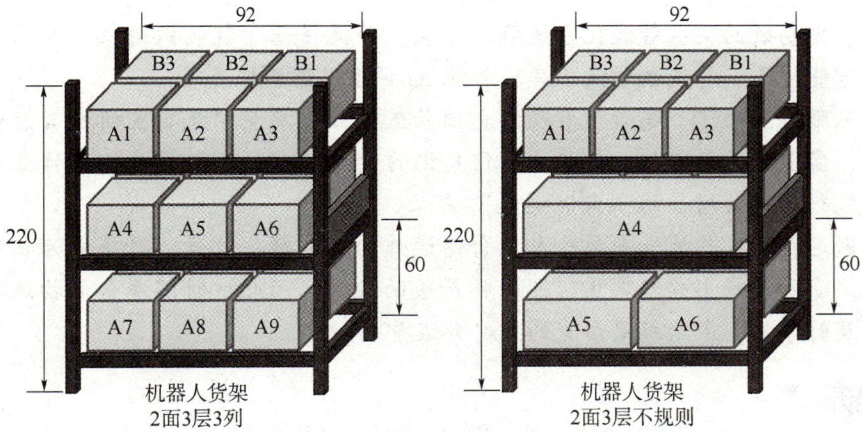

图 6-6　智慧仓可移动式货架（单位：厘米）

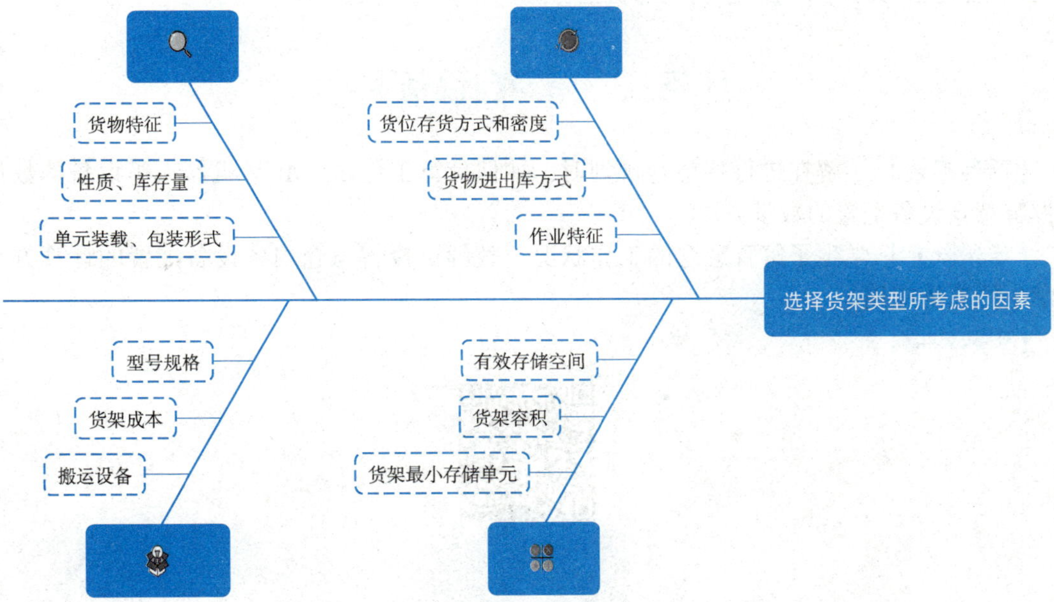

图 6-7　选择货架类型所考虑的因素

（四）智慧仓分拣设备认知

工作站是拣选人员进行拣选、扫描的操作区域，在拣选区域需要设计拣选人员的操作空间、AGV 机器人在拣选台的排队区域和拣选区域。一般每个拣选台安装一个显示屏、货架以及扫描装置，拣选人员根据显示屏提示的拣选信息进行拣选作业，对拣选出的货品进行扫描，系统提示拣选完成。

经典案例

鸿星尔克 AGV 智慧仓

鸿星尔克 AGV 智慧仓的主要业务是通过先进的智能搬运机器人和软件系统为企业提

供精益化、更高效的柔性智能化系统解决方案，并提供基于智能搬运机器人的产品及服务，包括智能拣选、智能收货及出库、智能 AI 调度及品牌服务等。

针对鞋服行业快速、高效、准确的仓储物流特点，鸿星尔克自主研发智能仓储物流解决方案，实现全场无人化、智能化、信息化的管理模式，有效提升拣选作业效率，不断满足鞋服行业日益增长的“即时送达”需求。

智能搬运机器人作为未来替代人工仓储运作的主要解决方案，必将成为物流作业的主要趋势。受到疫情影响，零售行业面临严峻的挑战，因此适时解决仓储物流问题，保证消费者及时拿货，成为鸿星尔克的战略升级重点。

素质提升

人工智能是未来的发展趋势，我们必须掌握先进的技术才能更好地为社会提供服务，学习的新的技术，掌握新的技能，为国家做出新的贡献。

任务二　智慧仓设备配置

【任务描述】了解在进行智慧仓规划时，如何计算工作站、AGV 机器人等设备的数量，掌握智慧仓设备配置的数学方法。

【任务分析】学生了解智慧仓的工作状况。教师讲授智慧仓内各设备配置的计算方法，让学生能熟练应用。

【相关知识】

智慧仓

案例引入

近几年最火的零售模式是什么？无疑是直播带货。直播带货需要以强大的物流仓库为基础。仓储、配送等物流模式的推陈出新，使物流变得更快、更智能。作为著名运动服饰企业，鸿星尔克通过引入快仓 Quicktron 智能搬运机器人，使其物流运作效率大大提升，从而更好地适应新零售模式的发展，助力企业战略升级，成为引领鞋服行业发展的标杆。

作为一个拥有 7 000 多家门店的品牌，鸿星尔克在线下消费场景中的优势非常明显，但是随着线上消费成为常态，当前销售模式也呈现出“快而准”的特点，消费者对收货速度的要求越来越严格。即时送达，已经成为各大电商平台和零售品牌的核心竞争力之一。

鸿星尔克通过使用智能搬运机器人仓库业务提高企业物流效率，将智能搬运机器人作为未来替代人工仓储运作的主要解决方案，提高数字零售的运营效率。

【知识学习】

在一个典型的智慧仓规划中，除储存、搬运设备等必须考虑的要素外，还需要考虑在智慧仓内部署的作业位（停车点）、等待位、充电桩的数量。下面在进行智慧仓规划时，如何部署货架、工作站、AGV 机器人等设备。

一、货架部署分析

（一）货架数量的确定方法

在给出货架规格、目标储存量及所有商品的体积及质量等既定条件的前提下，行业内通常会按照以下公式计算智慧仓内货架的数量：在所有商品的规格列表中，以货架货格的规格为标准，筛除体积过大的商品信息，并对剩余商品进行平均单件体积的计算。

根据货架总体积，计算货架容量：

货架容量(件)=(货架总体积×货架储存空间系数)/平均单件体积

计算货架数量：

货架数量=目标储存量/货架容量

注意：在进行货架数量的计算时，需要考虑商品在仓内的周转期，以确保周转期内商品的库存。

（二）货架型号的选择

若给出多种不同型号的货架，可依据商品或货架的物理属性及投入成本等相关要素进行综合选择。

例如，A 型号的货架，可承载 X 件商品，单个货架成本为 y_1，满足仓库储存量需投入 n 个货架，投入成本为 c_1。B 型号的货架，可承载 Q 件商品，单个货架成本为 y_2，满足仓库存储量需投入 m 个货架，投入成本为 c_2。若 $c_1>c_2$，则可选取 B 型号的货架为仓库使用的货架；反之，可选取 A 型号的货架为仓库使用的货架。

（三）分析货架占用空间

确定仓库内货架数量后，结合货架面积与仓库面积的大小，分析货架在仓库内的占用空间：

货架占用面积=货架数量×单个货架的面积

若货架面积大于仓库面积，则仓库无法容纳货架；若货架面积小于仓库面积，则需考虑货架面积在仓库内的占比情况，综合判断。

二、工作站部署分析

（一）确定基准天

基准天即现状数据的采集天，后续以该天为基础进行规划。

在进行智慧仓内工作站的规划时需要根据具体的出库量等信息进行规划，在确定规划所需的出库量时，可以依据历史订单数据进行智慧仓内工作站的规划，也可以预测的业务量（出库量）为基准进行规划。

在以历史数据为依据进行规划时，需要根据相应的规则在历史订单数据中选取某一天的数据为基准，即确定基准天；若规划是以预测的业务量为基准，则需根据历史数据对未来趋势进行合理预测。

在进行工作站的规划计算时，行业内通常会假定出库量等于入库量，根据考虑要素的不同，一般有以下几种基准天的确定方式。

（1）着重考虑成本：在该情况下，在剔除订单峰值后，以历史订单的均值为基准进行规划。

（2）着重考虑效率：在该情况下，以历史订单峰值前后几天的均值为基准进行规划。

（3）综合考虑成本和效率：在该情况下，可对历史出库量进行降序排序，取列表中的前 20%~30%，选取其中一天的订单数据为基准进行规划，可保证基准天处于订单峰值和订单均值之间，较好地满足日常订单处理的需要。

（二）工作站的确定

智慧仓内的作业人员只需在工作站等待货架被运送至工作站，随后进行商品拣选（B2C 业务需播种）作业。

B2B 业务 SKU 少，批量出库，且出库量大，AGV 机器人只需将货架搬运至工作站由人工完成批量下架数量清点，确认拣选完成。

B2C 业务 SKU 多，出库量小，相对 B2B 业务需要增加“播种墙”，在工作站完成至最小订单。AGV 机器人通常在 B2C 业务中处理订单数量相对较少、SKU 多、拣选难度大的作业。

在智慧仓内，主要是在工作站处完成订单的拣选作业，工作站数量的确定与其自身的作业效率息息相关，在确定工作站数量时，需要根据基准天的订单出库数量与工作站的拣选效率，推测所需的工作站数量。

工作站效率的确定与 AGV 机器人在工作站处单次作业耗时相关；可依据选定基准天的日出库量与日工作时间计算出每日工作站最大效率，初步判断工作站效率。

$$行件数=出库量/订单行数$$

$$拣选工作站的数量=出库数量/(拣选效率\times每日工作时间)$$

$$入库工作站的数量=入库数量/(入库效率\times每日工作时间)$$

说明：行件数即平均每行订单所包含的件数，若行件数为 1，说明每行订单大约包含 1 件商品，每次拣选动作只需完成 1 件商品的拣选，可代表拣选效率的高低。

在智慧仓内，入库环节可理解为补货作业，对出库货品的补货作业，其效率在一般情况下大于出库作业的效率。

三、AGV 机器人部署分析

AGV 机器人在执行任务中所采取的作业方式为双指令循环方式。以一个 AGV 机器人为对象，绘制其在仓内的路径，如图 6-8 所示。由图 6-8 可知，AGV 机器人在仓内的路程主要有以下三个部分。

（1）往返于货架与工作站的路程（虚线）；

（2）拣选区域的路程（实线）；

（3）去往下一个货架的路程（点状线条）。

通过对 AGV 机器人在仓库内行走路程的分析，可依据不同的计算标准来计算智慧仓所需的 AGV 机器人的数量。

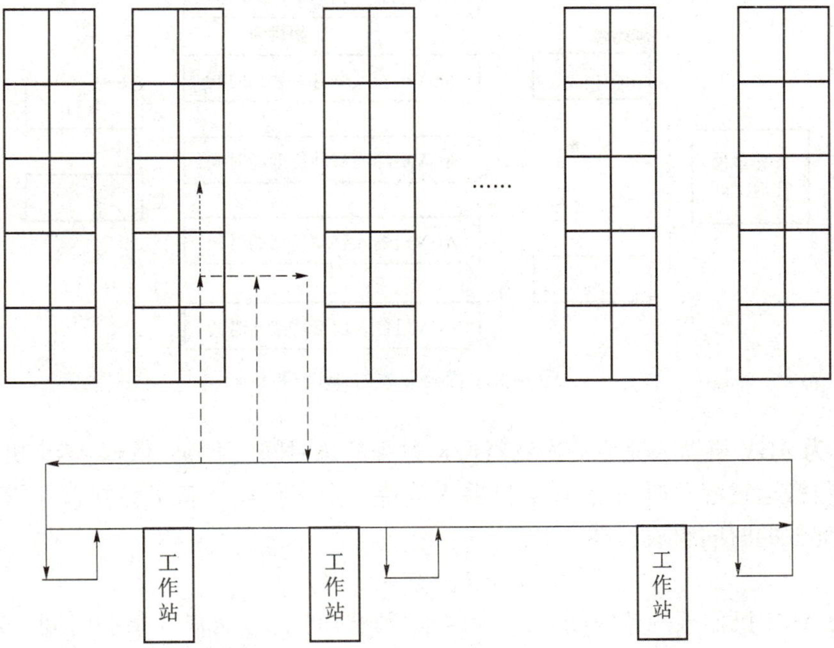

图 6-8 AGV 机器人在仓内的主要路程

在 AGV 机器人进行作业时，一般会将区域分为入库区域和出库区域，且两个区域的 AGV 机器人通常不会混用，即出库区域的 AGV 机器人只适用于出库作业，入库区域的 AGV 机器人只适用于入库作业，因此在计算时需要分别计算用于出库作业和入库作业的 AGV 机器人。

方法一：智慧仓所需 AGV 机器人的数量可依据仓内工作站数量以及工作站所需的 AGV 机器人数量综合确定。

工作站所需 AGV 机器人数量=（货架单次作业往返时间/工作站单次作业耗时）+1

货架单次作业往返时间：通过对货架单次作业的流程进行动作拆解，综合得出，即：

AGV 机器人到达货架时间+顶举货架时间+释放货架时间+到达工作站时间+返回货架区时间

工作站单次作业耗时=旋转货架时间+工作站切换时间+单件拣货时间×命中件数

$$\begin{matrix}\text{智慧仓内 AGV} \\ \text{机器人总数}\end{matrix} = \begin{matrix}\text{入库 AGV} \\ \text{机器人数量}\end{matrix} + \begin{matrix}\text{出库 AGV} \\ \text{机器人数量}\end{matrix} + \begin{matrix}\text{充电桩备用 AGV} \\ \text{机器人数量}\end{matrix}$$

对 AGV 机器人在智慧仓内的三个部分的路程进行细化，可将货架在智慧仓内的单次往返时间分为取货架、送货架两个部分，如图 6-9 所示。

AGV 机器人到达货架的时间：AGV 机器人从起始位置到达货架的时间。

货架的移动时间可细分为直行和转弯两个部分。

直行时间：（1/2 智慧仓的长+1/4 智慧仓的宽）/AGV 机器人的行驶速度。

转弯时间：根据行业经验，AGV 机器人在智慧仓内的转弯次数一般为 4~5 次，每次的时间为 2~3 秒。

方法二：将具体问题归纳整理成数学模型，通过对数学模型的求解，计算出 AGV 机器人的数量。

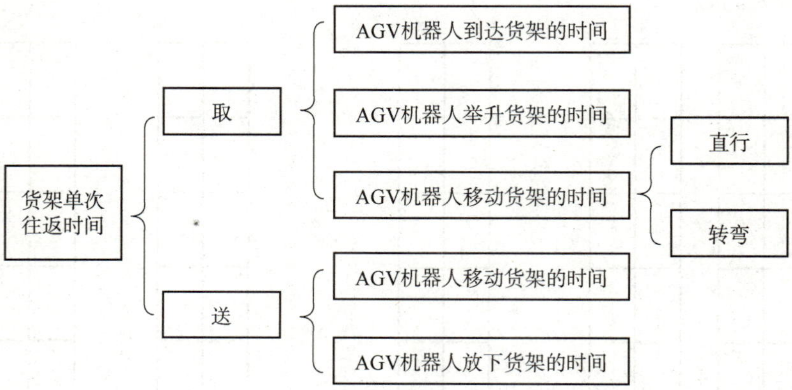

图 6-9 货架单次往返时间

定义 T_R 为 AGV 机器人完成一次物料搬运过程的总时间（秒），依据 AGV 机器人搬运物料流程，物料搬运过程总时间由 AGV 机器人等待、空车行驶、满车行驶以及货架装载卸载时间这几个部分的时间组成，即

$$T_R = T_W + T_K + T_M + T_Z$$

其中，T_W 为 AGV 机器人等待时间，T_K 为空车行驶时间，T_M 为满车行驶时间，T_Z 为货架装载卸载总时间。

定义 μ 为物料需求时间（单次响应时间间隔），即每隔 μ 秒会产生一个任务（需要进行搬运），计算出每小时 AGV 机器人需要搬运的任务次数为

$$C_A = 3\,600/\mu$$

AGV 机器人完成每小时预定的所有任务（C_A）所需要的总时间为

$$T_A = C_A \times T_R$$

若 AGV 机器人每运行 50 分钟需要充电 10 分钟，即每小时工作 50 分钟，因此 AGV 机器人数量的基本计算公式如下：

$$N = T_A/50$$

方法三：除上述两种方法外，通过对 AGV 机器人在智慧仓内与拣选/入库相关的动作及用时分析，结合工作站作业效率及命中件数等条件，也可计算出智慧仓内 AGV 机器人的数量。

配送节拍=运行时间+等待时间+工作时间+工作站切换时间+旋转时间

运行时间=平均运行距离/平均速度

平均运行距离=最远来回路程×60%

工作时间=单件所需时间×命中次数

等待时间=工作时间+工作站切换时间+旋转时间

货架拉动次数（小时）=3 600/配送节拍

AGV 机器人数量=工作站作业效率/（拉动货架次数×货架单次命中件数）

注意：拉动货架次数，即货架搬运次数。

在智慧仓内，AGV 机器人型号的确定，通常 AGV 与机器人自身的物理性质相关，如 AGV 机器人的尺寸、承重情况、运行速度等因素；AGV 机器人的尺寸需要与货架的面积尺寸相适应；AGV 机器人的自身高度要与货架的底层高度相适应。

在确定 AGV 机器人的型号时，若成本相差不大，则优先考虑上述因素，判断哪种型号更能满足需求；若各型号的成本相差过大，则可着重某一因素进行综合判断，择优选取。

四、配套设备设施部署分析

在以 GTP 货到人模式为主的智慧仓中，受出、入库流量以及 AGV 机器人数量的影响，为了保证出、入库作业的有效运行，通常会在拣选台设置若干等待位。

拣选位上的 AGV 机器人进行拣选作业时，后面的 AGV 机器人从入站处进入作业区域，并在等待位处进行等待，前方 AGV 机器人完成拣选作业后，向前移动一个位置，直至拣选完成进入主通道出站。

根据企业经验，一般将 AGV 机器人等待位的数量设置为工作站所需 AGV 机器人数量的 0.3 倍。

为确保智慧仓内 AGV 机器人能够不受自身电量的影响顺利完成拣选作业，通常会在智慧仓内设置专门的充电区域，配套适量的充电桩，且充电区域的每个充电桩上会留有一辆充电备用的 AGV 机器人。

一般依据 AGV 机器人的数量将其与充电桩的比例设置为 4∶1，即每 4 辆 AGV 机器人配置 1 个充电桩。

经典案例

武夷山茶叶的智慧仓储

近年来，武夷山市组织有关气象环境专家、茶叶专家，在茶叶的智慧仓储环境监控系统中，运用物联网技术，实现茶叶保鲜功能。

该智慧仓储系统可实现茶仓小气候的在线监测、远程智能控制、茶山到茶仓产业链溯源、基地产品追溯和智慧货架管理等功能。武夷山市气象局农业气象专家吴灰全表示，该智慧仓储系统将为茶叶储藏研究、茶叶供应链建设提供大数据，协助科学储藏。

据悉，与传统的温/湿度测量仪相比，该智慧仓储系统的温/湿度监测装置具有以下三个方面的优势。

（1）精确。智能茶仓的温/湿度监控设备以储存和运输环境为重点，符合茶叶经营质量管理规范，操作精确，质量可靠。

（2）智能记录报警功能。智能茶仓温/湿度监控终端具有多种自动报警方式，可实现短信报警、声光报警，甚至微信报警等功能，还可自动记录历史数据并可让茶商有效地掌握智能茶仓的温/湿度数据。

（3）灵活运用。智能茶仓温/湿度监控系统可一台终端单独使用，也可多台设备分级组网。对于大型仓库、布局较复杂的仓库，温/湿度监控软件中的仓库监控图可实时显示各监测点的数据，也可通过“延长线材+活接探头”实现对茶叶包装内部的精细监控。

利用物联网、大数据等技术，对岩茶生产源头溯源、对仓储环境进行智能管理，既能把茶叶存储好，又能提升茶叶的市场价值，更好地促进茶叶流通，帮助茶农增收，促进茶叶产业的发展，更好地对茶叶的进行智慧仓储。

资料来源：https://www.tuya.com/cn/industry-details/Kaqvz8x0xjx90。

素质提升

智慧仓储可以提高作业的效率，提高货物周转的速度，智能设备的操作需要更多懂技术和懂操作的人才，只有不断的学习才能满足智能化人才的需求，提升我国的综合国力。

任务三　智慧仓布局规划

【任务描述】根据智慧仓中AGV机器人要实现的不同功能，对场地进行大致的区域划分，明确各区域的功能，掌握智慧仓布局规划的要点

【任务分析】学生对智慧仓布局规划有一个大致的认识。教师引导学生学习掌握智慧仓布局规划的要点。

【相关知识】

智慧仓规划与设计

案例引入

2020年11月，高济医疗周口物流中心项目正式投入使用，总建筑面积为22 000平方米。高济医疗周口物流中心采用四层楼库设计，其中一层采用穿层设计，设有入库收货区、整托盘储存区、分拣集货区、发货区、冷库；三层和四层布局相同，设有GTP货到人拣选作业区、复核作业区、储存区（用于补货）。

GTP货到人拣选作业区使用了近百台快仓第三代潜伏式移动机器人，负责为多个拣货工作站运送货架。目前每个工作站能达到200订单行/小时以上的拣货效率，出货效率是传统人工作业的2~3倍，未来还有更大的提升空间。

思考：如何看待高济医疗周口物流中心的布局设计？

【知识学习】

智慧仓储有很多种布局方式，根据不同的行业环境、设施环境等，又会有不同规划结果，但从大的分类上看是有规律可循的。在智慧仓布局规划中既要关注细节，也要注意顶层设计。仓储是物流系统的一个战略节点，仓储规划的局限性会影响整个物流系统的全局性。

一、智慧仓规划区域介绍

在规划设计之前，根据智慧仓中AGV机器人要实现的不同功能，对场地进行大致的区域划分，明确各区域的功能，如图6-10所示。

（1）运行区。运行区是AGV机器人工作的主要区域，该区域需要根据规划方案覆盖地面二维码。

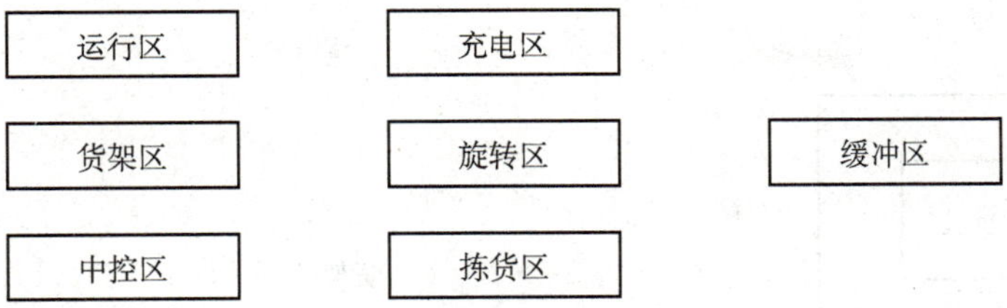

图 6-10　智慧仓的主要工作区域

（2）货架区。货架区用于存放货架，注意货架之间要适当预留导航空间。

（3）中控区。中控区用于存放服务器、监控设备、无线控制器（AC）及 POE 交换机等支持 AGV 机器人运行的相关设备。中控区离导航区不宜太远，因为 POE 交换机供电距离有限（<100 米）。中控室位置位于地图外部，不占用地图空间。

（4）充电区。充电区是 AGV 机器人充电的地方，同样需要覆盖二维码。充电区应保证良好的通风消防条件。充电桩位置应该尽量靠近 AGV 机器人运行区域，以提高系统效率，充电桩不能位于主干道上，否则 AGV 机器人充电时会导致道路拥塞。充电区还要考虑供电和消防的需求，要求安放位置能够提供 220～360 V 交流电，并能够保持良好的通风散热。

（5）拣货区。拣货区用于对接人或其他设备与拣选任务进行交互，主要包含派单工位/上料工位、拣货工位、打包工位/下料工位。这些工作站要进行人机交互，并且要安装必要的电子标签设备（数码电子标签、按钮、扫描枪、PAD 等设备），工作站位置必须避开主干道，在条件允许的情况下可以安排排队等待区。拣货区还需要考虑 iPS（显示屏）设备的供电/充电接口。

（6）旋转区。某些业务场景需要 AGV 机器人带着货架一起旋转，但货架旋转过程会导致货架边缘超出单元格，与其他 AGV 机器人或货架发生碰撞。在调度上应避免货架旋转时发生碰撞，AGV 机器人带货架旋转时会同时将相邻的单元格预留，直到旋转完成才释放，因此，旋转区位置也需要避开主干道。

（7）缓冲区。缓冲区是 AGV 机器人充电完成后的待命区域及备用 AGV 机器人的存放区域，不能位于主干道上，否则会导致道路拥堵。

二、智慧仓布局规划要点

（一）工作站

一般入库工作站和拣选工作站分别位于仓储区域中巷道所对的两端，拣选工作站周围往往还设置用于暂存所拣选商品的料箱等配套设施。

工作站是 GTP 货到人模式的重要一环，要保证有充足的、源源不断的待拣选货架到来，同时也要保证作业完成的货架及时返回库区。

工作站内要有适当的等待位，综合考虑地图大小、订单结构、AGV 机器人硬件性能等，根据经验，每个工作站的等待位数量一般设置为工作站所需 AGV 机器人数量的 0.3 倍。

注意工作站的设置区域，要顺着货架的方向，即图 6-11 所示的左边区域，而不能设计在下方区域，因为左边区域是 AGV 机器人进出货架区域，充足的通道有利于提升搬运时效、避免拥堵。

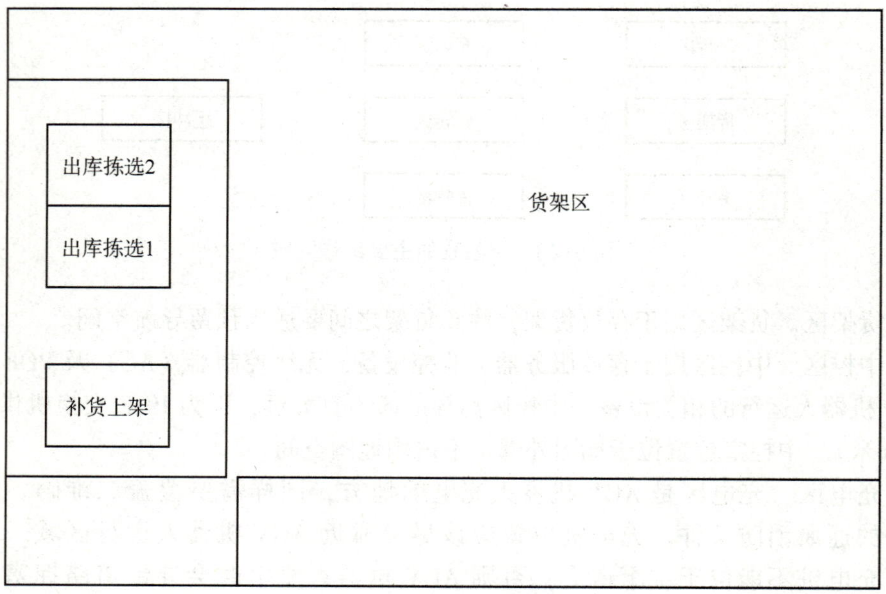

图 6-11 工作站规划布局

（二）货架区

货架区域占整个智慧仓面积的绝大部分，一般设置在智慧仓的中心位置。

货架区用于堆放货架，对于物流仓储场景，场地大部分都被规划为货架区，常规情况下的货架布局，不宜超过 6 个一组背靠背布置，一组背靠背货架不宜过长，每组背靠背货架之间留出导航空间，以便于每个货架能够快速出库，此外根据实际情况进行设置。

一般情况下，靠墙规划一排货架，并留一条通道，这样既能保证空间利用率最大，也可使 AGV 机器人能够进出通畅，如图 6-12 所示。

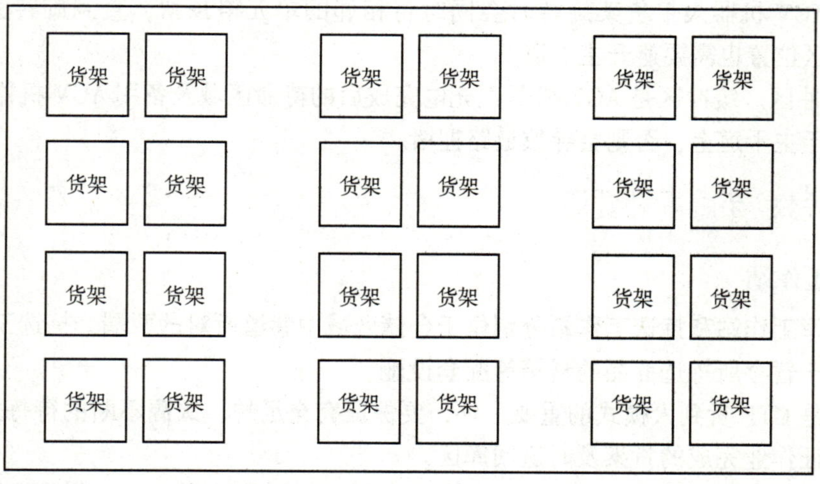

图 6-12 货架区规划

（三）旋转点

在智慧仓内，可以将旋转点设置在十字路口的交叉点处；距离工作站较近的货架可以进入工作站内部的旋转点进行旋转，如图 6-13 所示。

要尽量减少对其他正常通行货架的影响。在货架旋转过程中，可以通过计算判断是否会碰撞其他货架。

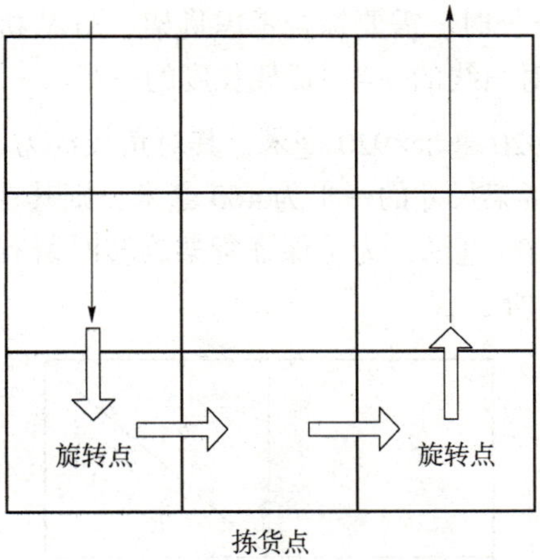

图 6-13　旋转点规划

（四）缓冲区、充电区

一般为了节约空间，缓冲区会安排在第一排货架底下。

充电区一般位于智慧仓的边缘区域，以便于接通墙电。

（五）通道

工作站前的通道为 AGV 机器人行走的主通道，要保证 AGV 机器人能够顺畅地行走，具体要依据智慧仓的大小进行调整。

货架区与工作站之间留 2~3 条高速通道，两条通道可以形成环形路径。

如果只能有一条高速通道，且 AGV 机器人数量大于 1，则最好设置单向行驶。若 AGV 机器人数量为 1 且只有一条高速通道，则可将通道设置为双向行驶。

为保障 AGV 机器人在智慧仓内任意点均能够顺畅运行，避免 AGV 机器人进入某一点后无法移动，AGV 机器人进出工作站应沿着一个方向行走，如图 6-14 所示。

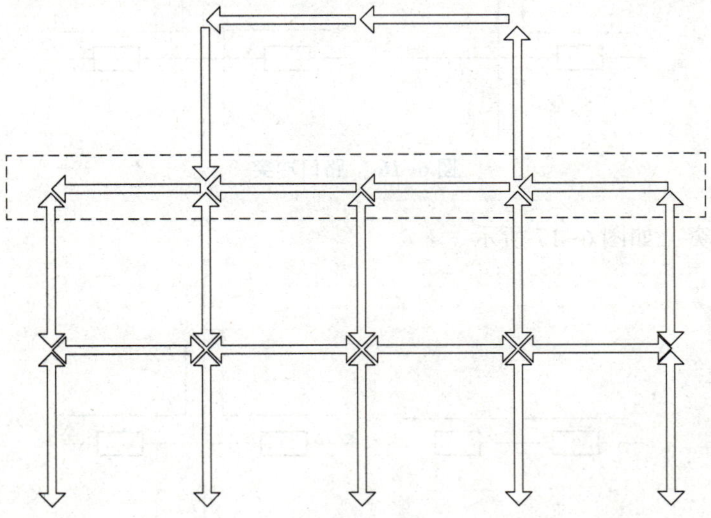

图 6-14　通道规划

（六）步长设置

步长即单个 AGV 器人行走时在智慧仓内所占用的空间大小，通常将其范围设置为 1 000~1 200 毫米。在确定步长时，需要综合考虑货架、AGV 机器人的尺寸以及货架旋转时的长度，步长可理解为货架对角线的一半+货架长度的一半。

例如，货架平面尺寸为 920 毫米×920 毫米，其对角线约为$\sqrt{2\times920^2}=1\ 301$（毫米），对角线的一半为 650 毫米，其货架尺寸的一半为 460 毫米，则其在货架旋转时，需要的最小尺寸为 460 毫米+650 毫米=1 100 毫米，为了保证货架旋转时留有充分的空间，可以将步长设置为 1 200 毫米，如图 6-15 所示。

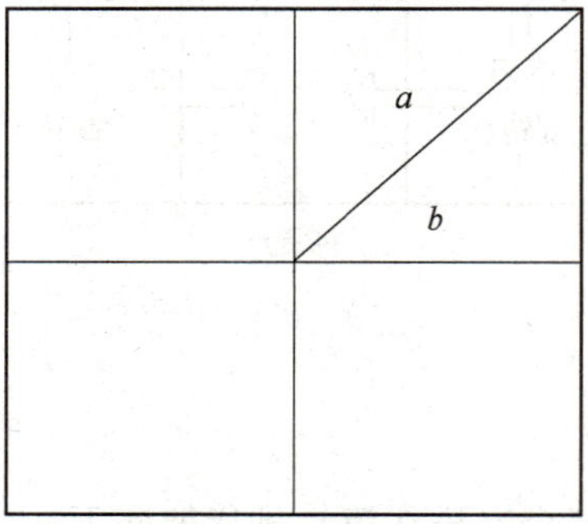

图 6-15 步长设置

图中 a 为货架对角线的一半；b 为货架长度的一半；步长应大于 $a+b$。

（七）行走路径的规划

AGV 机器人的行走路径分为单向路、双向路等。多个 AGV 机器人的行走路径大致有三种基本类型的冲突，即路口冲突、赶超冲突和相向冲突。

（1）路口冲突，如图 6-16 所示。

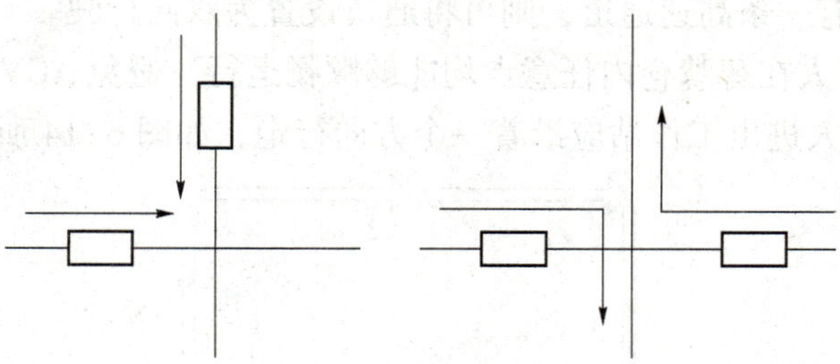

图 6-16 路口冲突

（2）超越冲突，如图 6-17 所示。

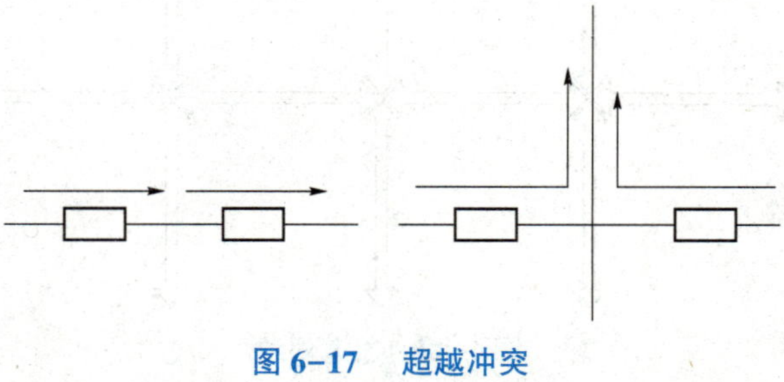

图 6-17 超越冲突

（3）相向冲突，如图 6-18 所示。

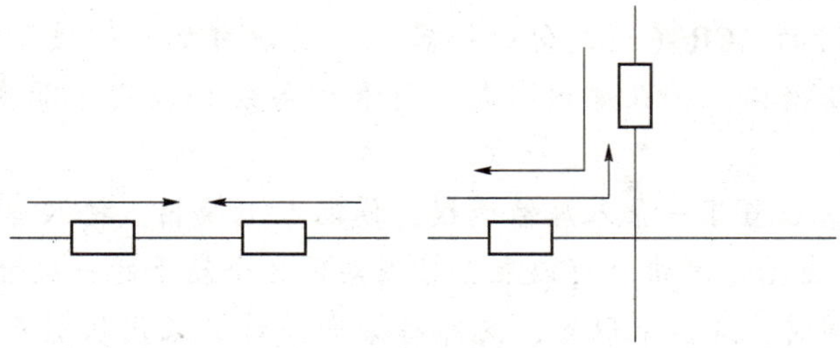

图 6-18　相向冲突

上述三类冲突的本质都是时空重叠问题，即在同一时间两个 AGV 机器人在空间内相遇并发生碰撞。要解决 AGV 机器人运行中的冲突问题，在路线规划、速度设置时，必须解决好这三类最基本的冲突类型，进而保证 AGV 机器人安全顺畅地运行。

经典案例

安踏晋江仓打造新型智慧仓储系统

随着安踏集团 DTC（Direct To Consumer，直接面对消费者）模式的推进，其对供应链能力提出更高要求。为此，安踏集团（以下简称“安踏”）携手海柔创新科技有限公司（以下简称“海柔创新”）共同打造新型智慧仓储系统，通过引入“货箱到人”智慧物流解决方案，使安踏晋江仓实现升级革新。

2020 年 8 月，安踏开始采取 DTC 模式的战略转型，在中国 11 个地区（包括长春、长沙、成都、重庆、广东、昆明、南京、上海、武汉等热门城市）开展混合营运模式，涉及的安踏门店共约有 3 500 家，当中约有 60% 由安踏直营，40% 由加盟商按照安踏新运营标准运营。

一、寻求更加柔性高效的物流系统

据海柔创新鞋服行业解决方案负责人张瑞介绍，近年来拣选作业正在成为困扰诸多鞋服企业仓储作业的最大难点和挑战。DTC 模式对安踏原有的物流体系提出了更高要求，包括更大的拆零作业量和时效性更强的订单交付能力，需要更加柔性、灵活和高效的仓储系统来实现商品的快进快出，提高供应链响应能力，降低库存积压风险。在此背景下，2020 年安踏物流部经过多方考察对比，最终选择与海柔创新合作，在其晋江仓引入“货箱到人”智慧物流解决方案。

二、安踏晋江仓项目概况

安踏晋江仓项目于 2021 年 8 月正式上线。在安踏晋江仓约 4 800 平方米大、5 米高的仓储环境中，海柔创新设计了入库上架区、储存区和拣货作业区。该项目采用“库宝 HAIPICK A42 多层料箱机器人+HAIPORT 自动装卸机+高效的输送线拣选系统”，提供了多套符合人机工程学的高效输送线拣选工作站和入库工作站，其中在 2 000 平方米的储存区中设计了高 11 层的料箱货架，提供了约 20 000 个储位；可满足纸箱、料箱混合入库、拣选、出库业务，适配 2B、2C 两种不同业务形态的订单处理，实现 2 万件/小时的出库流量需求。

三、主要作业流程及特点

安踏晋江仓采用的 ACR（箱式仓储机器人）解决方案，衔接了从入库、上架到拣选、出库的所有作业流程，并在库内布局设计和设备组合应用方面实现了一系列优化，具体如下。

（1）入库作业。设置了一条入库输送线，借助人工换箱，把入库的箱子投到输送线上，通过 HAIPORT 自动装卸机，可以在 5 秒内实现 8 个箱子的一次性装卸，提高了系统的整体作业效率。同时，库区采取冷、热库存分布设计，采用机器人自动搬箱上架的方式取代了传统操作中人工寻找库位入库上架的步骤。

（2）拣选作业。采用了具有一套环形输送线的拣选系统，减少机器人的搬箱次数，一个箱子搬出后可以供给多个工作站进行拣选。将拣选颗粒度细化到料箱，这意味着如果同一个 SKU 大批量发货时，可以把整托盘上的货品拆成多个箱子送至不同的工作站，缩短工作站等待箱子的时间，实现更灵活、更柔性的拣选作业。

四、效果显著

数据显示，安踏晋江仓项目上线后，实现入库产能 1 000 箱/小时，整体出库产能 20 万件/天；出库效率为 20 000 件/小时，是传统人工的 2 倍以上。

事实证明，海柔创新 ACR 解决方案有效推动了安踏仓储物流环节的降本增效，在其升级供应链能力过程中发挥了重要作用。

资料来源：https://view.inews.qq.com/a/20220721A0852300。

实训　智慧仓设备配置与布局规划

【实训背景】

上海美衣服装股份有限公司是一家以线上经营为主的服装企业，该企业引入智慧仓，采用 GTP 货到人模式进行作业。该企业最近打算配置一批智慧仓设备，进行智慧仓布置。

该企业要求综合考虑成本和效率两方面的要素，进行设备数量配置。规划公司给出了仓库、货架、AGV 机器人等设备的基本参数。仓库面积（$L\times W$）为 17 米×17 米，仓库工作时间为 8 小时/天。

以下是根据经验，AGV 机器人在仓库范围内各作业环节分解的作业时间以及基本参数。

（1）AGV 到达货架的平均时间：14 秒。

（2）AGV 平均行驶速度：1 米/秒。

（3）AGV 顶举货架时间：3 秒。

（4）AGV 平均转弯次数：4 次。

（5）AGV 放下货架时间：5 秒。

（6）AGV 平均转弯时间：2 秒/次。

（7）AGV 机器人承重：500 千克。

（8）货架存储空间系数：0.7。

（9）货架规格（$L\times W\times H$）：880 毫米×880 毫米×2 400 毫米。

（10）货格规格（$L\times W\times H$）：430 毫米×280 毫米×300 毫米。

（11）每组货架有 30 个货格，每层每面有 3 个货格，共 5 层，底层可负载 300 千克，其余每层可负载 150 千克。

（12）货架自重：30 千克。

根据经验，入库工作站单次 SKU 作业时间（即一个 SKU 在入库工作站的入库时间）和出库工作站单次 SKU 作业时间（即一个 SKU 在出库工作站的出库时间）如下。

（1）入库工作站单次 SKU 作业时间：5 秒。

（2）出库工作站单次 SKU 作业时间：7 秒。

（3）作业处工作站切换时间：6 秒。

（4）货架旋转时间：5 秒。

请结合以上信息，配置货架、工作站（入库工作站和出库工作站）、AGV 机器人（入库 AGV 机器人、出库 AGV 机器人、备用 AGV 机器人）和配套设备（充电桩、入库等待位、出库等待位）等的数量，再确定所需的设备类型及数量后，还需要根据智慧仓规划要点完成智慧仓布局规划，简单画出上海美衣服装股份有限公司智慧仓的布局示意图。

【实训目的】

通过以上需求合理配置智慧仓设备，规划智慧仓，使各区域布局合理，面积得到充分利用，锻炼学生的动手能力和规划能力。

【实训组织】

（1）自由组合，组成若干小组。

（2）各组自行设计，根据上述要求，进行合理配置和布局规划。

（3）展示实训过程，并说明设计的理由和依据。

【实训评价】

从各组的团队配合情况、计算的准确性、布局的合理性、态度等方面进行综合评价。

【项目测评】

一、判断题

1. 旋转点只能设置在货架区的十字交叉位置，因为那里空间足够大。（　　）

2. 为了充分利用场地空间，在两边都有货架的情况下，在墙角最好也放置一个货架。（　　）

3. AGV 机器人等待位的数量一般设置为工作站所需 AGV 机器人数量的 0.3 倍。（　　）

4. 在确定基准数据的时候一定要考虑历史订单数据中的峰值情况。（　　）

5. 在进行货架适用商品筛选的时候，超出货架和货格体积的商品需要另外储存。（　　）

二、单选题

1. 在仓库面积允许的情况下安置可移动式货架时，最好（　　）个货架为一组。

A. 3　　B. 4　　C. 6　　D. 7

2. 如果仓库的面积非常小，则设置（　　）条主干道更合适。

A. 1　　B. 2　　C. 3　　D. 4

3. 一个货架的规格是 900 毫米×900 毫米×2 200 毫米，储存空间系数为 0.7，则实际存储空间为（　　）。

A. 1.782 立方米　　B. 1.247 立方米　　C. 0.89 立方米　　D. 1.821 立方米

4. 以下不符合智慧仓应用的特点是（　　）。

A. 可节约大量拣货人力　　B. 拣货效率相比传统模式提高数倍

C. 订单拣选准确率较高　　D. 人员依赖性高

5. 下列适用于物料出库/入库柔性对接的场景是（　　）。

A. P2P 场景　　B. GTP 场景　　C. OTP 场景　　D. 都可以

三、多选题

1. 一般将货架在智慧仓内的往返时间分为（　　）。

A. 取货架的时间　　B. 顶举货架的时间　　C. 送货架的时间　　D. 放下货架的时间

2. 在计算仓库内货架数量的时候，会用到的信息有（　　）。

A. 货架的尺寸　　B. 商品的尺寸　　C. 目标储存量　　D. 周转天数

3. 单个 AGV 机器人在工作站的耗时由（　　）构成。

A. 货架旋转时间　　B. 站点切换时间　　C. 单件商品拣选时间　　D. 运行时间

4. 仓库内的 AGV 机器人在没有订单任务时，会停在（　　）。

A. 休息点　　B. 充电点　　C. 货架下　　D. 工作站

5. 在智慧仓内，AGV 机器人行走路径的冲突类型有（　　）。

A. 路口冲突　　B. 赶超冲突　　C. 相向冲突　　D. 相对冲突

四、案例分析

一汽大众智慧物流系统应用案例

佛山工厂于2018年6月全面建成投产，是一汽大众在国内的第四个工厂，占地约166万平方米，在2020年年底，整体年产能达到60万辆。佛山工厂是一汽大众MQB平台应用的第一个生产线，实现了同一个平台的不同车型混线生产，是目前一汽大众同一条生产线上生产最多车型的基地。佛山工厂主要生产大众、奥迪双品牌车型，近10款不同型号车型。在高峰时一天生产2 400辆汽车，供用户选择的零件高达上万种。

为此，一汽大众成立了专门的项目小组在国内外进行一系列考察调研，最终决定携手海康机器人股份有限公司，共同打造一汽大众佛山智慧物流解决方案。2019年11月该项目正式实施，2020年6月成功交付。RCS负责可控制范围内的全部机器人的任务分配、调度及运行维护。RCS可建立机器人的“世界模型”，将厂区、仓储地图转换成机器人能够识别的模型数据，从而实现任务的最优分配、路径的最优规划，使物流系统能发挥最佳的工作效能。

从验收数据来看，该项目为佛山工厂物流部优化缩减备货和补货人员20%以上；减少7台牵引车设备，缩减原超市管理区域面积20%以上；项目固定资产回收周期短于3年；超市区域出库准确率提升至100%，供产线零件及时率达到100%，上线后生产线实现生产零停台。

一汽大众佛山工厂的智能化水平在现阶段已经达到了比较高的水平，海兹曼教授曾经评价中国的智慧工厂在实现灵活性、提高生产力方面“在整个集团体系中是做得最好的”，这其中尤其可贵的是，佛山工厂的智能化实践主要是由中国本土主导和推进，而不是一味地从德国“拿来”。这固然与中国的特殊国情以及物联网的飞速发展有关，也深受一汽大众对数字化变革重视的影响。从这个角度来说，一家华南工厂成为世界的标杆也是理所当然了。

资料来源：https://www.sohu.com/a/436314086_177747。

思考：谈谈你对一汽大众智慧物流系统的实施的认识。

项目七　学习物流网络规划与设计

【项目介绍】

物流网络结构影响企业的整体运营。通过案例学习，掌握物流网络的构成要素及结构模式，能够根据企业的实际情况进行合理的规划与设计，从而提高企业的运行效率。

【知识目标】

(1) 了解物流网络的概念及组成；
(2) 掌握物流网络的构成要素；
(3) 熟悉物流网络的研究对象。

【技能目标】

(1) 能够根据企业的实际情况设计物流网络结构模式；
(2) 掌握物流网络的基本结构模式；
(3) 了解物流网络规划与设计的影响因素。

【素质目标】

了解物流网络结构设计的重要性，培养灵活应用知识的能力，根据环境和角色的变化，快速进行变通，提升应变能力、创新能力、学习能力，培养奉献精神。

【项目导学】

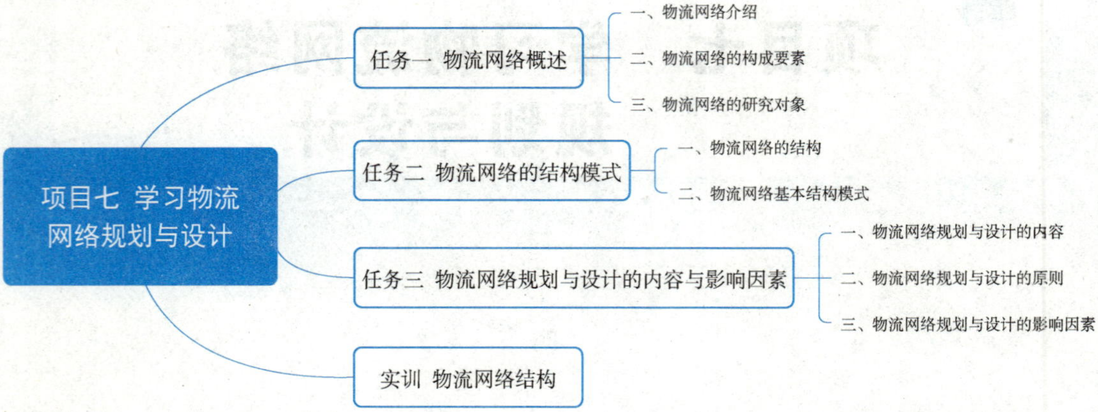

任务一 物流网络概述

【任务描述】了解物流网络的概念、物流节点的种类，熟悉物流网络的构成要素，明确物流网络的研究对象。

【任务分析】学生了解什么是物流网络。教师引导学生认识物流网络的构成要素，使学生能够明确物流网络的研究对象。

【相关知识】

物流网络

案例引入

国家邮政局是我国最早的物流行业引领者，早在 2004 年就形成了 8 条自主航线的夜间飞行，包括深圳、珠海、沈阳、潍坊、成都、广州、北京至日本大阪等到上海的路线，快速形成了 EMS 的骨干网，覆盖全国的省份达到 27 个，业务在 200 多个城市开展。

国家邮政局实行“全夜航”，速度大大提升，比之前的运输时间缩短了一天，最快达到“次日递”，客户满意度大大提升，市场份额也达到新的高度。国家邮政局是首个在全国开展“全夜航”业务的企业，也是全国第一个推出“次日递”业务的企业，也是首个可以让用户实时进行信息跟踪查询的企业。

思考：国家邮政局能够实现“次日递”服务业务的原因是什么？

【知识学习】

随着科技的发展，人们越来越重视物流。因为经济的高度发展，人们对时限的要求越来越高，物流已成为制约经济发展的重要突破口。如何降低物流成本、提高物流服务的速度和质量，成为人们重点研究的对象。物流网络是从整体的角度对物流进行研究，对所有的物流节点以及资源进行统一的规划与设计，使企业能够共享共用信息数据，大大提高了资源的利用率。信息数据的共享主要通过计算机网络来实现，多台计算机进行互连，为物流的发展提供了重要的软件基础，涉及物流过程的各个环节，成为物流网络研究的重要内容之一。

一、物流网络介绍

（一）物流网络的概念

对物流的各个节点以动态的形式进行观察，包括运输车辆及路线等，形成一个整体的网络架构，如果把其中每个物流节点都看成网络的一部分，进行全局的观察和计量，可以看出各物流节点位置的变化以及数量关系，从而对运输路线、设备设施的布局等进行统一的优化和布置。物流网络是随着经济的发展提出来的，把供应商、仓库、配送中心、零售网点等联系起来，有利于企业权衡利弊，进行统筹规划与设计。

（二）物流网络的组成

全部物流活动是在物流线路和物流节点上进行的。物流节点主要表现为物流中心和配送中心，其主要活动为装修、运输、加工、分货、理货等。物流线路主要表现为运输线路，主要支持各个物流节点的运输活动，包括配送、干线运输、集货散货等。在同一个物流活动中，将所有不同的节点联系起来，形成一个框架，达到物流系统的最终目标。

(1) 物流节点。物流节点是物流活动的中转环节。长途运输不可能一次性完成，需要进行中转，或为了节省成本而进行集货散货等，物流节点是供应地和需求地之间必须经过和停靠的地方。

物流节点的范围比较广，种类繁多。比如在公路运输领域，物流节点有车站、枢纽、转运站等；在航空领域有航空港、货运机场；在水运领域有港口、码头等；在铁路运输领域有编组站、专用线货运站等。

(2) 运输。运输有广义和狭义之分。广义的运输包括海、陆、空运输，狭义的运输主要是铁路运输、公路运输、水运运输、航空运输和管道运输。在运输过程中，很多货物只通过单一的运输方式很难到达目的地，往往需要多种运输方式结合使用才能到达目的地，完成最终的配送服务。

（三）物流节点的功能与种类

1. 物流节点的功能

现代物流网络中物流节点发挥着日益重要的作用，具有处理功能、衔接功能、信息功能等。物流节点不仅实现了货物的中转运输，还具备相应的打包、分装、加工等功能，将各个物流中心有效衔接，是整个物流实施的重要基础。

(1) 处理功能。企业在运营的过程中，为了追求成本最优化，往往进行整批运输，在物流节点再根据客户的需求，进行分包、打包、加工等，有的物流节点还具备储存等功能，不仅拓宽了物流业务，提供了新的利润增长点，还提高了客户服务水平。

（2）衔接功能。物流节点能够把众多运输线路联系在一起，成为它们之间的纽带，使物流的发展更为迅速。它能够整合不同的运输方式，实现不同运输方式之间的有效转换，如公路-铁路运输、公路-航空运输等。

（3）信息功能。物流节点能够对整个运输过程中的相关信息进行收集、整理，使这些信息成为企业最重要的资源。物流节点能够对其中的数据进行提炼加工，形成企业进行决策和预测的重要依据。目前很多企业利用 WMS、EDI 等软件系统进行数据的存储与加工，使信息的获取和保存变得更加容易，节省了人力成本，提高了效率。通过对信息的分析，建立通畅的网络，为物流系统有效运行提供了便利条件。

（4）管理功能。物流节点集物品的管理、调度、转换，信息的收集与处理功能于一体，为整个物流系统的运行提供了极其便利的条件。物流系统的高效运行离不开物流节点的管理功能的实现，应当重视并加强物流节点管理功能的实现。

2. 物流节点的种类

现代物流发展了若干类型的物流节点，它们在不同的领域起着不同的作用，但目前尚无一个明确的分类意见。这有两个原因：其一是物流节点有同有异，难以明确区别；其二是各种物流节点尚在发展过程中，其功能、作用、结构、工艺等尚处于探索阶段，使分类难以明朗化。根据物流节点的主要功能，其分类如下：转运型物流节点、储存型物流节点、流通型物流节点、综合型物流节点。

（1）转运型物流节点。为了提高运输的速度，节省运输的成本，减少物流的费用，往往需要进行多式联运，以实现公路、铁路、航空、水路运输的转换和衔接工作，实现各个站点间的转换工作。这种物流节点的特点就是快，以实现转运为主，所以货物停留的时间通常比较短。

（2）储存型物流节点。全球化的发展，使贸易的范围扩大，交易的品种增多，人们对外地产品的依赖性逐渐增大。为了满足人们的不同需求，很多产品需要一定的储备量，以满足人们经常性的需求。它对零库存运输要求高，只适合某些特殊的行业或产品，主要是普通的货物。货栈、营业性仓库等都属于储存型物流节点。

（3）流通型物流节点。这类物流节点主要进行快速的流转，虽然也具备一定储存功能，但通常储存时间比较短，主要以快速流通为主，使不同运输方式的货物实现快速的流转。由于货物流转的时间比较快，转运的货物总量比较大，所以能够实现货物的快速运输。在现实生活中，很多配送中心就属于这种类型，能够快速提升货物流通的速度。

（4）综合型物流节点。还有一部分物流节点处于枢纽地位，规模比较大，往往具备多种功能，需要多种辅助设施。这种物流节点的工作比较复杂，程序也比较多，在操作时需要综合考虑，实现货物的精准输送。为了适应复合型物流的发展，综合型物流节点是必不可少的，一般会发挥中转枢纽的功能。

二、物流网络的构成要素

物流系统的覆盖面比较广，种类多。厂商、客户、物流节点、运输线路和运输方式、信息系统和物流网络组织等共同构成了物流网络，保障物流系统的正常运行。

（一）厂商

厂商即供应商，处于物流网络的起点，由于物流网络的核心功能是实现原材料或产品从产地到消费者的空间转移，因此厂商的分布情况对整个物流网络结构起着至关重要的作用。例如，在厂商分布集中和厂商分布分散两种情况下，所要求的物流节点的位置、数量以及运输线路，运输方式等就会不同，因此对应的物流网络就会出现很大差别。

（二）客户

客户是配送的终端，也是整个物流网络中非常重要的一部分。市场竞争的对象也是客户。如何为客户提高更好的服务，扩大市场份额是非常重要的，所以物流网络是客户的导向系统，是高效评价能否为物流客户提供所需服务的系统。

（三）物流节点

物流节点是货物从起点到终点需要经停的地方，物流节点的设置是为了提高配送的效率，进行资源的整合，减少配送量，降低运输成本。物流节点具有配送、中转、加工、储存等功能。根据各个物流节点的位置和功能，确定物流节点的数量及相应的配置，使之在整个物流网络中能够高效地运行，支撑物流系统的良性发展。

（四）运输线路和运输方式

物流节点之间货物的运输主要通过海、陆、空等运输方式来实现。随着科技的发展，当今物流的速度越来越快，物流量越来越大，人们的要求越来越高，物流承担的责任越来越重。

（五）信息系统

信息系统犹如物流系统的“眼睛”，能够准确记录物流运行过程中产生的各种数据。信息系统的建立需要具备相应的硬件设施及配套的软件设施，并且能够进行升级更新。随着科技的发展，软件系统越来越成熟，定期对软件系统进行升级，使信息系统高效运行，不仅能够提高运输的效率和准确性，还能降低运输的成本，提高企业的口碑和市场占有率。

（六）物流网络组织

物流网络的正常运行，离不开物流网络组织的相应配置，包括人力、物力的配置，设施、设备的购置，运行和管理制度的建立，它们都是物流网络顺利运行的保障。

三、物流网络的研究对象

物流网络由物流节点和运输线路以及伴随的信息组成。物流节点是一种物流基础设施，包括交通基础设施（如车站、码头、港口、机场等）、商品生产场所（如工厂等）、商品储存场所（如仓库、物流中心、配送中心等）、商品市场场所（如门店、超市等）以及相伴随的信息收集处理点。

（一）微观物流网络

1. 制造企业——生产场所

对于制造企业，其涉及的物流网络包括采购网络、供应网络、配送网络、装卸搬运网络、仓储网络等，每个物流网络都是一个小的整体，与企业的其他网络形成一个有机整体。

2. 批发企业——储存场所

对于批发企业，其物流网络同制造企业一样，同样涉及设施网络、供应网络、仓储网络、配送网络和装卸搬运网络，但其关注的重点有所不同。

3. 零售企业——市场场所

零售企业主要面向终端客户，其物流网络主要涉及供应网络、配送网络及装卸搬运网络，因为客户需要的是单个的商品，必须具备一定的数量满足客户的需求，不会导致断货、缺货的情况发生。

（二）宏观物流网络

1. 物流园区物流网络

物流园区通常由国家为了促进当地经济的发展，在指定区域设定，为某些特定行业或企业服务，并且部分有相应政策的支持。它一方面促进了地区经济的发展，另一方面减轻了企业的负担，提升了企业的竞争力。

2. 城市物流网络

城市物流是现代物流发展的一个新课题。目前关于城市物流还没有形成统一的定义。日本学者谷口教授认为："城市物流是在市场经济框架内，综合考虑交通环境、交通阻塞、能源浪费等因素，对城市内私有企业的物流和运输活动，进行整体优化的过程。"

3. 区域物流网络

区域物流覆盖的面积相对较广，一般由政府或者行业协会进行协调运作，对区域内的物流线路进行优化组合，以满足区域内企业发展及生活所需等，提高企业的效率，减少资源的浪费，促进经济的协调发展，以点带面，带动周边经济的发展，起到协同作用。

4. 国际物流网络

国际物流是指各个国家和不同组织之间对物流活动进行计划、执行和协调的过程。国际物流是以实现国际商品交易为最终目的而进行的原材料、半成品、成品以及相关信息从起点到终点在国际间的有效流动，以及为实现这一流动所进行的计划、实施和控制的过程。国际物流网络与城市物流网络、区域物流网络相互叠加、相互联系、相互作用，形成一个全球一体化的物流网络。国际物流网络依托物流节点（口岸、保税仓库、中转仓库）、运输航线（海洋、航空和陆地）和物流信息（单证、支付、客户资料、市场行销和供求信息等）将货物运送到世界各地。电子数据交换（EDI）是国际物流网络信息化的重要基础。

经典案例

中信物流

作为中国整车物流行业的新军，中信物流几乎在无声无息中完成了遍布全国的战略据点部署。其总部扎营于北京，在郑州、长春、沈阳、广州、上海设立分公司，在天津、广州、上海等地设立分支机构，在北京、长春建立场站，在北京、郑州、重庆建立仓储中心。

中信物流这么做的目的非常明显：优化整体业务布局。它围绕中国主要整车厂的分布完成自己物流网络的交织——在长春、北京、郑州、武汉、广州这条线上贯通南北，在上海、宁波、南京、武汉、重庆、成都这条线上横跨东西。中信物流凭借物流网络优势，一举成为郑州日产整车销售物流的独家供应商。拿下这个项目后，中信物流根据郑州日产的销售情况，为其设计了完备的服务方案，其中甚至包括应急方案，并专门配备专业物流管理团队。15人的项目组实施的是项目经理负责制，其运作也完全按照现代项目管理的原则和方法进行。为了使服务高效、精准，中信物流还专门为这个项目开发了计算机信息系统，该系统与郑州日产的业务系统联网运行，即使郑州日产月销售量最高达到2 400多台时，中信物流也可通过其遍布全国的物流网络和计算机信息系统自如地调动运力，轻松完成任务，而且质损率低于0.5%，准时率高于98%。

双方的合作目前已实现“共赢”。据郑州日产公司介绍，整车物流配送环节被中信物流全面接手后，支出已大幅降低30%。

资料来源：https://doc.mbalib.com/view/4f510591a8d50d8f680196f939812410.html。

任务二 物流网络的结构模式

【任务描述】了解物流网络的结构，掌握物流网络基本结构模式。

【任务分析】学生认识物流网络的结构。教师通过案例让学生理解物流网络的基本结构模式及具体应用场合。

【相关知识】

物流网络结构模式的特点

案例引入

中铁现代物流科技股份有限公司（以下简称“中铁现代物流”）是中国铁路物资股份有限公司控股的国有大型第三方物流公司。中铁现代物流以钢材、大宗生产资料综合物流服务为核心，以铁路物流和金融物流服务为特色，大力发展供应链一体化综合物流业务，拥有基础物流、港口物流、铁路物流、金融物流、钢铁物流、煤炭物流、机电接运七大业务板块，业务范围涉及钢铁、煤炭、矿石等大宗生产资料、快速消费品、汽车等诸多领域。

中铁现代物流在全国物流网络布局模式方面的创新，既契合了物流业网络化发展的行业要求，也满足了自身战略发展、提高核心竞争力、打造竞争优势的客观需要。中铁现代物流从战略高度出发，通过科学的研究分析方法得出全国物流网络布局的方案，并根据各个网点的特点选择网点建设的实施方式。它主要采用以下三种方式开展网点建设的实施工作：自建方式、整合方式、外包方式。

一方面，中铁现代物流采用科学的研究和分析方法，将科学理论与实践充分结合，逐步构建起覆盖全国的物流网络，提高了公司效益，有效降低了物流运作成本。另一方面，在构建全国的网点建设方案中，中铁现代物流采取灵活的建设模式，一级节点建设以自建方式为主，二级节点建设以整合方式为主，三级节点建设以外包方式为主，可根据业务发展需求向整合方式转化。

思考：中铁现代物流的物流网络模式对企业的发展具有什么意义？

【知识学习】

组成网络相互联系的要素的整体形态叫作网络的结构。物流网络的要素在时间和空间的排列顺序就构成了物流网络的结构。这里概括地介绍物流网络的流动结构、功能结构、供应链物流结构、治理结构。

一、物流网络的结构

（一）流动结构

物流网络本身就是一个动态的整体，所有组成物流网络的元素都在不停地运转，包括车辆、设备、设施、货物、线路、速度等都在不停地变化和运动，一切都随着时间和空间进行不断的变化。应当用发展的观点去看待物流网络的结构，这样才能与时俱进，跟上时代的步伐，同时也能在动态变化中不断进行优化。

（二）功能结构

流通、加工、装卸、搬运、储存、包装、运输等是物流网络的基本功能。物流主要解决物质的时空矛盾。运输功能可以完成货物的空间移动（从一个地方运输到另外一个地方），而储存功能改变的是物质的时间状态。根据人们的需求进行提前储存并定时运输的方式，大大方便了人们的生活，所以运输和储存是物流网络最基本的功能。在运输过程中，为了满足客户的需求，还可以进行相应的加工、包装、信息处理等，这是物流网络延伸出来的功能，它可以为客户提高更加优质的服务，创造更多的效益。物流网络的功能结构取决于生产和流通的模式。

（三）供应链物流结构

从供应链的角度来看，物流包括四个环节，即供应、生产、流通和消费。从原材料的采购，到企业的生产组装，加工成品的运输和流通，最后产品到达消费者手中，在每一个环节都在进行不同的物流作业，如运输、包装、加工、信息处理等。应当站在供应链的角度进行信息的优化和调整。

（四）治理结构

物流网络的治理结构是指物流网络资源配置的管理与控制的机制和方法。很多企业是经过一个从小到大成长的历史过程形成的，企业壮大之后形成了物流网络，现在要做的是根据企业现有的物流网络进行相应调整和改造，以适应企业的发展，这就是物流网络的治理结构需要解决的问题。根据 Oliver Williamson 关于合同治理的契约理论，可以把物流网络的治理结构分为 4 类：多边治理、三边治理、双边治理和单边治理。

二、物流网络基本结构模式

根据物流的功能和目标，将物流划分不同的网络结构。根据货物从供应地到需求地之间的连接形式，有三种基本的物流网络结构模式：一种是直送模式，如图 7-1 所示；一种是回路运输模式，如图 7-2 所示；一种是综合型的配送模式，即多个供应地通过物流枢纽节点处理后将货物配送到多个需求地的模式，如图 7-3 所示。物流网络的其他结构模式都可看作这三种基本结构模式的混合或变形。

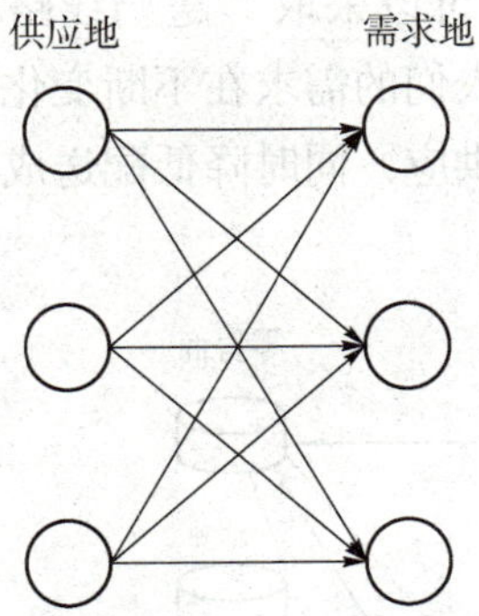

图 7-1　直送模式

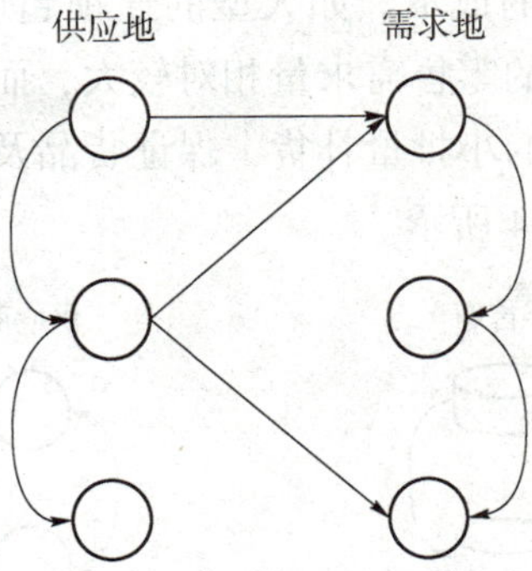

图 7-2　回路运输模式

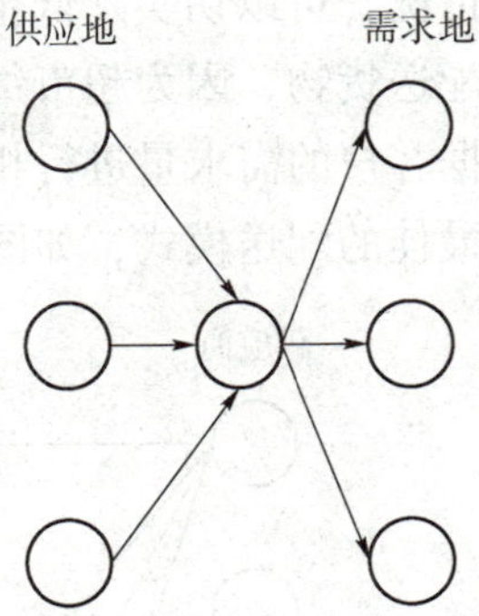

图 7-3　综合型的配送模式

直送模式可以实现一对一的服务，从供应地直接送达需求地，其优点是速度快，其缺点是成本高。为了降低成本，经常对配送线路进行相应的优化，即将货物从一个或多个供应地直送到一个或多个需求地。

回路运输模式，就是从供应地取到货物后连续地送到多个需求地，或者从多个供应地取货后集中运输到某个需求地。这种模式大大提高了运输的效率，节约了运输的时间。这种模式的线路是旅行商问题的线路结构，也称为“送奶线路”（milk-run）网络结构。

多个供应地通过物流枢纽节点处理后将货物配送到多个需求地的模式，属于综合型的配送模式，可以先集中多个供应地的货物到物流枢纽节点，再通过直送模式送给客户，也可以采用“送奶线路”将货物分送给各个客户。这种模式可以广泛应用于多个方面。

（一）直送模式

在直送模式中，所有货物都必须从供应地送到需求地，这样可以保证货物都是从供应地出货，便于进行管理，而且单次配送的时间都是最短的，配送的线路和客户都是特定的。这种模式适用于企业的大客户，能够提高客户满意度，并且能够留住客户。如果对中小客户采取直送模式，就必须衡量运输费用和库存费用，再决定是否使用。

直送模式的主要优势是操作简单，中间涉及的环节比较少，而且货物不需要中转，配送的效率非常高，速度快，单次运输不影响其他运输，配送作业互不影响。

如果客户的需求量大，而且是企业长期合作的客户，则直送模式不仅为双方节约了时间，提高了效率，实现双赢，而且每次的运输距离和线路都能实现最优。如果客户的需求量过小，则采取直送模式不仅装载率低，而且运输成本高。

当企业的产品品种单一，而且主要客户比较少时，直送模式无疑是最优的选择，但是随着企业业务范围的扩大，变成“多对多”的直送模式，配送的效率大幅下降，配送成本增加，在实际应用中，业务量特别大时，“多对多”的直送模式的使用价值不高。

（二）利用“送奶线路”的物流网络结构模式

利用“送奶线路”的物流网络结构模式就是由供应商集中理货，然后分别配送给多个零售商，或者将供应商的货物集中在一起统一配送给零售商，这样大大节约了运输的里程，减少了往返取货的时间，降低了运输成本。使用这种模式必须在事前做好充分的规划，这样可以使每次的配送都能达到最优。同时这种模式适用于那些供应商或零售商供给或需求量比较小的情况，可以切实降低企业的成本。如大型的连锁超市就可以采取“送奶线路”为各个超市配送货物，因为超市每天的零售需求量相对较大，而且人们的需求在不断变化，每天需要根据客户的需求量进行相应的小批量补货，保证货品及时供应，同时降低配送成本，这无疑是最佳的配送模式，如图 7-4 所示。

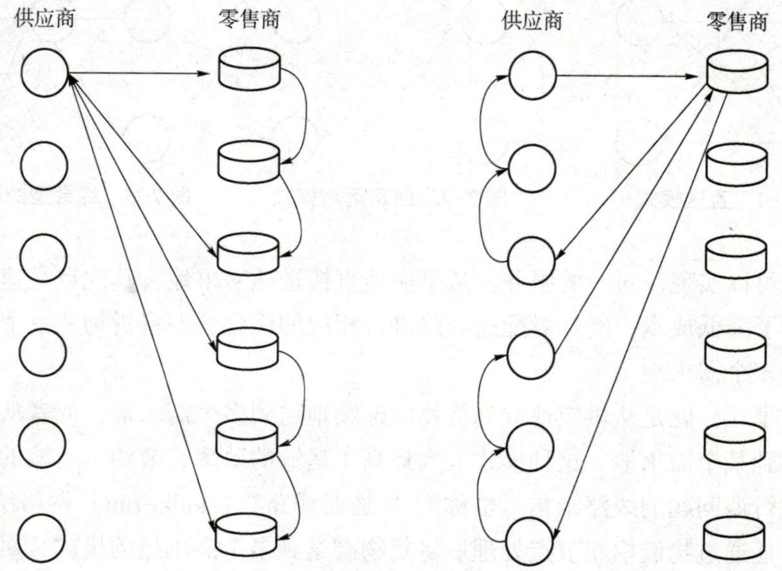

图 7-4 利用“送奶路线”的物流网络结构模式

（三）通过配送中心中转的物流网络结构模式

在这种物流网络结构模式中，由于客户的个性化需求增多，过去那种大规模、批量化的生产模式已经不适应目前社会的发展，企业为了降低直送模式的成本，可以先将多批货物集中到某个集散中心，然后再将集散中心的货物运输到需求地。这种模式的优点是先集货，把零散的货物集中在便于统一管理和分配、效率高的集散中心，集货后再进行散货，通过多种方式完成运输。

这种物流网络结构模式的核心集中表现在收集（Collection）、交换（Exchange）和发送（Delivery），故简称 CED 模式。集散中心主要起到桥梁和过渡作用，单一供应点的量比较小，而且会导致分货不均，增加配送的成本，相反，通过集散中心，一方面可以暂时储存货物，另一方面可以将降低储存和分拣的成本。这个过程看似没有发生变化，实则进行了重新组合，发生了质的改变，不仅降低了配送成本，而且提高了客户满意度，如图 7-5 所示。

（四）通过配送中心利用“送奶线路”集配的物流网络结构模式

“送奶线路”主要适用于供应量大、需求量小、需求数量多的情况，通过这种模式可以进行资源整合，降低配送的频率，有效降低配送的成本，如图 7-6 所示。

这种模式的优点是运输速度快，而且能够按照客户需求进行送货，匹配度高。其缺点是在情况比较复杂，数量比较多的情况下，供应商和需求地之间的协调变得更加复杂，甚至会出现存货的风险。

（1）企业保有库存具有一定风险，如果货物不能及时送出去，而货物的保质期比较短，就容易出现过期或挤压等情况，为企业带来损失。在中转过程中也可能出现货物损坏、变形等风险。要降低存货风险，必须对客户及市场进行准确的预测。

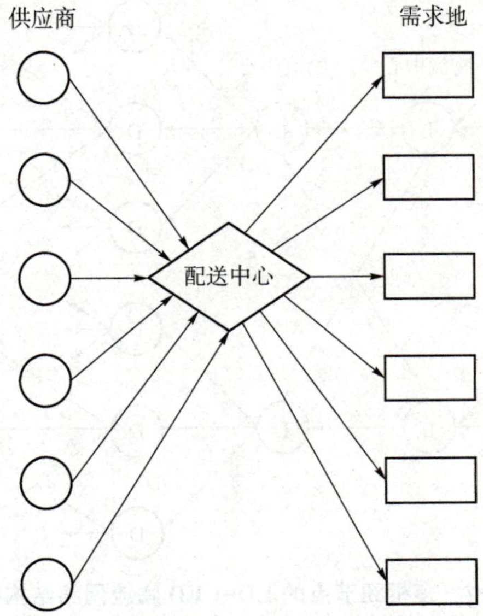

图 7-5 通过配送中心中转的物流网络结构模式

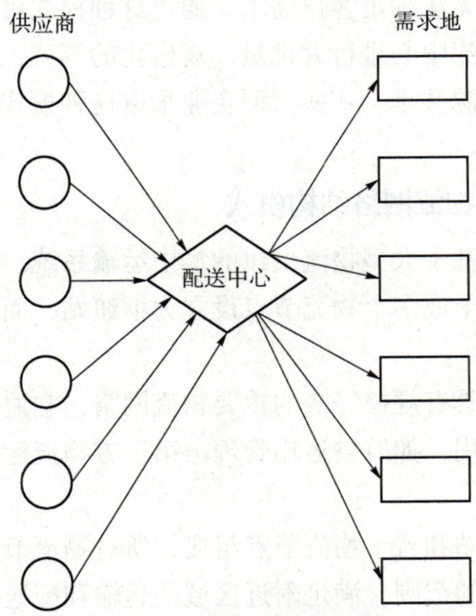

图 7-6 通过配送中心利用“送奶线路”集配的物流网络结构模式

（2）企业保有库存的风险对于不同的渠道其程度不同。在买方市场下，一般下游会将库存转移到上游，当存在保有库存风险时也通过一定的手段转移风险，如当产生滞销品时可以联系厂家进行打折促销或者退换货等，在一定程度上可以降低风险。

（五）多枢纽节点的 LD-CED 物流网络结构模式

这种模式是由配送中心和物流中心结合实现货物中转的运行模式，是一种复合型的多枢纽节点的物流网络结构模式，充分实现了大量货物的集散功能，可以满足客户的复杂需求，如图 7-7 所示。

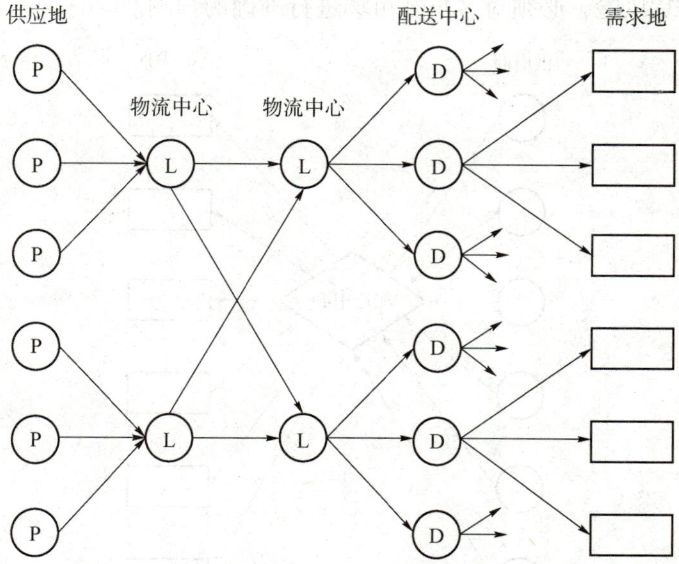

图 7-7　多枢纽节点的 LD-CED 物流网络结构模式

LD-CED 物流网络结构模式主要适用于区域范围比较广、货运量非常大、客户需求差别大的情况。单独的集散中心无法满足客户需求，通过这种模式可以对货物进行充分的流通和调配，将不同的货品通过物流中心进行大批量、规模化的调整，节约分拣的费用和成本，还可以实现物流中心内部的资源共享。一些大型企业采取这种模式可以实现货物的销售和配送服务。

（六）单枢纽站轴辐式物流网络结构模式

轴辐式物流网络是一种基于大型物流枢纽的集中运输系统。与传统的物流网络空间布局相比，轴辐式物流网络将一个或多个物流节点设立为枢纽站，而非枢纽站的物流节点都与枢纽站相连。

轴辐式物流网络是一类具有规模经济的重要物流网络，它通过中转进行双向运输。这类网络在实际工作中有广泛应用，如航空运输管理、第三方物流运输管理、邮政包装、供应链管理等。

轴辐式物流网络由枢纽站和若干物流节点组成，所有物流节点都以枢纽站为中心，每个物流节点都有自己可以覆盖的范围，满足附近区域的运输和配送，这样做的好处是可以实现干线的总运输，再由各物流节点在自己的片区内进行配送，干线运输可以采用大型车辆实现规模效益，物流节点运输可以采用小型车辆，大大降低了配送的成本，同时也带动了周边经济的发展，起到协同示范作用。

单枢纽站轴辐式物流网络是由若干收货、送货站点和一个枢纽站（转运中心）组成的，每个站点都与枢纽站相连。如果站点与站点之间的物流都经由枢纽站的转运来实现，则这种结构称为纯轴辐式物流网络；如果站点之间的物流可以直接由送货站点至收货站点，而不通过枢纽站转运，特别是当送货站点采用整车运输时，则这种结构称为复合轴辐式物流网络，如图 7-8 所示。

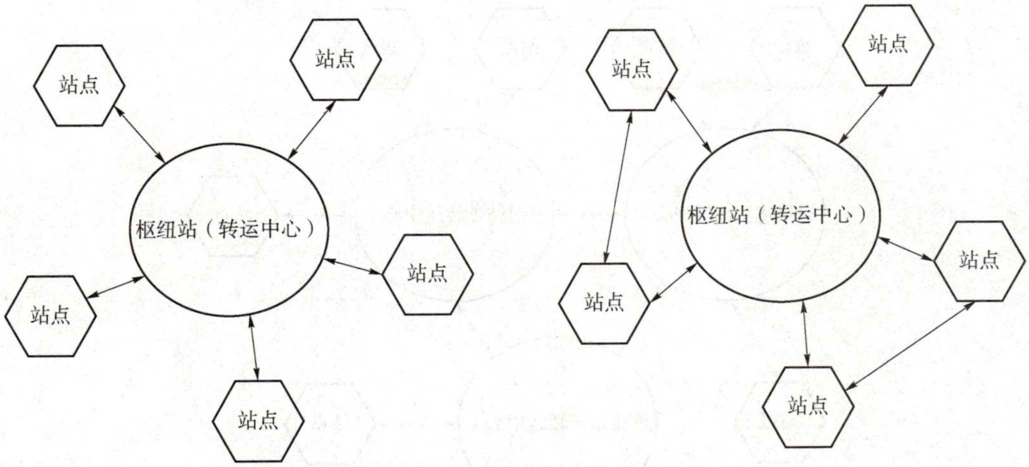

图 7-8　单枢纽站轴辐式物流网络结构模式

在轴辐式物流网络结构模式中，可以将货物运输分为两部分，即站点运输和干线运输。这样有利于分析和计算运输成本，做准确的比较。

（1）干线运输一般属于主干道运输，物流量比较大，采用铁路运输、水路运输等，可以起到规模效应，运输距离比较长。

（2）站点运输主要以小规模分区域的方式来实现小批量的配送，一般采用短途的公路运输，节约成本，可以实现“门到门”服务。

从上述分析可以看出，单枢纽站轴辐式物流网络适用于区域性物流运输服务，其辐射能力较弱，辐射范围小。

（七）多枢纽站轴辐式物流网络结构模式

在多枢纽站轴福式物流网络中，由于辐射和服务范围较广，所以存在多个枢纽站，特别适合完成跨区域多式联运的物流任务，如图 7-9 所示。

多枢纽站轴辐式物流网络的辐射能力和范围与单枢纽站轴辐式物流网络相似，但是其结构更复杂，调货、配送更加灵活。这种结构的运输分为三个阶段：主要干线运输、干线运输和站点运输（包括集货和送货）。

（1）主要干线运输：企业为了降低运输成本，往往进行大批量、长距离的运输，一般采用铁路或者海运的方式。

（2）干线运输：在收货站点与枢纽站之间一般是经过中转之后的运输，批量相对较大，往往通过大型的集装箱车或者大货车将货物运输到各个枢纽站。

（3）站点运输：在站点覆盖的范围内进行的运输，一般距离短，运量小，可以采用小型车辆进行运输，方便快捷，成本低。

收/送货站点只与其中一个枢纽站连接，所有发出和到达的货物必须在其所对应的枢纽站进行处理，称这种模式为多枢纽站单一分派轴辐式物流网络结构模式。允许收/送货站点与多个枢纽站连接，收/送货站点根据实际情况（如枢纽站拥挤程度、交货期要求等）选择与其连接的枢纽站，完成物流任务，从而提高整个网络的转运效率，缩短运输时间，降低物流成本，称这种模式为多枢纽站多分派轴辐式物流网络结构模式。

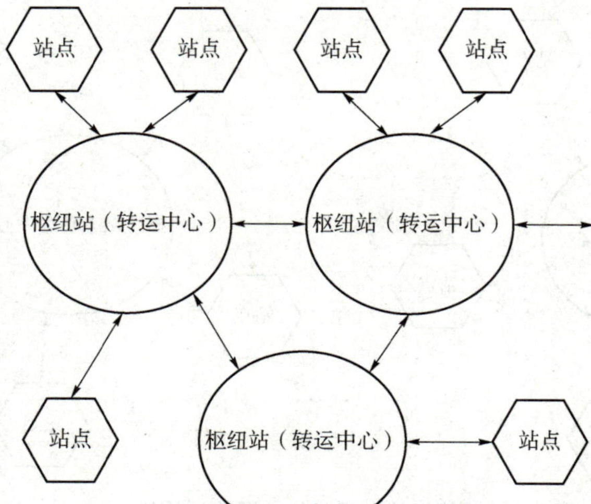

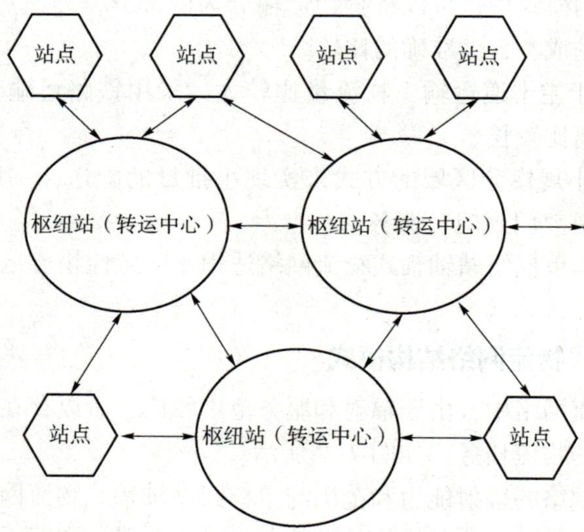

图 7-9　多枢纽站轴辐式物流网络结构模式

经典案例

锦程物流连锁经营网络布局战略模式分析

随着中国在2001年年底正式加入WTO，中国在国际经济贸易合作道路上踏上了一个更加宽阔的舞台，这也给我国物流业的发展带来了前所未有的契机。经过周密的调查分析，锦程物流的高管层认为：在新的经济形势下，技术的进步必将推动产业升级，传统货代的变革即将展开。

这一战略经营理念对于中国的物流业来说可谓独辟蹊径，即使在国际物流界，也还没有以连锁加盟进行实体网络构建的经验，更没有以集中采购、批发运价作为盈利模式的先例。在物流业发展时间还不长的中国，采取这样的发展模式并不是万无一失的。锦程物流的高管层认为，只有超常规的模式才使企业有赶超先进的可能，只有将变革视为机遇，并努力开拓才能在激烈的竞争中立于不败之地。

在互联网新经济浪潮下，锦程物流率先具有战略性地建立了公司网站——锦程物流网（www.jctrans.com）。刚刚开始的时候，锦程物流网还只是一个企业网站，后来随着网络技术的发展和信息的积累，逐渐成长为门户性的物流网站。2003 年 3 月，锦程物流网开始独立，进行公司化运作，并通过与中华网的合作极大地提升了网站的知名度。从 2003 年 9 月起，锦程物流网的访问量跃居并保持行业首位。2004 年，锦程物流网全年访问量达到 1 018 万，成为行业内的标杆网站，“做国际贸易，点锦程物流”的口号在国际贸易界更是广为流传。锦程物流网的成功运作扩大了锦程物流的品牌知名度，为锦程物流实施一系列创新举措打下了坚实的基础。

锦程物流的创新连锁加盟模式源于对传统商业连锁的借鉴，又不同于传统商业连锁。在连锁加盟的过程中，锦程物流靠的不是资本的力量，而是资源，这一资源就是围绕在锦程物流周围的数量众多、规模有限，而不能独立提供综合服务的中小货代公司整合在一起而形成的业务资源。

这种管理模式和传统的管理模式完全不同，依靠这种管理模式，锦程物流不仅有效地规避了直接投资的资金压力和经营风险，也大大加快了扩张速度。实现一体化运营，有赖于网络技术的全面应用，以此实现加盟企业之间的全信息共享和运输各环节的资源优化配置，降低联盟企业的运营成本，提高效益并对用户实现全信息化的、标准化的物流服务。

资料来源：https://www.51test.net/show/536898.html。

素质提升

社会的发展越来越快，我们要不断地学习和创新，找到创新的模式，用发展的眼光看问题，增强民族自信心。

任务三　物流网络规划与设计的内容与影响因素

【任务描述】了解物流网络规划与设计的内容，掌握物流网络规划与设计的影响因素，根据企业状况选择适合的物流网络结构模式。

【任务分析】学生理解物流网络规划与设计的内容和原则。教师通过比较各种物流网络结构模式的特点，指导学生如何正确选择物流网络结构模式。

【相关知识】

物流运输组织模式

案例引入

匹兹堡设备制造商的物流网络设计

位于匹兹堡的一家设备制造商需要从两个供应商A、B处购买3 000箱配件，每箱配件的价格是100美元。目前，从两个供应商处采购的数量是一样的。两个供应商采用铁路运输，平均运输时间也相同。如果其中一个供应商能将平均交付时间缩短，那么每缩短一天，设备制造商会将采购订单的5%（150箱）转给这个供应商。如果不考虑运输成本，供应商每卖出1箱配件可以获得20%的利润。

目前，供应商A正在考虑是否将铁路运输方式改为航空或公路运输方式以获得更多的收益。各种运输方式下每箱配件的运输费率和平均运送时间见表7-1。

表7-1　不同运输方式下的运输费率和平均运送时间

运输方式	运输费率/（美元·箱$^{-1}$）	平均运送时间/天
铁路运输	2.50	7
公路运输	6.00	4
航空运输	10.35	2

供应商A仅根据可能得到的潜在利润选择运输方式。表7-2所示为供应商A从自身的角度列出的不同运输方式下可获得的利润。

表7-2　不同运输方式下供应商A可获得的利润

运输方式	销售量/箱	毛利/美元	运输成本/美元	纯利/美元
铁路运输	1 500	30 000	1 500×2.5=3 750	26 250
公路运输	1 500+(7-4)×150=1 950	39 000	1 950×6.0=11 700	27 300
航空运输	1 500+(7-2)×150=2 250	45 000	2 250×10.35=23 287.5	21 712.5

从表7-4可以看出，供应商A应该采用公路运输方式。

关于运输方式选择问题，不仅要考虑运输方式的直接成本，而且有必要考虑运输方式对库存成本、运输绩效（时效性、可靠性）和物流渠道成员购买选择的影响。除此之外，还有其他因素需要考虑，其中有些因素是决策者不能控制的。

（1）如果分拨渠道中有相互竞争的供应商，买方和供应商都应该采取合理的行动平衡运输成本和运输服务水平，以获得最佳收益。

（2）运输方式变化对价格的影响。假如供应商提供的运输服务优于竞争对手，他很可能提高产品的价格来补偿（至少是部分补偿）增加的成本。因此，买方在决定购买时应同时考虑产品价格和运输绩效。

（3）运输费率、产品种类、库存成本的变化和竞争对手可能采取的反击措施都增加了运输方式选择问题的动态因素。

（4）运输方式的选择对供应商存货的间接作用。供应商也会和买方一样由于运输方式变化改变运输批量，进而导致库存水平变化。供应商可以调整价格来反映这一变化，这反过来又影响运输方式的选择。

思考：（1）选择运输方式时，要考虑哪些因素？

（2）本案例给了我们什么启示？

【知识学习】

一、物流网络规划与设计的内容

物流网络规划与设计的最终目的是将各个物流节点进行有序衔接，实现资源的最佳整合，实现物流过程中时间和空间的移动，创造最佳的经济效益。实现该目的的具体途径如下。

（一）物流节点与物流线路的统一与协调

物流网络是由物流节点和物流线路组成的，全部物流活动是在物流线路和物流节点上进行的。在物流节点上主要进行物品的包装、流通加工、装卸搬运、储存、理货等活动，实现货物的价值提升及时间转移，满足客户不同时间节点的具体要求。在物流线路上主要进行运输活动，包括干线运输、配送运输等。物流线路规划的合理与否决定了运输的效率和效益。物流网络的合理规划与设计，能够保障物流系统输出达到最佳化。

（二）空间（地理）设计问题

空间（地理）设计问题主要是指物流节点位置的选取、物流线路的规划问题，以及所需要的设施、设备的数量、规格等的确定问题。空间的设计就是设置物流节点的位置和规模大小、数量及覆盖的范围等。在各个方案中进行选择，哪种方案的运输成本最低，使投入的成本最低、产出最高，就选择哪个方案。

（三）时间（时期）设计问题

时间（时期）设计就是通过对客户订单的分析，及自身运输能力和运输线路的计算，缩短采购和运输的时间，进而降低运输的成本。根据客户的订单数量，货物储存的时间取决于物流节点的数量和规模。客户满意是企业的宗旨，企业在此基础上进行物流设施的投入与选址，在时间节点的基础上对物流线路进行优化，从而决定物流网络结构模式。

合理的物流网络规划与设计不仅有利于管理者进行管理，而且可以大大缩短运输的时间，降低运输成本和储存成本，同时可以提高客户满意度，增强企业在市场中的竞争力。

（四）战略性物流网络规划需要解决的问题

战略性物流网络规划通常需要解决以下几方面的问题：节点规模、运输管理、计划区域内应建立的物流节点数、库存规划、物流节点位置、客户服务水平、选址决策等。还需要确定物流节点的工作负荷，所需的设施、设备的数量，以及客户的交付地址等，如图 7-10所示。

二、物流网络规划与设计的原则

为了更好地进行物流网络规划与设计，必须遵循一定的原则，从而提高物流的效率，降低成本，节约资源。

（一）按经济区域建立物流网络

在经济区域内，应该用联系的观点看问题，不要局限于企业本身，要充分利用社会资源，利用成熟的配套设施，如公路、铁路、水运、航空等。物流网络的构建不但要从经济层面来考虑（给企业创造多少价值），也要考虑社会效益（给社会创造多少价值）。在经济区域内，很多企业的关联性和互补性比较大，物流活动频繁，若能够从整体上改善物流网络将

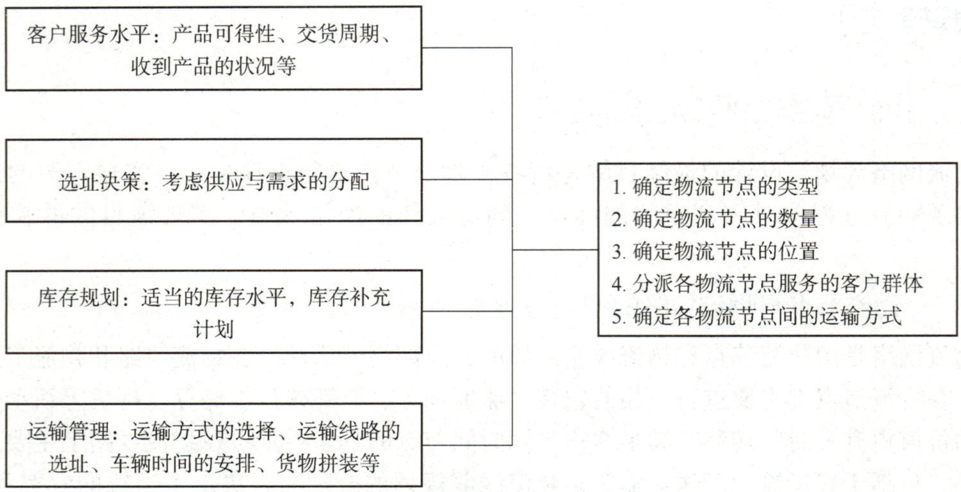

图 7-10 战略性物流网络规划需要解决的问题

会更加有利于区域经济的发展。例如在我国的长三角经济区域，全面构筑多层次的综合物流网络，合理规划各类物流园区，加快构建现代物流系统。

（二）以城市为中心布局物流网络

城市是目前人们生活的中心，相当数量的人工作和生活都在城市里，而且城市发展速度比较快，同时也是厂商和客户的聚集地。在进行物流网络规划与设计时要考虑它能够覆盖的经济区域，并且做好物流节点的具体规划。在微观上进行物流网络布局时，要考虑把中心城市作为依托，充分发挥中心城市现有的物流功能，覆盖周边地区，促进城市发展。

（三）以厂商聚集形成物流网络

众所周知，客户主要居住在城市里，相对比较集中，可以充分利用城市网络实现货物的配送，产生聚集效应，从而降低配送成本。厂商聚集在一起可以充分利用成熟的物流网络及相应配套设施，降低企业的运输成本，中小企业更是如此，在规模尚小和实力尚弱的情况下，可以到厂商多的地方，利用当地的物流配送优势。这种模式不仅可以降低运营成本，而且提高了物流网络的利用率，这也是很多企业在物流中心建厂的原因。例如，美国很多大规模的跨国公司总部坐落在小城市，大量的商流活动发生在小城市。天津经济技术开发区就汇集了很多跨国公司的生产中心，形成了巨大的物流市场。

（四）建设信息化的物流网络

目前已进入信息化社会，物流信息系统建设对于物流网络的发展起到非常重要的作用，应当充分利用信息技术发展的优势，实现资源的整合和利用，将所有物流节点、设施、设备、运输线路、存储状态等输入物流信息系统，利用物流信息系统实现信息一体化管理，对市场和客户做出快速的反应。物流网络工作的效率离不开物流信息系统的有效支持和实时控制。必须建立先进的信息化物流网络，提高管理和服务水平。

三、物流网络规划与设计的影响因素

影响物流网络规划与设计的因素很多，其中主要因素包括：企业总体战略、需求、客户服务、产品特征、物流成本和成本策略。

(一) 企业总体战略

企业总体战略对物流网络产生深刻的影响。归根到底，物流系统和财务系统、生产系统等一样，是企业系统的一个组成部分，物流网络规划与设计要服从于企业总体战略，对其目标的实现起支持作用。不同的企业总体战略要求有不同的物流网络与其对应，例如，采取扩张战略的企业与采取收缩战略的企业的物流网络会有鲜明的区别。

(二) 需求

市场的需求影响着物流网络的结构，也影响着区域的布局和结构。根据市场的需求变化不断做出相应的调整，因为市场在不断变化，应当用发展的眼光，及时调整物流网络。在需求大、增长快的地区建造新的物流节点以适应社会的发展；在需求量下降，市场萎缩的地区，可能要关闭部分设施。物流网络规划与设计需要不断进行调整和布局，以适应市场的快速发展。

(三) 客户服务

客户是企业的重要资源，客户服务水平的高低影响着客户的忠诚度，尤其在市场竞争日趋激烈的今天，必须不断维护老客户，开发新客户以扩大市场份额。在互联网时代，成本和价格已经非常透明，如果只是一味地提高服务水平，就会大大增加企业的成本，甚至使企业出现亏损，在这种情况下，就需要对客户提供差异化的服务，以满足客户的不同需求，体现企业的人文关怀。

(四) 产品特征

企业的业务随着市场的变化不断发生改变，比如客户的需求改变导致运输的产品发生变化，那么原来的运输设备就有可能需要更新，甚至运输线路也可能发生改变，需要重新规划运输线路，建立新的物流网络。一般而言，对于不同性质的产品和不同生命周期的产品要考虑与其相适应的物流网络结构，下面就这两个方面做一些说明。

1. 产品的性质

传统的产品分类方法将产品分为消费品和工业品。产品的使用对象不同，其物流网络的设计方式也不一样。

(1) 消费品。消费品是直接面向消费终端，供广大消费者使用的产品。很早以前营销人员就认识到消费者选择产品和服务的方式、原因有根本区别，由此提出将消费品分成3类：便利品、选购品和特殊产品。

便利品是指消费者无须比较而经常购买的产品，比如烟草、银行服务以及大米和面食等，都属于这种类型。这些产品一般需要有广泛的分销渠道、众多的网点。分销成本通常很高，广泛、大量的分销会带来潜在的销售增长。要想留住客户，刺激消费者进行购买，必须不断提高服务水平和服务态度。

选购品是指消费者选择余地比较大，可以多方比较价格、质量和性能，慎重考虑后才进行购买的产品，如服装、家具、电器等。

特殊产品是指性质特殊的产品，一般为稀少或者紧缺的商品。特殊产品对企业而言维护成本比较低，客户服务水平要求不高，成本也是最低的，正因为如此，许多企业试图为自己的产品在消费者中间竖立品牌偏好。

(2) 工业品。工业品的主要服务对象为企业，一般以半成品的形式提供给企业进行二次加工和生产。通常由供应商去寻找买主，流通时批次多，批量大。工业品传统上大体分为两类：一类是半成品或者原材料，用于生产过程，如建筑和设备；一类是服务，主要是为企业提供的商业服务。

2. 产品的生命周期

每种产品都有自己的生命周期。产品从诞生到衰退，要经历一个过程，随着人们的接受及市场的发展，大体经历4个阶段，即导入期、增长期、成熟期和衰退期，如图7-11所示。针对不同时期的产品进行分析，对物流网络不断做出调整。

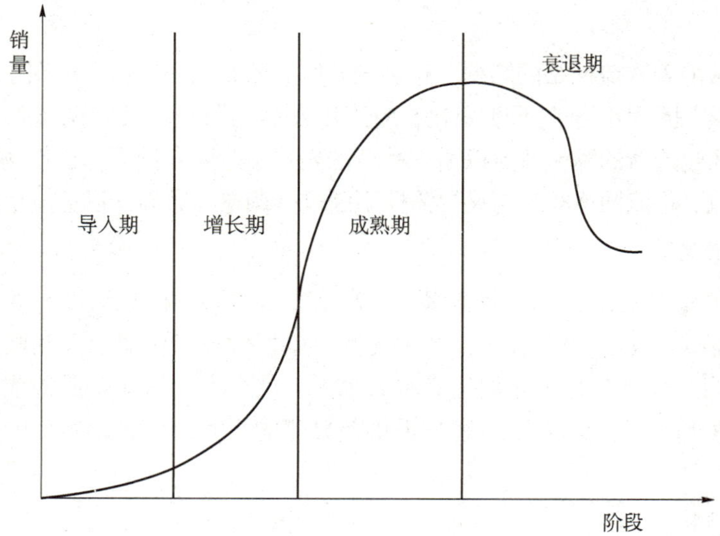

图7-11 产品生命周期的一般曲线

导入期的产品属于新产品，人们对产品的性能还不是很了解，产品被接受的程度不高，销售份额比较小，储存量比较小，而随着市场的推广和营销手段的应用，产品被客户认可的程度越来越高，企业逐渐调整物流网络，以适应产品的增长周期，不断增加物流节点的数量和规模。进入成熟期后，产品的产量和运输量达到一个新的高度，此时无论是物流节点还是运输线路都要进行规划和调整，以保障市场供应的准时性，发挥规模化效应，降低配送成本。没有任何产品是长盛不衰的，当产品发展到一定程度时，必然走向衰退。在产品进入衰退期时，必须调整物流网络，将储存点减少，产品库存将下降，根据产品的周期性质不断进行调整和规划。物流管理人员应时刻了解产品所处的生命周期的不同阶段，以便及时调整物流网络，从而实现每个阶段物流运作效率的最大化。

（五）物流成本

物流成本是企业的第三利润源泉，直接影响着企业的效益。对物流网络的重构，能够使物流成本大幅下降。企业目前越来越重视物流的发展，千方百计地降低物流成本，将其提到战略的高度。

（六）成本策略

成本策略主要涉及定价问题。物流运输是最重要的一个环节，对运输成本，如何定价是一个策略问题，到底是按照出厂价还是按照运到价为准，具体以客户的要求为基本准则，如果客户不想承担物流配送的责任，则可以选择运到价，如果客户有自身的物流团队，自行运输，则可以选择出厂价。目前市场竞争激烈，客户也会多方对比，报价往往影响到客户的最终选择，需要做综合的平衡，既不能太高，也不能太低。

经典案例

农产品物流网络结构类型

农产品物流的整个过程，经过了收获、装卸、转运、仓储、销售等若干环节。产地、转运点、仓库、批发点及零售点等都可视作物流节点，而两个物流节点间的运输线路可视作连线。这些连线就构成了农产品物流网络，物流节点间的连接方式，就决定了农产品物流网络的结构。

农产品物流网络结构可以分为以下几种典型的类型，见表7-3。

（1）线状网络。一些农产品产地的规模化程度较高。这些农产品在种植时会沿着一条主干道路的两边展开，收获时则将农产品集中放到路边，然后装车运走。这样形成的农产品物流网络可称作线状网络。在云南等地的香蕉主产地，蕉园都分布在一条主干道路的两边，香蕉成熟时收购香蕉的货车会沿路收购。这属于较典型的线状网络。

（2）星状网络。一些种类的农产品新鲜度要求高，不便进行长距离运输，一般只供给就近的市场。这样的农产品容易形成星状网络。在星状网络中，农产品从周边的产地向一个中心点汇集。比较典型的例子是一个城市或乡镇，周边各个蔬菜产地的蔬菜每天运往城市或乡镇中的农贸市场进行销售。

（3）树状网络。一些能长期存放的农产品，会先由小收购商进行收购，积累较多农产品后再卖给大收购商，逐级往上，经过比较长的链条才到达消费者手中。农产品通过这样的渠道进行流通，会形成树状网络。产地较分散的干货，例如胡椒，收获后会先卖给前来收购的小收购商，小收购商再转卖给大收购商，逐级往上。这就是树状网络中农产品流动的典型方式。

（4）轴辐式网络。轴辐式网络中存在若干个中心节点，中心节点间有边相连，而普通节点间相互并不连接，普通节点只与某个中心节点连接。农产品汇集到某个地区的农产品集散中心，由收购商收购后集中把货物运到另一个城市的农产品批发市场，批发给农产品零售商进行终端销售。通过这样的方式流通的农产品，其形成的物流网络就是一个轴辐式网络。

（5）直达式网络。对于新鲜度要求非常高、价格也较高的农产品，需要尽量减少在途时间，这样的农产品在流通过程中不会像前几种农产品一样经过别的中间节点，而是直接在产地和销售点间流动，这样的网络就是直达式网络。荔枝、猕猴桃等生鲜农产品形成的物流网络属于这种类型。这类产品一般由产地直接空运到销地，中途并不停顿，在运输过程中也不需要中转。

表7-3　各类农产品物流网络的特点

类型	总运输成本	运输时间	可靠性	适用情况
线状网络	较低	较长	很低	产地沿主干道路分布，新鲜度要求不高
星状网络	较高	很短	较高	每个产地产量小，只供应一个市场
树状网络	较低	很长	较低	不易变质，允许多次装卸
轴辐式网络	较低	较长	较低	物流量大，对新鲜度要求不高
直达式网络	很高	很短	很高	价格高，新鲜度要求高，供应多个市场

资料来源：https://www.sohu.com/a/219689555_796374。

实训　物流网络结构

【实训背景】

物流已受到各国政府、学者和管理者的高度重视，并已成为当今社会经济活动的重要组成部分。物流网络涵盖物流及供应链的各个环节，物流网络规划与设计是物流及供应链管理的最基础的工作之一。合理地进行物流网络规划与设计影响到企业的整体效益，越来越受到企业的重视。

【实训目的】

通过物流网络结构实现货物的空间效益和时间效益，在保证社会再生产顺利进行的前提下，实现各种物流环节的合理衔接，并取得最佳的经济效益。

【实训组织】

（1）自由组合，组成若干小组。

（2）各组选择比较感兴趣的企业，通过线上和线下结合的方式调研该企业的物流网络结构。

（3）各组设计调研方法和提纲。

（4）进行调研，了解该企业的物流网络的使用现状及效果，并提出问题及相应的解决对策。

【实训评价】

从各组的团队配合情况、选取企业的典型性、提出的问题、对策的创新性、工作态度等方面进行综合评价。

【项目测评】

一、判断题

1. 物流节点是整个物流活动中的终端环节。　（　　）

2. 企业为了降低运输成本，往往采用大批量、长距离运输，这属于主要干线运输。　（　　）

3. 物流网络工作效率的提高离不开物流信息系统的有效支持和实时控制。　（　　）

4. 加工和储存是物流网络的基本功能。　（　　）

5. 影响物流网络结构的因素很多，其中主要的因素包括以下 6 个方面：企业总体战略、需求、客户服务、产品特征、物流成本和成本策略。　（　　）

二、单选题

1. 物流网络的治理结构分为 4 类：（　　）、三边治理、双边治理和单边治理。

A. 四边治理　　B. 五边治理

C. 六边治理　　D. 多边治理

2. 多枢纽站轴辐式物流网络结构模式的运输分为三个阶段，不包括（　　）。

A. 主要干线运输　　B. 干线运输

C. 装卸搬运　　D. 站点运输

3. 传统的产品分类方法将产品分为消费品和（　　）。

A. 工业品　　B. 合格品

C. 不合格品　　D. 易耗品

4. 根据物流节点主要服务地域层次，可将其划分为国际物流节点、区域物流节点和（　　）。

A. 自用型物流节点　　B. 城市物流节点

C. 公共性物流节点　　D. 集散型物流节点

5. 下列属于宏观物流网络研究对象的是（　　）。

A. 制造企业　　B. 批发企业

C. 物流园区物流网络　　D. 零售企业

三、多选题

1. 物流网络的组成包括（　　）。

A. 物流节点　　B. 干线运输

C. 集货散货　　D. 运输线路

2. 根据物流节点的功能可以将其分为（　　）。

A. 转运型物流节点　　B. 储存型物流节点

C. 流通型物流节点　　D. 综合型物流节点

3. 物流网络规划与设计的原则是（　　）。

A. 按经济区域建立物流网络　　B. 以城市为中心布局物流网络

C. 以厂商聚集形成物流网络　　D. 建设信息化的物流网络

4. 产品的生命周期包括（　　）。

A. 导入期　　B. 增长期

C. 成熟期　　D. 衰退期

5. 物流网络基本结构模式分为（　　）。

A. 直送模式

B. 多个供应地通过物流枢纽节点处理后配送到多个需求地的模式

C. 非经济因素评价

D. 回路运输模式

项目八　熟悉物流信息系统规划与设计

【项目介绍】

了解物流信息系统的重要性，通过案例的学习理解物流信息的功能和作用，掌握不同物流信息系统的类型及应用范围。

【知识目标】

（1）了解物流信息的概念，掌握物流信息系统的分类；
（2）熟悉物流信息的作用与功能；
（3）理解客户关系管理软件的一般模型。

【技能目标】

（1）能够判断企业物流信息系统的类型；
（2）掌握仓储管理信息系统的流程及功能；
（3）理解 ERP 系统的概念、功能和结构。

【素质目标】

认识到知识的重要性，明白知识就是力量，培养创新意识和能力，积极学习先进知识，提升创新水平，发扬工匠精神。

【项目导学】

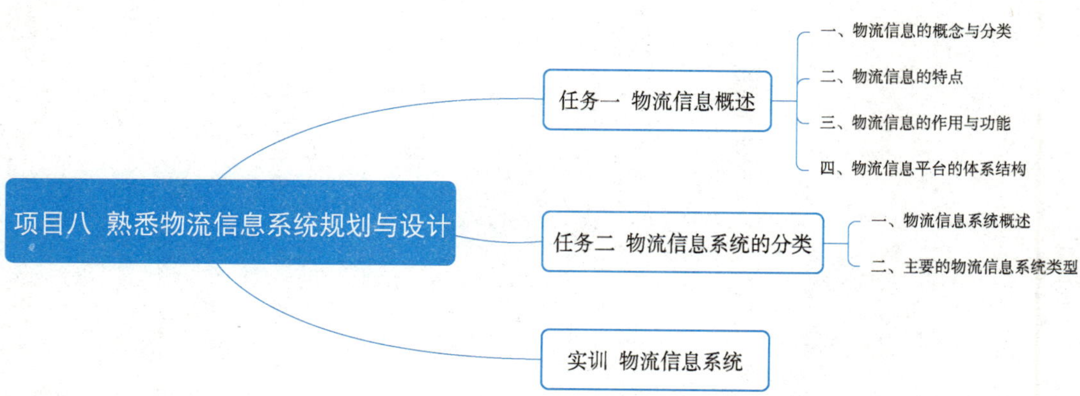

任务一　物流信息概述

【任务描述】了解物流信息的概念与分类，理解物流信息的作用和功能，了解物流信息平台的体系结构。

【任务分析】学生通过查询相关资料了解物流信息的作用和功能。教师通过案例引导学生认识物流信息平台的体系结构。

【相关知识】

物流信息　　智慧物流的作用

案例引入

浙江省烟草公司杭州分公司（以下简称“杭烟”）在杭州的经营零售点达到6 400多家，规模庞大，设置有多个配送中心，拥有100多条配送线路，送货车辆达到20多辆。杭烟原吴山批发部于2002年10月真正实现了访（销）送（货）分离，对整个杭烟配送的物流进行集中管理，这标志着“访送分离、集中配送、信息管理、定时到户”的开始，在物流配送上可以实现统筹规划，集中暴露问题，便于发现问题，解决问题，为杭烟的发展奠定了基础。

思考：如何解决定时到户中的送货车辆调度问题？如何均衡不同送货线路的工作量？如何降低卷烟配送成本？杭烟物流核心技术立足点何在？

【知识学习】

随着科技的发展，物流的发展速度越来越快，各国政府非常重视研究物流的先进管理模式及组织方式，投入研究物流技术，依靠科技不断开发出物流信息系统以加强对物流的管理，降低物流成本。未来的企业更加注重物流信息系统规划与设计，提升企业的竞争力，着重物流信息系统理论的研究，从不同的角度认识物流的本质，推动物流信息技术的发展，从而适应当前经济发展的需要。

一、物流信息的概念与分类

物流信息（Logistics Information）是一个总称，凡是和物流活动有关数据、信息、资料、文件等都统称为物流信息，包含物流活动的全过程，如订单处理、分拣、包装、加工、配送等均属于物流信息。收集和整理所有物流信息的，形成一个非常庞大的数据库，然后进行分类处理，从而合理分析目标数据，进行资源的整合，优化配送的路线。

现代物流是涉及社会生活的各个方面，它涉及原材料供应商、生产制造商、批发商以及最终消费者，即市场流通的全过程。现代物流必须完成三种“流”：①商品的流动，即商流；②信息的流动，即信息流；③资金的流动，即资金流。

二、物流信息的特点

（1）物流信息量大、分布广。物流活动涉及的环节非常多，在每个节点都会产生大量的信息，包括加工、配送、分拣等，导致数据信息量非常大，从供应地到需要地，覆盖的面很广，每次活动都会产生大量的数据信息，另外，数据的收集和整理是一项非常庞大的工程。

（2）物流信息的动态性和时效性非常强，衰减的速度非常快。物流进行的过程中，会产生大量实时更新的动态数据，对动态数据的管理要求非常高，信息的价值也很高，使企业能够实时掌握物流的动态和实时变化。

（3）物流信息种类多，在分拣、储存、入库、出库等环节会产生大量的信息，在配送、中转、流通环节也产生许多信息，种类繁多，需要对收集的信息进行筛选、分类。

三、物流信息的作用与功能

物流系统是一个非常复杂的系统，包含多个环节，每个环节的有效衔接离不开信息的互通互连，信息是否通畅以及能否及时反馈关系到物流活动的运行效率高低，一个环节出现问题或者失误会影响整个物流系统的运行，影响企业整体的经济效益。因此，企业非常重视对物流信息的利用，它在整个物流活动中发挥了不可替代的作用。

（一）物流信息的作用

（1）物流管理活动不是孤立的，而是各个环节紧密联系的，是一个有机的整体。可以通过物流信息掌握每个环节的情况，及时发现物流过程中出现的问题，使整个物流活动处于实时控制中。

（2）物流信息包含了各个环节的所有信息，可以站在整体的角度进行分析，这有利于资源的合理调度和安排，使物料能够进行最优的组合，不是局部最优，而是从整体上实现最优的目标。

（3）可以对以往和当前的物流信息进行储存，对数据进行分析与预测，帮助企业管理者根据物流信息做出精准的预测，从而做出正确的决策。根据物流信息可以实现物流、商流、资金流四流合一，保持企业运营处于平衡的良性发展状态。

（二）物流信息的功能

物流信息的功能主要有：市场交易功能、业务控制功能、工作协调功能和支持决策功能。通过这些功能，物流信息起到非常重要的引导和决策作用。

1. 市场交易功能

物流活动中的所有交易信息都能够通过物流信息系统进行存储，包括订货信息、收货信息、仓储信息、配送信息等，对所有交易环节都可以进行准确的记录和查询，可以对交易市场中的数据实现程序化和规范化管理，实现系统的集成。

2. 业务控制功能

应该建立完善的考核指标体系来对作业计划和业绩进行整体评价，这就强调了物流信息系统作为控制系统的一个重要环节的分析作用。通过对物流信息的分析、评价，找出相应的问题，提高管理的水平和服务的质量。

3. 工作协调功能

在物流活动中，各环节的时间和空间跨度比较大，通过物流信息的集成，可以提高工作的衔接性，减少误差，提高效率，降低劳动强度，从而保证物流作业的各环节都处于高效的协调状态。

4. 支持决策功能

物流信息的收集是决策的基础，通过对大量的物流信息的分析，可以对未来及市场有一个正确的认识，而且收集的物流信息越多，管理者所做出的决策就越接近市场行情。

四、物流信息平台的体系结构

根据物流信息平台的特点和应该提供的功能，可以将物流信息平台划分为六部分，这六部分构成了物流信息平台的体系结构。

（一）电子数据交换子系统

电子数据交换子系统主要实现数据交换功能。物流活动中产生的大量数据要实现传输、转换、接收，才能供管理者使用，电子数据交换子系统的主要功能就是对各环节产生的数据进行实时的传输与交换，将相应的数据及时传达到目标用户使用，并且可以形成各种形式的数据，供用户进行筛选与查询，大大节约了时间，提升了工作效率。电子数据交换子系统传送的信息有：货运通知、订单确认、电子发票、海关申报单和进出口许可证等。物流企业运用的电子数据交换子系统的基本内容有：参与方对用户物流链信息和相关作业的管理、表格和报文管理、数据转换、所有功能的记录、差错控制、对接收到的和将要发出的数据的自动存储。

（二）管理维护子系统

根据角色的不同，不同的人员拥有不同的管理权限。管理维护子系统就是根据相应人员的角色赋予其不同的权限，使每个人都能够在自己的职责范围内进行权限的处理，包括信息备份、用户管理、日志管理等。另外，除了对用户、口令、角色、权限的管理外，管理维护子系统还须具备 CA 认证和电子印章与数字签名的功能，以便实现单证的简单流转和必要的安全保护，并为物流信息系统提供用户的身份安全认证信息。

（三）电子商务子系统

电子商务子系统可以为客户提高统一的交易服务平台，使用户能在不同时间进行在线交易、信息的查询跟踪等物流服务，为企业开展线上线下相结合的业务进行服务，扩大企业的业务量，提升营业额。电子商务子系统是未来发展的趋势，得到越来越多企业的重视，它可以使企业面向全国，甚至全球，扩大目标客户的范围。

（四）信息发布子系统

信息发布子系统可以对数据信息进行深度的分析与挖掘，根据市场行情，对客户进行实时的报价，为客户提供更多的信息增值服务，使客户可以通过多种形式进行信息的查询，如短信、语音、在线服务等，及时公布作业线路及目的城市的报价，针对客户的培训及推广等服务。

（五）决策分析子系统

决策分析子系统对各个部门收集的数据进行分析和整理，对比现有资源及运力，对多种方案进行比较，帮助企业进行决策，筛选方案等，如运输线路的安排、物流节点的选取、运力的分析等，以形成管理者有效决策的依据。

（六）共享数据中心

共享数据中心的功能是针对各部门提供及时有效的信息，各部门根据自身的角色和权限及时获取信息，信息只有被人们充分有效地利用才能为企业带来效益。

经典案例

大连盛川物流为一汽大柴提供的物流服务方案

大连盛川物流有限公司（以下简称“大连盛川物流”）秉承国际先进的现代化物流管理经验，是一汽大连柴油机厂（以下简称“一汽大柴”）的第三方物流企业，为一汽大柴一百多家供应商提供物流服务，同时是一汽大柴密切的合作伙伴。

大连盛川物流作为第三方物流企业为一汽大柴做了些什么？

首先，业务外包为一汽大柴带来的好处，是把储备风险库存挪到第三方物流来做，减少了企业在库房、机械设备、人力、运力方面的再投资。因此，物流中心真正成为一汽大柴的第三利润源泉。

其次，一汽大柴的核心能力应该定位在柴油机的新产品开发、设计和组装生产及市场开拓上，简化产前准备，加快生产速度。业务外包有利于一汽大柴将主要资源与注意力集中在其主要业务上。

最后，物流中心的建立是解决这些问题的根本所在。供应链管理使企业基本实现零库存，并简化生产准备业务，有利于实现准时化生产（Just In Time，JIT）。

大连盛川物流存放的零配件不属于一汽大柴所有，但需要一汽大柴向供应商发出订单，才能送到物流中心；一汽大柴向物流中心发出要料计划，物流中心才能把一汽大柴所需配件送到厂内，这也是一汽大柴所谓虚拟仓库的概念。存放在虚拟仓库中的零配件，原来都占用着一汽大柴的资金，现在所有的零配件在物流仓库里，是供应商自己的，占用的也是供应商的资金，物流中心的仓储费用由供应商负担。

大连盛川物流的信息服务如下。①网上信息服务：可在线下达指令，进行网上货物库存状态查询、客户意见反馈、企业交流等。②库存查询：对仓库中数据的汇总及动态分析。包括库存周转率信息、出入库存量信息、安全库存信息、最大库存量信息及库存成本信息。决策者能实时、准确地根据业务处理的状态，降低运营成本，抓住机遇，从而在激烈的市场竞争中立于不败之地。③库房信息服务：使多样化的静态和动态库存管理与科学化的库存管理手段融为一体，包括库位分配、库区调度、货物管理、出入库明细账及库存盘点。

资料来源：https://doc.mbalib.com/view/4f510591a8d50d8f680196f939812410.html。

问题：物流信息系统的建立为一汽大柴带来什么好处？

任务二　物流信息系统的分类

【任务描述】认识物流信息系统，熟悉主要的物流信息系统类型，掌握仓储管理信息系统的和 ERP 系统的功能结构。

【任务分析】学生通过预习了解物流信息系统的概念和作用。教师引导学生了解物流信息系统的类型，重点讲解仓储管理信息系统和 ERP 系统的功能结构。

【相关知识】

物流信息系统

案例引入

海尔物流信息化建设

建立高效、迅速的现代物流信息系统，才能形成企业的核心竞争力。海尔需要这样的一套物流信息系统，使其能够在物流方面一只手抓住客户的需求，另一只手抓住可以满足客户需求的全球供应链。海尔实施信息化管理的目的主要有以下两个方面。

(1) 现代物流区别于传统物流的主要特征是速度，而海尔物流信息化建设需要以订单信息流为中心，使供应链上的信息同步传递，实现以速度取胜。

(2) 海尔物流需要以信息技术为基础，为客户提供竞争对手所不能给予的增值服务，使海尔顺利从企业物流向物流企业转变。

解决方案如下。

海尔采用了 EOS、EDI、GPS、GIS 等技术，组建自己的物流管理系统（LMIS）。LMIS 实施后，打破了原有的“信息孤岛”，使信息同步而集成，提高了信息的实时性与准确性，加快了对供应链的响应速度。如原来订单由客户下达并传递到供应商需要 10 天以上的时间，而且准确率低，实施 EOS 后不但可在 1 天内完成订单的“客户—商流—工厂计划—仓库—采购—供应商”过程，而且准确率极高。

思考：你认为信息化对企业意味着什么？

【知识学习】

一、物流信息系统概述

（一）物流信息

物流信息是物流各环节的活动中收集的数据经过加工处理、分析解释、明确意义后，对物流企业经营管理活动产生影响的信息资料。

（二）物流信息系统的概念

物流信息系统是一个集成系统，把物流各个环节的信息与其活动过程形成一个有机整体，为物流活动的交易、管理控制、决策分析等提供支持。在物流信息系统的概念提出后，人们把物流信息系统的开发主要集中在提高交易系统的效率，从而使企业获取竞争优势，降低交易成本。

二、主要的物流信息系统类型

（一）配送中心信息系统

1. 配送中心信息系统的作用

典型的配送中心信息系统的主要作用有两方面：一方面可以使企业实时了解配送的情况，实时更新仓储管理信息系统的库存数据，从而实现供需平衡；另一方面，分析数据与预测市场销售情况，实现提前采购与储存，以满足客户的多样化需求。

具体体现在以下几个方面。

（1）配送中心信息系统是物流配送中心的核心。

（2）配送中心信息系统可使企业有效节约运营成本。

（3）配送中心信息系统可促使物流配送中心的服务功能的拓展。

2. 配送中心信息系统的流程

配送中心信息系统的流程如图 8-1 所示。

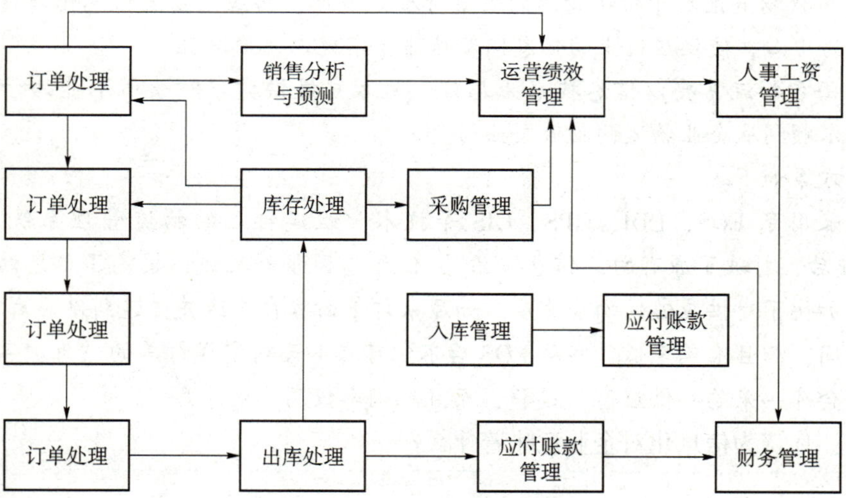

图 8-1　配送中心信息系统的流程

3. 配送中心信息系统的结构

1）配送中心信息系统的总体结构

一般的配送中心信息系统的总体结构主要包括采购入库管理系统、销售出库管理系统、财务会计管理系统和运营绩效管理系统四大管理系统，如图 8-2 所示。

2）每个子系统的结构

（1）采购入库管理系统。

采购入库管理系统主要包括：采购管理系统、入库作业处理系统、存货处理系统和应付账款系统，如图 8-3 所示。

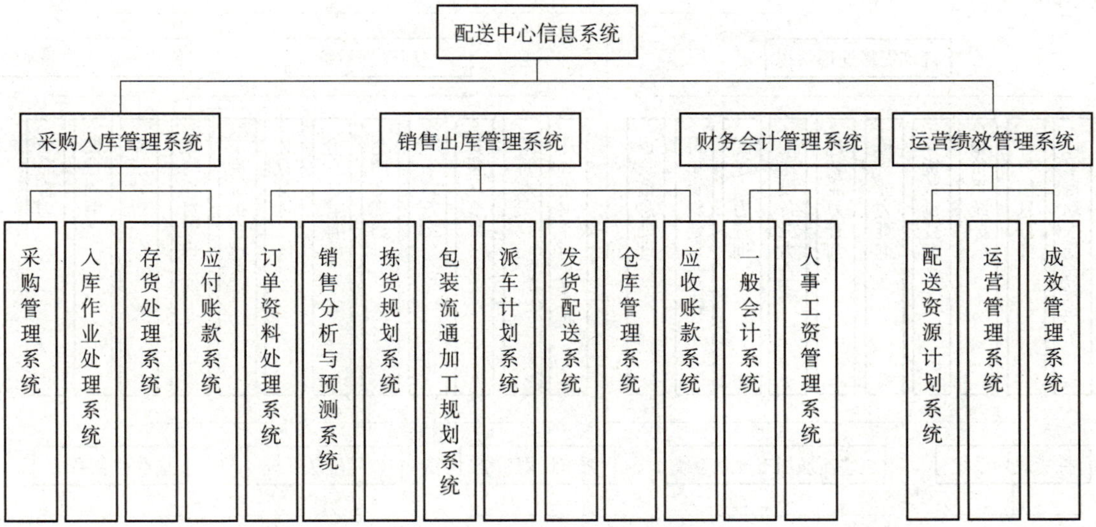

图 8-2　配送中心信息系统的总体结构

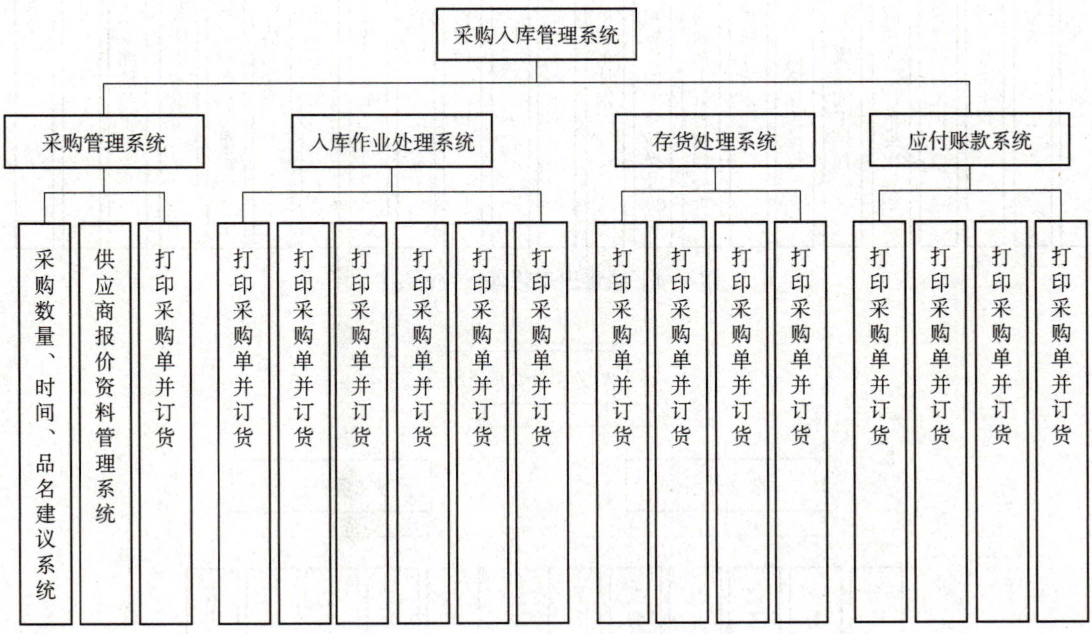

图 8-3　采购入库管理系统的结构

（2）销售出库管理系统。

销售出库管理系统主要包括订单资料处理系统、仓库管理系统、销售分析与预测系统、拣货规划系统、包装流通加工规划系统、派车计划系统、发货配送系统和应收账款系统，如图 8-4 所示。

（3）财务会计管理系统。

财务会计管理系统主要包括一般会计系统和人事工资管理系统两个部分，如图 8-5 所示。

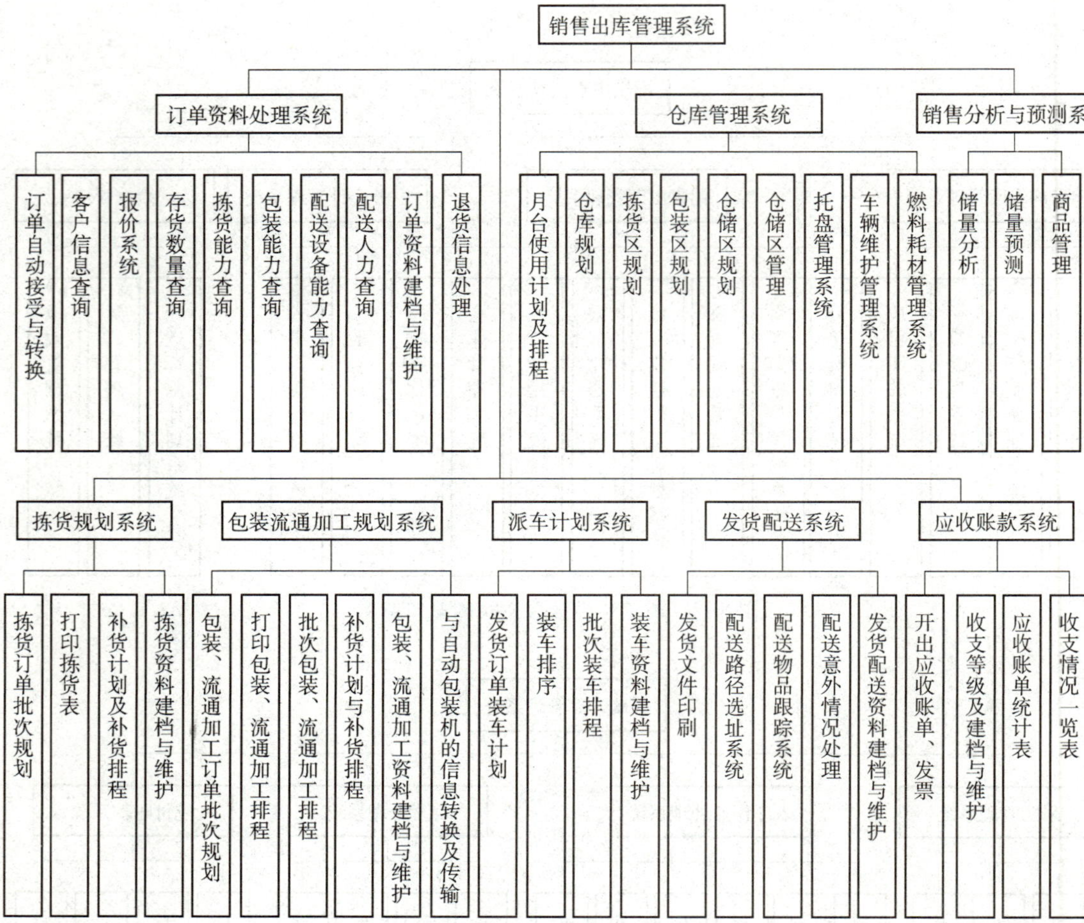

图 8-4 销售出库管理系统的结构

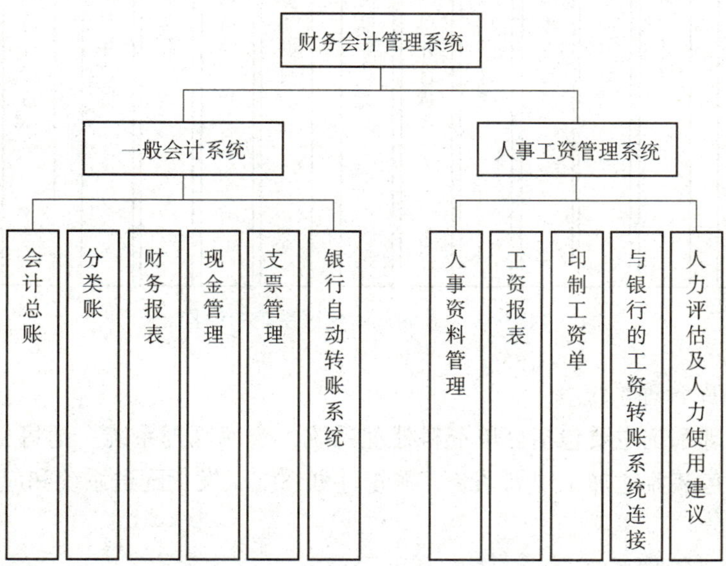

图 8-5 财务会计管理系统的结构

（4）运营绩效管理系统。

运营绩效管理系统主要包括配送资源计划系统、运营管理系统、成效管理系统，如图 8-6所示。

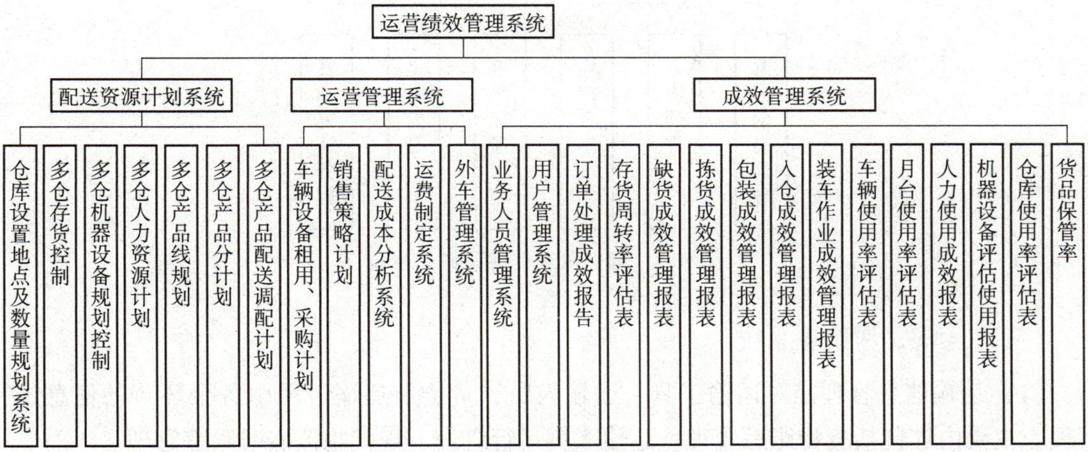

图 8-6　运营绩效管理系统的结构

（二）仓储管理信息系统

1. 仓储信息管理的内容

仓储信息管理的内容主要包括以下几个方面：货物识别和跟踪、出/入库作业信息管理、绩效管理。

2. 仓储信息管理系统的流程

仓储信息管理系统的流程涵盖入库管理、在库管理和出库管理，如图 8-7 所示。

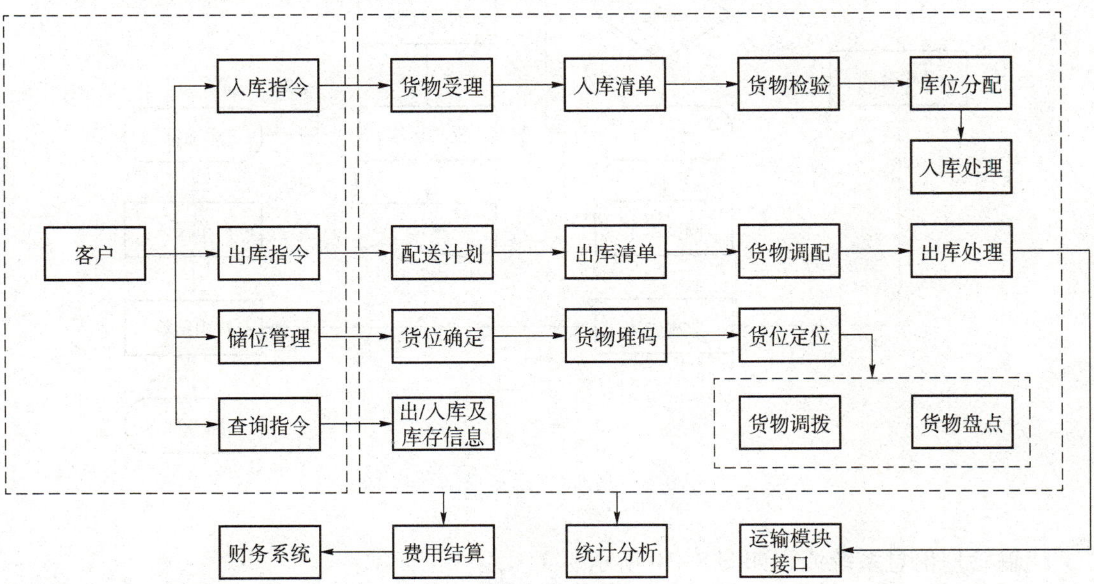

图 8-7　仓储管理信息系统的流程

3. 仓储管理信息系统的结构

仓储管理信息系统主要实现的是仓库中物料的出/入库数据、在库数据，完成货物数据的实时更新，以及进货、盘点、转仓等功能，如图 8-8 所示。

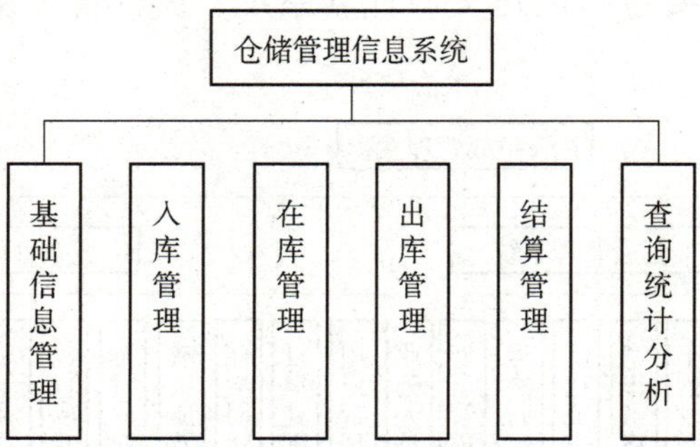

图 8-8 仓储管理信息系统的结构

（三）运输管理信息系统

（1）运输信息管理是对运输工具、运输人员、货物及运输过程中各个环节的信息进行管理。主要内容包括货物跟踪管理、运输车辆运行管理、现代物流实时跟踪管理。

（2）公路货运业务的流程与运输管理信息系统的流程。

公路货运业务的流程如图 8-9 所示。

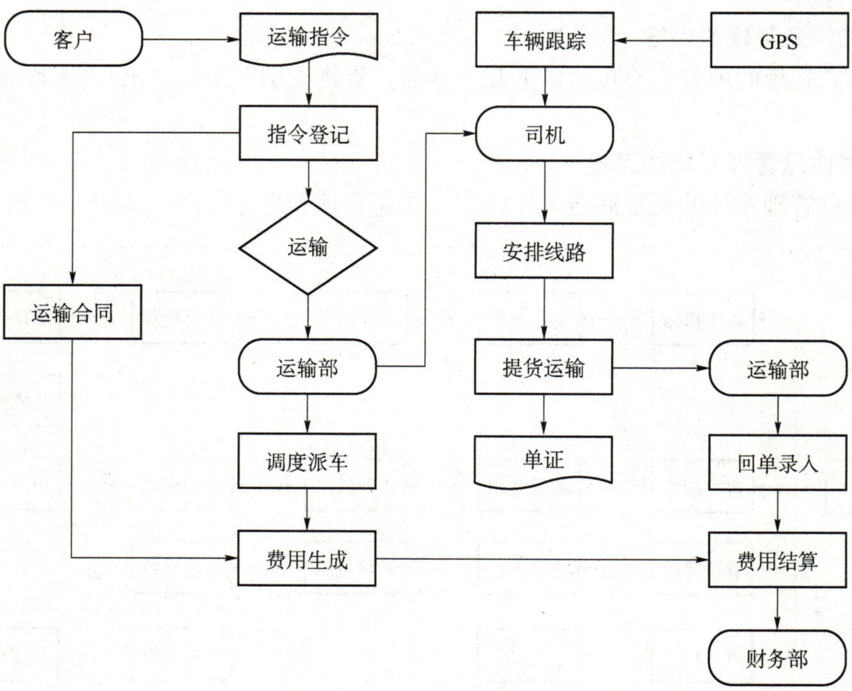

图 8-9 公路货运业务的流程

运输管理信息系统流程如图 8-10 所示。

（3）运输管理信息系统的结构。

运输管理信息系统主要包括车辆信息管理、运输调度管理、运输作业管理、运输费用管理、运输跟踪管理、统计分析管理，如图 8-11 所示。

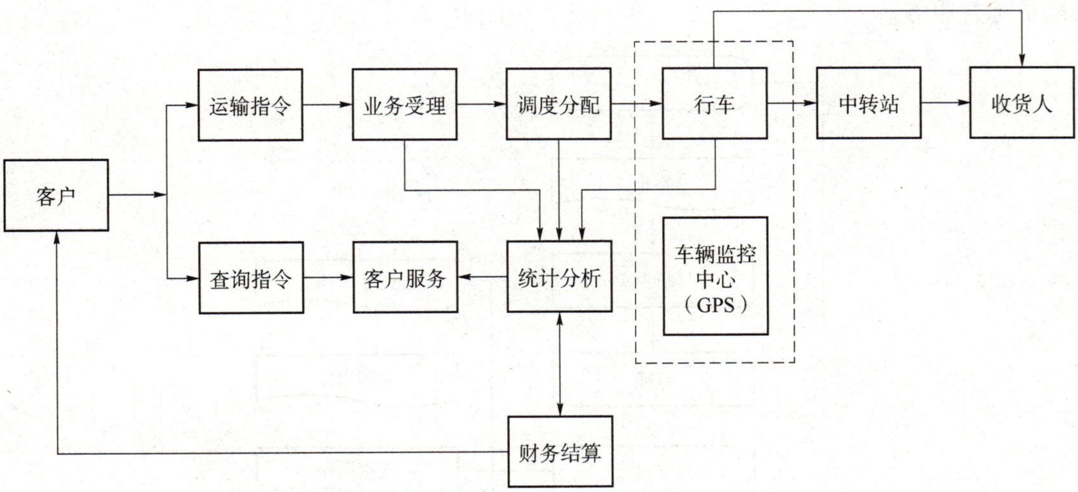

图 8-10　运输管理信息系统的流程

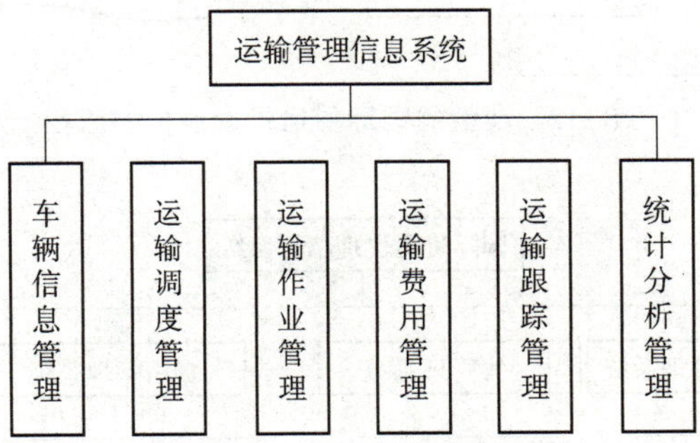

图 8-11　运输管理信息系统的结构

（四）国际货运代理信息系统

1. 国际货运代理信息系统概述

国际货运代理信息系统主要是为国际货运企业提供支持，实现数据信息的快速处理，进行现在资源的有序对接，实现资源整合，提高国际货运代理企业的服务水平和竞争力。

2. 国际货运代理业务的流程

典型的国际货运代理业务的流程如图 8-12 所示。

3. 国际货运代理信息系统的结构

国际货运代理信息系统是对托运单、操作单、提单、财务结算等进行分析和处理的管理信息系统。典型的国际货运代理信息系统的结构包括货运出口管理系统、货运进口管理系统、销售管理系统、费用管理系统、决策支持系统，如图 8-13 所示。

（五）船舶代理信息系统

1. 船舶代理业务

船舶代理是一种代理行为，通常指船舶所有人、船舶经营人、承租人或货主等无法有效找到资源，而委托船舶代理机构或者代理人办理相关业务，实现资源对接的一种方式，实现双方信息的有效对接，代理机构或者代理人收取一定的费用。船舶代理业务一般可归纳为以下几个方面：船舶进出港口服务、货运组织服务、客运及相关服务、集装箱管理服务、船舶及船员综合服务。

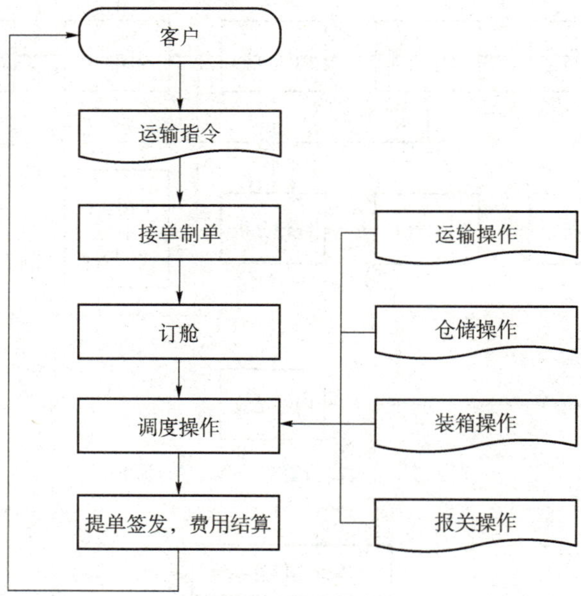

图 8-12　典型的国际货运代理业务的流程

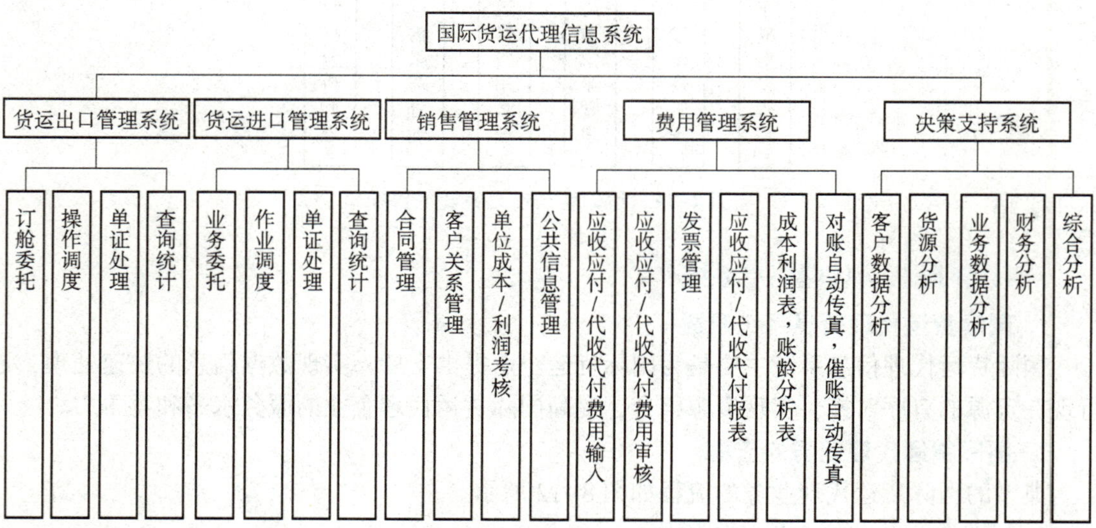

图 8-13　国际货运代理信息系统的功能结构

2. 船舶代理信息系统的结构

船舶代理信息管理系统主要包括六个业务子系统以及必不可少的财务系统接口，其中六个业务子系统分别为船务信息管理系统、航次结算系统、出口单证作业系统、出口运费作业系统、进口单证作业系统、集装箱管理系统，如图 8-14 所示。

（六）企业资源计划

1. ERP 系统概述

企业资源计划（Enterprise Resources Planning，ERP）系统是一个综合的大型管理信息系统，它对企业内、外部资源进行有效整合，包括采购、生产、储存、运输等，对所有的资源进行有效组合并充分利用，以取得最佳经济效益。ERP 系统的核心思想是实现对整个供应链的有效管理。

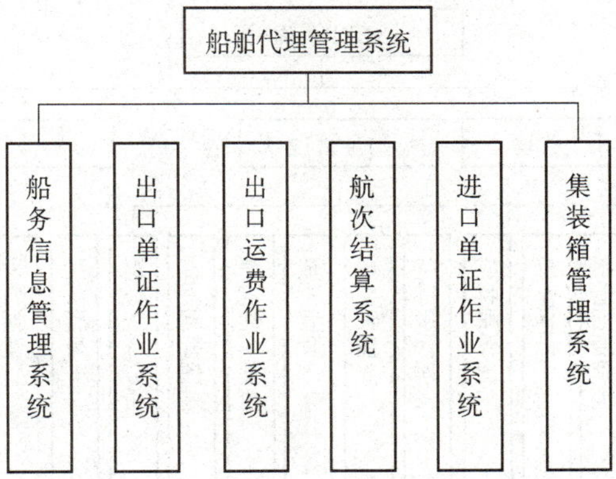

图 8-14 船舶代理信息系统功能结构

2. ERP 系统的流程

在企业内部，根据管理职能划分为多个子系统，ERP 系统就是对企业内部不同系统之间进行整合，使企业内部的物流、资金流、信息流、商流四流合一，提高企业的运营效率，如图 8-15 所示。

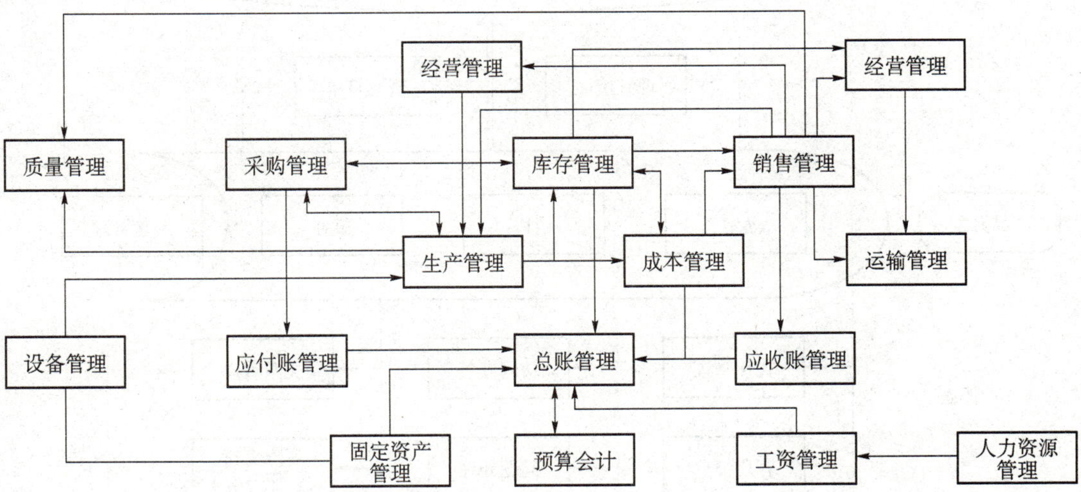

图 8-15 ERP 系统的流程

3. ERP 系统的结构

ERP 系统能整合企业内、外部的所有资源，使资源能够得到充分的利用，将物流、资金流、信息流融合在一起进行管理。在企业中，一般的管理主要包括三方面的内容：生产控制管理（计划、制造）、物流管理（分销、采购、库存管理）和财务管理（会计核算、财务管理），使这三个方面集成为一个整体，共同服务于企业的整体目标，如图 8-16 所示。

（七）其他相关的系统

1. 客户关系管理系统

客户关系管理系统主要是针对客户管理研发出的一套系统。客户是企业的重要资源，维护老客户，开发新客户需要一套系统软件来实现。客户关系管理系统的一般模型就是根据目标客户、主要过程及他们直接的相互关系而形成的，如图 8-17 所示。

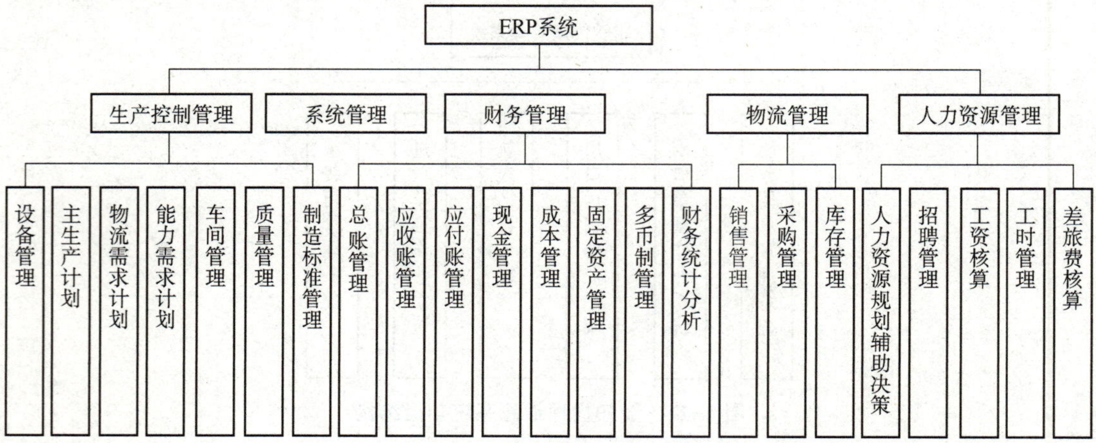

图 8-16　一般的 ERP 系统的结构

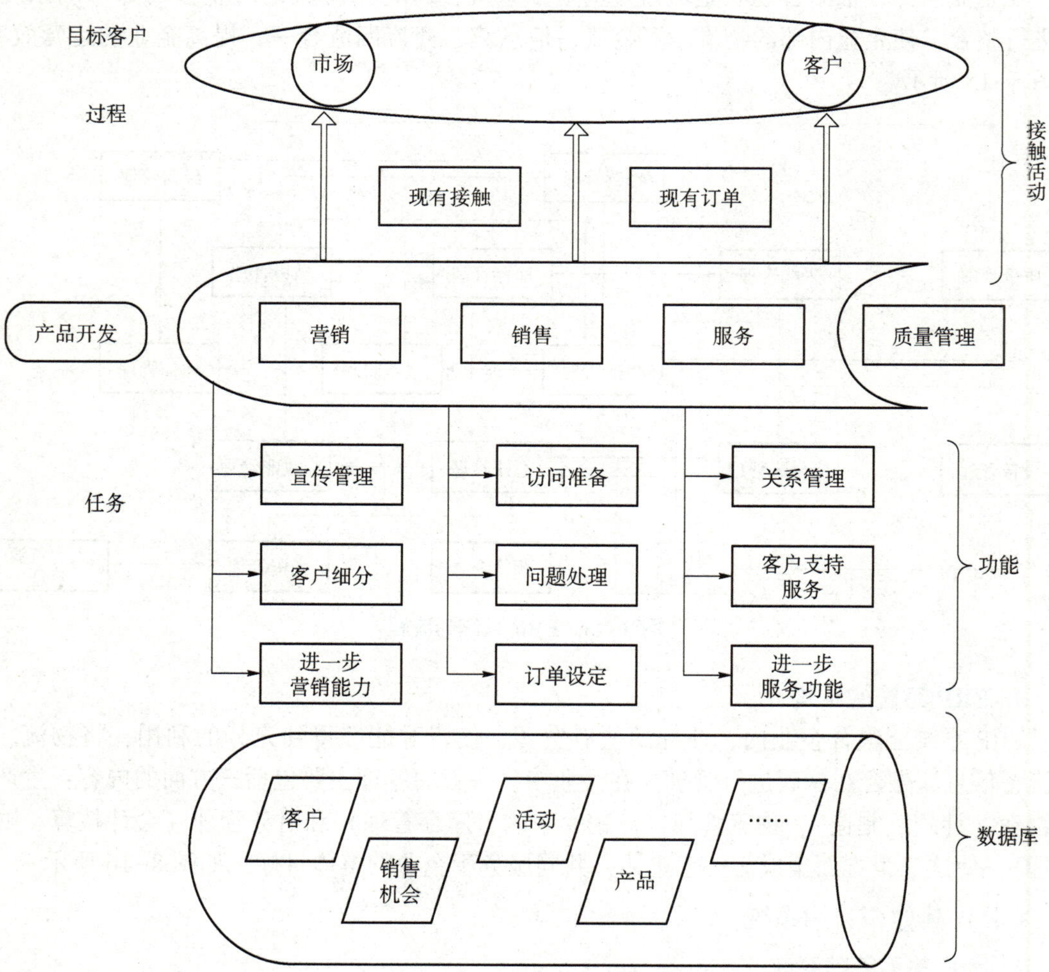

图 8-17　客户关系管理系统的一般模型

客户关系管理系统是一个融合了各种先进技术的系统，可以与客户进行实时沟通，了解并解决客户遇到的问题，做好客户的维护工作，还可以影响客户，提高客户回购的次数和数量，为客户提供更加优质的服务，同时有利于开发潜在客户，为企业决策提供支持。

客户关系管理系统的基本功能包括联系人管理、客户管理、潜在客户管理、电话销售管理、时间管理、销售管理、客户服务电话营销管理等。人们又在原来的基础上不断研发出新的功能，如呼叫中心、知识管理、电子协同商务等。

2. 人力资源管理信息系统

1）人力资源管理的内容

人力资源管理的主要内容包括以下几方面：人力资源战略规划 、人力资源管理的基础业务、人力资源管理的核心业务、人力资源管理的其他工作。

2）人力资源管理信息系统的种类

人力资源管理信息系统的种类如下：人力资源管理系统、薪酬和福利管理系统、考勤管理系统、培训管理系统、电子人力资源管理系统。

3. 人力资源管理信息系统的结构

典型的人力资源管理信息系统由基础功能系统与业务功能系统两部分构成，如图 8-18 所示。

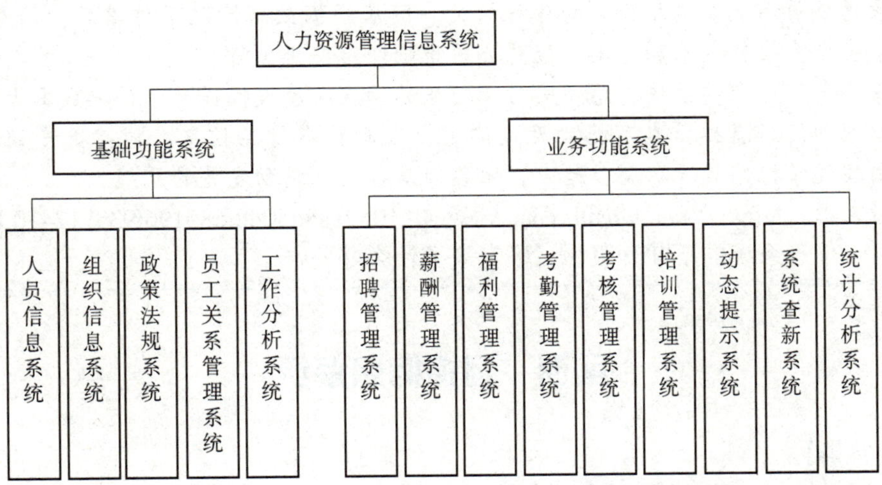

图 8-18　典型的人力资源管理信息系统的结构

经典案例

系统升级三联家电锻造分销供应链

三联商社（以下简称“三联”）已连续数年坐上家电专营老大的金交椅，三联的家电生意确实很好，目前已拥有济南中心店、30 多家合资直营店和 80 多家县级特许店，共 100 多家门店，经销 10 000 多种产品。

三联一直在变，入主郑百文、投资宽带网、搞房地产、营造旅游品牌，但三联的支柱还在家电销售。作为三联业务的重中之重，三联家电总公司的销售额占整个集团的 85%

以上。三联有 ERP、shop365、百灵网等，可以把几万种商品搬到网上销售。这一切注定了三联必然走上信息化之路，并且需要不断提升。

早在 2000 年 9 月，三联就和 S&I（中国）有限公司签约宣布三联正式使用世界一流的供应链厂商 JDE 公司的 ERP 系统，包括财务和分销模块，并由 JDE 的合作伙伴 S&I（中国）有限公司提供全面的培训和实施，并在不久之后完成系统，投入运作。三联目前使用的 ERP 系统帮助三联有效改善了内部管理，伴随着三联的高速扩张，这套 ERP 系统为三联带来了可观的效益，同时也增强了三联利用信息化提高运营效率的信心。

三联的核心问题是需要专门的企业分销供应链管理系统。面对快速扩张的态势，三联迫切需要尽快上马新的信息系统，专门解决企业分销系统中的问题，以促使企业真正实现供销一体化，推动管理与扩张齐头并进。面对三联严重的缺货问题，易通经纬公司采用成熟的 eTradeStar 采购资源管理软件，并专门为三联设计了“缺货列表”的功能。如果订单中的产品正好没有库存，客户又愿意等待，该产品就会自动进入缺货列表。库存更新后，缺货列表就和库存自动匹配，一旦匹配成功，三联就能及时通知客户。这不仅使三联抓住可能失去的订单，同时提高了客户满意度。

为此，新系统运用 eTradeStar 采购资源管理软件为三联设计了门店采购系统。新系统上线后，三联家电总公司的库存将每隔半天更新一次，任何一家门店都可以通过网络直接登录总公司系统查询总公司的库存情况。门店根据最新情况下订单后，门店订单在总公司系统中直接转成采购订单，经总公司审批即可安排出货。

依靠这个门店采购系统，总公司对于门店的响应速度大幅提升，接单成本大幅降低；它还可以帮助门店省掉信息不畅的无谓沟通，及时获得货品信息，捕捉更多销售良机。现在三联实现了把销售资源整合起来，同各门店拧成一股劲发展的愿望。

资料来源：https://doc.mbalib.com/view/4f510591a8d50d8f680196f939812410.html。

问题：信息系统的不断升级为三联带来了什么好处？

实训　物流信息系统

【实训背景】

能通过互联网查询物流信息系统的应用介绍文档；查询物流信息系统在某企业或组织应用的案例。

（1）分析物流信息系统应用文档的组成；

（2）分所调查的物流信息系统案例的功能特点；

（3）能对所调查的物流信息系统案例的应用进行分类；

（4）分析所调查的物流信息系统案例所采用的技术；

（5）总结并阐述对物流信息系统的理解。

【实训目的】

理解物流信息系统的组成和结构、分类、功能和应用。

【实训组织】

（1）自由组合，组成若干小组。

（2）各组选择比较感兴趣的企业，通过线上和线下相结合的方式调研该企业所使用的物流信息系统。

(3) 进行调研，了解该企业的物流信息系统有哪些，使用现状及效果如何。

(4) 各小组讨论对物流信息系统的认识。

【实训评价】

从各组的团队配合情况、对物流信息系统的认知、企业使用物流信息系统的情况等方面进行综合评价。

【项目测评】

一、判断题

1. ERP 系统的核心思想是实现对整个供应链的有效管理。 (　　)

2. 一般的配送中心信息系统的结构主要包括采购入库管理系统、销售出库管理系统、运营绩效管理系统和财务会计管理系统等四大管理系统。 (　　)

3. 仓储信息管理是对运输工具、运输人员、货物及运输过程中各个环节的信息进行管理。 (　　)

4. 运输管理信息系统的结构主要包括入库作业处理系统、采购管理系统、库存控制系统和应付账款系统。 (　　)

5. 配送中心信息系统可使企业有效节约运营成本。 (　　)

二、单选题

1. 财务会计管理系统主要包括一般的会计系统和（　　）两个部分。

A. 运营绩效管理系统　　B. 采购入库管理系统

C. 人事工资管理系统　　D. 销售出库管理系统

2. 下列不属于具体的物流信息的是（　　）。

A. 采购信息　　B. 进货信息　　C. 订货信息　　D. 生产信息

3. 下列不属于一般的会计系统的是（　　）。

A. 工资报表　　B. 会计总账　　C. 财务报表　　D. 现金管理

4. 运营绩效管理信息不包括（　　）。

A. 配送资源计划系统　　B. 运营管理系统

C. 成效管理系统　　D. 应收账款系统

5. 在企业中，一般的管理主要包括三方面的内容：生产控制管理、物流管理和（　　）。

A. 运输管理　　B. 财务管理　　C. 仓储管理　　D. 信息管理

三、多选题

1. 现代物流必须完成三种“流”，即（　　）。

A. 商品的流动，即商流　　B 信息的流动，即信息流

C. 车辆的流动，即车流　　D. 资金的流动，即资金流

2. 物流信息的特点包括（　　）。

A. 物流信息是静态数据　　B. 物流信息量大、分布广

C. 物流信息动态性强　　D. 物流信息种类多

3. 物流信息的功能包括（　　）。

A. 市场交易功能　　B. 业务控制功能　　C. 工作协调功能　　D. 支持决策功能

4. 仓储管理的作业流程涵盖（　　）。

A. 出库管理　　B. 入库管理　　C. 运输管理　　D. 在库管理

5. 运营绩效管理系统的结构主要包括（　　）。

A. 运输管理信息系统　　B. 配送资源计划系统

C. 运营管理系统　　D. 绩效管理系统

四、案例分析

海尔物流信息系统建设案例分析

为了与国际接轨，建立高效、迅速的现代物流信息系统，海尔采用了ERP系统和BBP系统（原材料网上采购系统）对企业进行流程改造。经过近两年的实施，海尔的现代物流信息系统不仅很好地提高了物流效率，而且将海尔的电子商务平台扩展到了包含客户和供应商在内的整个供应链管理，极大地推动了海尔电子商务的发展。

海尔认为，现代企业运作的驱动力只有一个：订单。没有订单，现代企业就不可能运作。围绕订单而进行的采购、设计、制造、销售等一系列工作，最重要的流程就是物流。离开物流的支持，企业的采购与制造、销售等行为就会带有一定的盲目性和不可预知性。

一、ERP系统

海尔物流的ERP系统共包括五大模块：MM（物料管理）、PP（制造与计划管理）、SD（销售与订单管理）、FI/CO（财务管理与成本管理）。

二、BBP系统

BBP系统主要建立了与供应商之间基于互联网的业务和信息协同平台。该平台的主要功能如下。

（1）通过平台的业务协同功能，既可以通过互联网进行招投标，又可以通过互联网将所有与供应商相关的物流管理信息，如采购计划、采购订单、库存信息、供应商供货清单、配额以及采购价格和计划交货时间等发布给供应商，使供应商可以足不出户就全面了解与自己相关的物流管理信息（根据采购计划备货，根据采购订单送货等）。

（2）对于非业务信息的协同，SAP使用构架于BBP采购平台的信息中心为海尔与供应商之间进行沟通交互和反馈提供集成环境。信息中心利用浏览器和互联网作为中介整合了海尔过去通过纸张、传真、电话和电子邮件等手段才能完成的信息交互方式，实现了非业务数据的集中存储和网上发布。

实施和完善后的海尔物流信息系统，可以用“一流三网”来概括，充分体现了现代物流的特征。“一流”是指以订单信息流为中心；“三网”分别是全球供应链资源网络、全球用户资源网络和计算机信息网络。

整个系统围绕订单信息流这一中心，对海尔遍布全球的分支机构进行整合，使“三网”同时运行，为订单信息流的增值提供支持。

资料来源：https://doc.mbalib.com/view/6f75c4c1111ce499653763e3fe4ad730.html。

分析：物流信息系统建设为海尔带来了哪些好处？

项目九　领悟物流运营管理系统规划与设计

【项目介绍】

了解物流运营的模式及优、缺点，熟悉物流运营组织规划与设计的内容，掌握物流运营绩效评价的方法，能够进行物流营销系统规划，提升企业的整体运营管理能力。

【知识目标】

(1) 了解物流运营管理的特点；
(2) 掌握自营物流模式的正面效应及负面效应；
(3) 熟悉第三方物流模式的特点及第四方物流模式的概念及功能。

【技能目标】

(1) 能够使用期望值法和量本利模型选择物流运营模式；
(2) 掌握物流营销系统规划的方法；
(3) 理解物流运营组织结构形式。

【素质目标】

物流运营管理系统关系到企业的长远发展，设计合理的物流运营管理系统是非常重要的；培养观察能力、学习能力和判断能力，发扬工匠精神，提升民族自信心。

【项目导学】

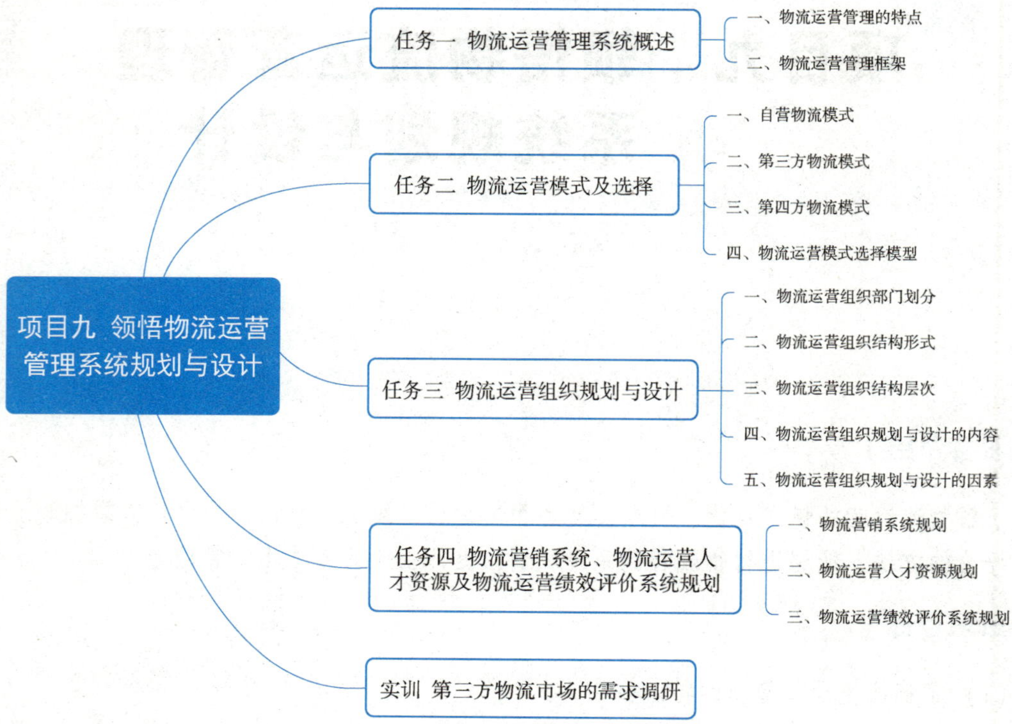

任务一　物流运营管理系统概述

【任务描述】了解物流运营管理的概念和特点，熟悉企业物流运营管理的框架结构，掌握物流运营管理系统的内容。

【任务分析】学生认识物流运营管理的概念和特点。教师引导学生梳理物流运营管理的框架结构。

【相关知识】

物流运营管理

案例引入

易通交通信息发展有限公司易通物流分公司（以下简称“易通物流”）属于第三方物流公司，自 2000 年 11 月成立以来，连续 3 年以翻倍的速度成长，覆盖城市达到 300 多个，年营业额已经突破 2 000 万元。易通物流之所以能够取得如此快速的发展得益于其使用了先进的物流运营管理系统。

易通物流对物流运营管理系统的需求，经历了从单一到全面、从模糊到清晰的发展过程。易通物流对物流运营管理系统的应用从总体上来说分为四个阶段。

(1) 单纯的数据录入、统计、查询等工作。

(2) 录入数据的范围进一步扩大，包括集货、出/入库、运输、配送等，对物流各个环节的数据进行分析和利用。

(3) 进行信息资源的整合，实现运输、调度、出/入库等功能的融合，使公司运营的各个物流节点能够有效衔接，提高配送的效率。

(4) 对系统功能进行升级，充分挖掘信息，实现信息与系统的充分对接，进一步提升运输效率，降低运输成本。

思考：易通物流获得快速发展的原因是什么？

【知识学习】

物流运营管理是指通过对企业整体的运营，对企业内部如信息、仓库、搬运、装卸等一系列活动进行集成管理，从整体上对资源进行优化配置，尽可能以最低的成本为客户提供更好的服务。物流运营管理不仅包括有形商品的管理，还包括无形商品的管理，如服务等，主要是对所有物流活动进行集成化管理，实现资源的优化配置。

一、物流运营管理的特点

（一）物流运营管理是跨边界的活动

从企业内部来看，各个部门为了实现自己的利润最大化，其目标是相互冲突的，如果不能有效地协调和沟通，会导致各部门之间相互竞争，使资源无法得到充分的利用，使企业的利润受损。物流运营管理是跨越边界的，它不是站在任何一个部门的利益上，而是对企业的整体进行分析，协调各部门之间的利益关系，使企业的收益最大化。

从企业外部来看，对企业外部的资源进行整合，对供应商进行有效管理，降低库存成本，将企业经营方式由分销改为直销，减少中间环节，增加企业利润，提供反向物流管理等增值服务，解读和研究政策法规，充分利用政策的优势。有效整合外部资源，可以更好地为企业进行服务，使企业的发展进入良性循环。

（二）物流运营管理的目标是降低物流总成本

在保持既定服务水平的基础上，物流运营管理就是通过对物流活动的研究，提高物流管理的水平，充分进行资源的组合，降低企业的物流成本，进而降低物流总成本。物流运营管理的过程也是资源整合的过程，即提高运输效率，优化配送线路，提高车辆的装载率，不断降低物流总成本。

（三）物流运营管理是优化资源配置的过程

在物流运营管理过程中，存在许多“效益悖反”问题。物流运营管理就是要协调各种物流活动，做出相应的取舍。某项物流作业的成本降低了，可能另一项物流作业的成本却提高了，物流运营管理往往需要在这些问题上进行权衡，以获得整体上的最优。

无论是企业的物流管理部门，还是专业的物流服务企业，为了实现企业的目标，就必须使各个部门的人力、物力、财力等相互配合，使企业内部的资源得到充分利用，只有所有部门都充分协调，才能既满足客户的要求，又不断降低企业的物流成本，实现利润最大化的目标。

二、物流运营管理框架

物流运营管理框架比较复杂，具体如图 9–1 所示。

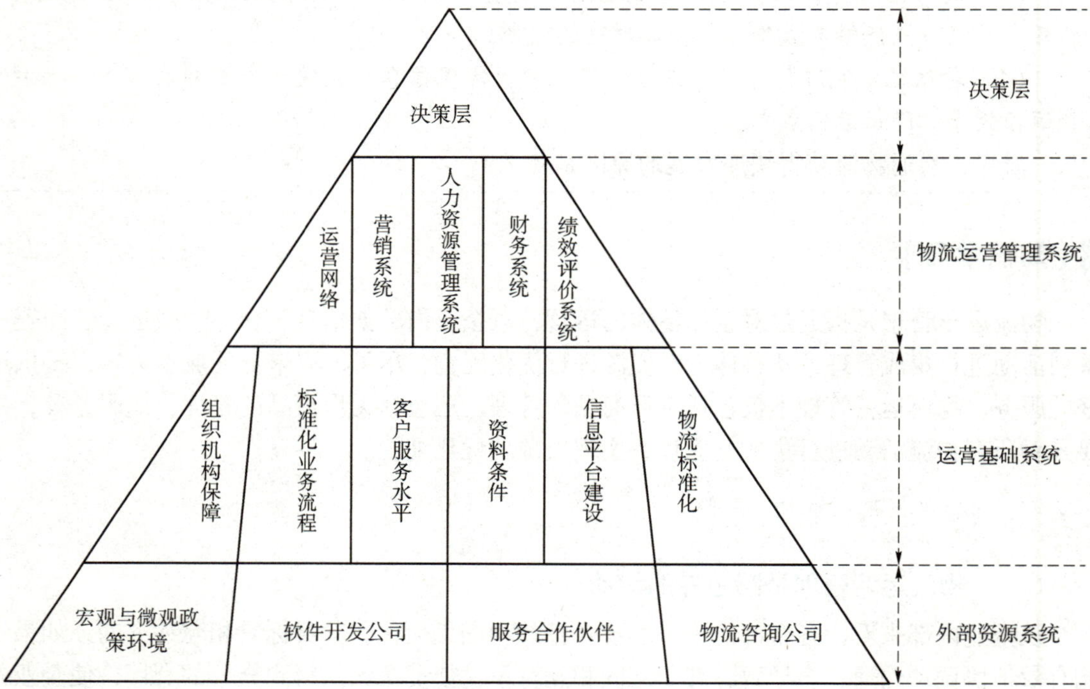

图 9–1　物流运营管理框架

（一）决策层

对于物流系统而言，企业的高层管理人员如董事长等对企业未来的发展以市场定位起到决定作用，他们可以制定企业未来的总体发展战略、物流节点设备的投资决策、物流网络布局决策。

（二）物流运营管理系统

人力资源管理系统、运营网络、绩效评价系统和营销系统等组成物流运营管理系统。为了降低运营成本，使各部门各系统能够协调工作，保持企业的高效运行，物流运营管理系统发挥着宏观调控的作用，站在整体的角度合理分配资源，满足客户的物流需求，实现企业效益最大化，如图 9–2 所示。

1. 营销系统

营销系统根据市场情况及客户需求制定一系列营销方案，促进企业产品的销售，以吸引并开发客户。每个企业的情况不一样，具体的实施方案不同，主要是依据企业的市场定位及高层决策来制定。

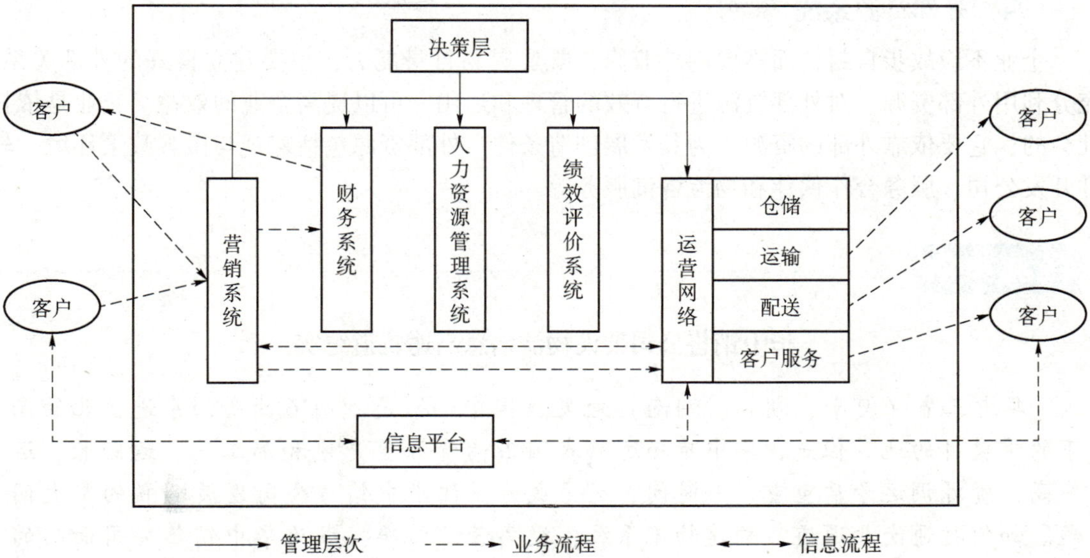

图 9-2 物流运营管理系统

2. 运营网络

运营网络承担着企业的具体运营工作，保障各个环节的通畅运行，包括配送、仓储、打包等一系列过程，协调各个环节的作业流程，完成企业整体的调度、指挥，对企业整体的运转情况起到控制和协调的作用。一个企业运营网络的设置是否合理关系到企业的长远发展，在运行过程中，不断根据实际情况进行调整，以便发现问题时能够及时解决，保障企业的正常运营。

3. 人力资源管理系统

人才是企业的核心资源，招聘和培养人才是人力资源管理系统的重要工作，它为企业打造一支优秀的核心团队，并源源不断地为企业发展提供后备人才。人力资源管理系统还负责对人才的培养，制定详细的培养方案，组织定期和不定期的培训，为员工的发展制定良好的职业上升通道，激发员工工作的动力，使整个团队保持积极向上的活力，留住并吸引优秀的物流人才加入团队。

4. 绩效评价系统

对于各部门的运营结果要定期进行评价，以判断是否达到预期的目标、与目标存在的差距，及时纠偏，这就需要绩效评价系统。绩效评价系统对企业阶段性的成果进行评估。应建立完整的评价指标体系。上至管理层，下至基层员工，每个部门都是企业不可分割的一部分，对于物流运营绩效的评价使企业高层管理者能够对整体的流程起到很好的控制作用，发现问题还可以采取相应措施改正，及时止损。

（三）运营基础系统

运营基础系统是物流运营管理系统的基础，主要包括：物流标准化，它是现代物流运营的基础，能够使电子数据在各数据库的传送更加流畅；信息平台建设，它是实现电子数据交换的基础；标准化业务流程，它能够提高物流活动的效率；组织机构保障，它为完成物流运营的目标提供保障。

（四）外部资源系统

企业不应故步自封，而需要内外兼修，既要提高自身能力，也要建立良好的外部关系，充分利用外部资源。对外部资源进行有效的管理和运用，可以提高企业的效益。企业是依托社会的，它要依靠外部的资源，为其发展创造条件。外部资源包括宏观与微观政策环境、软件开发公司、服务合作伙伴和物流咨询服务等。

经典案例

华中销售公司架设物流信息高速轨道纪实

华中三省（河南、湖北、湖南）地处我国中部，是我国石油西油东进、北油南下的重要目的地。但是，华中市场远离我国石油资源生产地和加工地，运距长、运费高，资源调运矛盾重重。一时间，运力成为扼住华中销售公司发展咽喉的重大问题。如何打通南北通道，构建物流系统，提高营运效率，成为华中销售公司面临的首要问题。

华中销售公司构建物流信息系统，实现管理模式更新，就是要寻求运力突围，架设成品油运输的快速轨道，转变长运距、低效益带来的被动局面，让成品油销售驶进现代物流高速轨道，以最快的速度抢占终端消费市场。

根据华中铁路资源由东北、西北、华北共同供应的特点，在资源计划上，东北资源流向河南地区京广线郑州以北、陇海线郑州以东，西北资源流向郑州以西，避免了一次运输的交叉、迂回。结合各炼厂调拨价不同，以降低总体购进成本为目标，开通了长庆石化公路一次直接配送加油站新渠道。在库容较小、品种储存不全的地区拓宽资源配置渠道。在湖北，通过白浒山油库的二次中转，对湖北、湖南附近 7 个地区进行二次铁路发运，保障资源的基本供应。同时，在现行二次物流配送优化子系统、一次物流计划调运子系统和库存管理子系统的基础上，继续整合和完善物流信息系统。建立物流动态管理电子幕墙，实现一次物流、库存、二次物流动态监控，使管理人员能够实时、直观地跟踪油品物流动态，随时掌握需求、调运计划、装运、在途、压车、库存、出库、配送的品种、数量和运行地点。通过建立 GPS 卫星定位运输管理应用系统，实时掌握公路配送运输动态，提升二次配送组织和管理的质量。

利用物流信息平台，通过快捷、畅通、安全的信息支持，实现华中物流信息的统一管理。华中销售公司逐步完善计划调运信息系统、二次物流优化信息系统、库存管理信息系统。信息从数字、图表转化为直观的三维立体图形，每天通过 GIS 系统的电子幕墙显示各地区的销售、价格、库存情况，提出分析、决策数据，指导业务运行，这成为华中销售公司调度运行的决策指挥系统。

华中销售公司通过计划、运输、仓储、配送、信息的一体化运作，克服了运输、储存等困难，缓解了库存紧张，高效完成了运输任务。

资料来源：https://wenku.baidu.com/view/09d9da234731b90d6c85ec3a87c24028915f85a7.html。

任务二　物流运营模式及选择

【任务描述】理解物流运营模式的正面效应和负面效应，掌握物流运营模式选择模型的数学方法。

【任务分析】学生了解各物流运营模式的特点。教师引导学生根据物流运营模式选择模型的数学方法进行物流运营模式的选择。

【相关知识】

物流运营模式　　制造企业物流运营模式

案例引入

苏果超市有限公司（以下简称“苏果超市”）是一家集批发、配送、物流、加工、零售于一体的大型连锁企业，它以物流技术为其核心竞争力。

苏果超市成立于1996年7月，在2006年网点总数为1 612家，网点覆盖苏、皖、鲁、豫、鄂、冀6个省份，安排就业人员近5万人，实现销售规模达到222.8亿元。苏果超市名列中国连锁业前十强位置、超市行业第四名，并跻身中国500强企业第176强。

苏果超市还被商务部确定为全国重点扶持的15个大型流通企业集团。

在南京，苏果超市占据着超市业态50%以上的市场份额，是江苏省超市零售业中最大的商贸流通企业。

虽然苏果超市以其物流技术为核心竞争力，建立了技术密集型的大型物流配送中心，其物流软/硬件方面的条件在全国连锁业遥遥领先，但是，由于苏果超市物流配送中心是企业专属物流，在“服务中心—成本控制—利润中心”的转型发展中，物流配送中心依然扮演服务中心的角色，没有真正成为利润中心。

思考：苏果超市应当如何改进才能使其形成现代化的物流运营模式？

【知识学习】

物流运营模式指企业根据自身的实力和经济状态所选择的具体的物流模式，包括自营物流模式、第三方物流模式和第四方物流模式。

一、自营物流模式

自营物流模式是指企业依靠自身的实力组建自己的物流网络，负责企业的一系列物流活动，实行自负盈亏。企业专门成立一个部门进行资源的调度、方案的制定与运营，投资建立自己的物流网络，包括车辆、仓库及设施、设备等。自营物流模式无论在技术还是资金、人力等方面都需要一笔比较大的投入，企业在组建物流网络时要慎重考虑，包括投入产出比等都要提前进行规划与设计。

（一）正面效应

（1）掌握控制权。通过自营物流模式，企业能够对运营的各个环节起到很好的控制作用，根据企业的生产运作情况进行合理排产，掌握配送的主动权，市场及客户的需求变化比较快，自营物流可以根据客户的需求实时调整，能快速解决物流活动中出现的问题，充分为公司的利益服务，增加客户的黏性，机动性和灵活性比较好。

（2）盘活企业原有资产。自营物流模式可以改造企业的经营管理机构，盘活企业原有资产，甚至可以为其他企业提供配送服务，创造更大的利润空间。它既可以保障企业自身的运营，还可以创收，实现资源利用最大化。

（3）降低交易成本。自营物流模式发展到一定程度可以降低交易风险，降低交易成本。在高峰期，通常会遇到运力紧张的情况，自营物流模式则不存在这种情况，可以保证商品准时送达。企业可以通过对内部资源的优化整合，实现自身资源利用的最大化，企业内部的物流、信息流、资金流、商流联系更加紧密，提高企业的运行效率和效益。

（4）提高企业品牌价值。拥有自己的物流网络的企业，其客户的忠诚度比较高，因为企业不仅能够将产品准时送达，而且品牌价值高，在与客户接触的过程中，客户也会更加信赖企业，提升品牌影响力。企业可以通过对老客户的分析与观察把握市场发展的趋势，根据竞争对手的情况，提供独有的差异化服务，提升企业在市场中的竞争力。

（5）避免商业秘密泄露。客户是企业的重要资源，尤其是大客户，甚至会影响企业的发展，因此必须对客户信息进行保密。第三方物流有可能泄露客户的信息，使企业利益受损。企业采用自建物流就可以避免这种情况的发生，有效保护客户信息不被泄露。

（二）负面效应

（1）投资金额比较大。自营物流的创建需要投入大量的人力、物力、财力，而市场变化速度比较快，一旦发生变故，可能给企业带来沉重的打击，降低企业对市场风险的抵御能力。

（2）物流配送的专业化程度低，规模小，成本高。大部分企业的自建物流规模比较小，不能发挥规模效益的作用，导致成本不低，甚至有的费用超过第三方物流的费用，企业还要花大量时间、人力、物力进行自营物流的运营，这也会增加企业的额外负担。在自建物流前一定要做好调研，权衡利弊后再做决定。

（3）资源配置不合理。只有企业的规模非常大，而且业务量有保证，才能实现资源的合理配置。一般的企业发展规模小，受季节影响大，而且需求往往不稳定，配送资源不能得到很好的利用，返空比较多，导致运输成本高。市场波动比较大，旺季时可能使自营物流运力不足，而淡季时物流运力闲置，这都会对企业造成一定的损失。

二、第三方物流模式

第三方物流模式是指企业以签订外包协议或合同的形式，将与物流有关的活动外包给第三方物流公司，由专业化的第三方物流公司对所有物流活动全权负责并实施。

（一）正面效应

（1）归核优势。一个企业的精力是有限的，不可能把所有业务都做好，如果所有业务都企业自己来做，会导致企业精力分散，丧失市场竞争地位；相反，如果企业把有限的精力投入核心业务，研发新的产品，打造自己的核心竞争力，而把一些非核心业务剥离，交由第三方公司来做，则能将自己的主业做精、做专。

（2）业务优势。第三方物流公司一般具有一定的规模，有专业的团队，能够提供更加专业的服务和配送方案，对于比较特殊的商品还可以提供特殊的服务，如果冷藏、保险等，有相应的冷链运输设备，可为客户提供个性化的服务。第三方物流公司业务覆盖广，拥有自己的配送团队，海、陆、空等运输方式结合使用，可根据客户的需求提供不同的服务。尤其是当客户对订单有特殊要求时，必须保证产品快速运达。第三方物流公司可以根据客户的需要定制方案，打破了自营物流模式的瓶颈，推动企业快速发展。

（3）成本优势。成本优势主要通过以下两个方面体现：一方面可以减少固定资产的投资，加速资金的周转速度，提升企业的效益；另一方面利用可以降低库存成本，提高运输效率。

（4）客服优势。第三方物流公司从业人员比较多，设备先进，能够利用专业的设备提高处理订单的能力，满足客户对时间的要求，准时将货物送达。第三方物流公司拥有专业的服务团队，针对客户的需求，有相应的系统和人员与之匹配；及时满足客户的查询、咨询等服务，在运输过程中出现问题时，有专业人员进行跟踪处理，如果运输过程中出现产品损害，其会与相应的保险公司进行沟通，处理客户的赔偿，为企业节约了大量的时间和精力，从而使企业能更好地投入有效的工作。

（二）负面效应

（1）生产企业对物流的控制能力降低。一旦将物流业务交由第三方物流公司负责，后续的工作就与企业脱离了关系，企业对物流的控制能力丧失。当旺季来临时如过年过节等，第三方物流公司面临巨大的压力，导致运力不足，配送延迟，影响客户满意度。

（2）客户关系管理的风险增高。第三方物流公司实施配送后，后期的物流服务及跟踪都是由第三方物流公司的相关人员负责，这会导致企业与客户的关系疏远，不利于良好客户关系的建立。

另外，第三方物流模式还有客户信息泄露风险。第三方物流公司面对的是多个客户群体，在服务客户的过程中，难免会导致信息泄露，会给企业带来严重的损失。

（3）产生连带经营风险。第三方物流公司经营的好坏及管理水平的优劣，直接影响企业的发展，如果第三方物流公司因经营不善而倒闭，会给企业寻找新的合作商带来高昂的成本。企业间的磨合需要一个过程，企业需要找到能够形成战略性合作的伙伴。

（三）第三方物流模式的特点

1）关系合同化

企业与第三方物流公司合作，是通过契约（即合同）的方式进行的，合同约定双方的权利和义务。第三方物流公司根据契约精神，为企业提供全方位的服务，对于在运输过程中出现的问题，双方依约定进行相应的赔偿。

2）服务个性化

首先，不同的企业对配送的要求不一样，第三方物流公司需要根据客户的要求提供个性化的服务，包括品牌宣传、logo 定制、运输时效等，第三方物流公司制定相应方案，并根据方案进行报价。

其次，第三方物流公司数量比较多，它们之间构成竞争关系。为了提升自身的竞争力，它们也会提供个性化和特色化服务，以吸引并开发客户。

3）功能专业化

电子商务的发展促进了物流的发展，尤其是第三方物流公司，必须满足客户的需求，提供更加专业的服务，从信息系统的设计到物流系统的设计等都体现专业化水平，这是未来发展的趋势。

三、第四方物流模式

第四方物流（Fourth Party Logistics，FPL）是1998年美国埃森哲咨询公司率先提出的，是专门为第一方、第二方和第三方提供物流规划、咨询、物流信息系统、供应链管理等的活动。第四方物流并不实际承担具体的物流运作活动。第四方物流是一个供应链的集成商，一般情况下政府为促进地区物流产业发展领头搭建第四方物流平台，提供共享及发布信息服务，是供需双方及第三方物流的领导力量。它不是物流的利益方，而是通过拥有的信息技术、整合能力以及其他资源提供一套完整的供应链解决方案，以此获取一定的利润。它帮助企业降低成本和有效整合资源，并且依靠优秀的第三方物流供应商、技术供应商、管理咨询以及其他增值服务商，为客户提供独特的和广泛的供应链解决方案。

（一）定义

第四方物流实际不承担物流运输服务，主要是为企业提供集成方案，对企业的内、外部资源进行整合和分析，为企业提高一套高效的发展方案。第四方物流的实质是为企业咨询服务。

（二）功能

（1）供应链管理功能。从整体出发，对供应链上所有相关的货主、客户、托运人等进行全局的考虑和设计，使资源得到更加有效的配置，降低企业的运营成本。

（2）业务流程一体化功能。负责协调各个部门之间的衔接过渡，使企业的运营保持一个连续的过程，避免部门之间出现问题相互推诿的情况发生，减少不必要的损失。

（3）供应链再造功能。将企业的运输数量和运输线路打乱，重新进行组合。第四方物流公司拥有先进的经验和处理方法，能为企业提供最佳的资源整合方案，为企业大大节省人力、物力和时间。

（三）三种运作模式

（1）协同运作模式。在该运作模式下，第三方物流公司和第四方物流公司协同运作，第四方物流公司不直接参与客户的配送，而是提供供应链的解决方案，而第三方物流公司根据方案为客户提供物流配送服务，这意味二者共同开发市场，相互配合，形成战略联盟，而且双方各自发挥自身的优势，达到与客户互利共赢的目的。

（2）方案集成模式。该运作模式仍然是第三方物流公司和第四方物流公司合作，第四方物流公司找到目标客户后，为客户提供完整的规划与设计方案，但是第三方物流公司不需要与客户直接接触，而是在第四方物流公司的指挥下完成所有物流运作，第四方物流公司不仅为客户提供解决方案，还要对第三方物流公司的资源进行整合，成为第三方物流公司和客户的集成服务商，实现资源的统一调度，降低配送成本。

（3）行业创新模式。该运作模式与方案集成模式比较相似，但是实施的规模更大。方案集成模式主要是针对同一家物流公司，而行业创新模式打破目前的格局，将同一行业的不同客户进行整合，实施物流配送，所提供的供应链解决方案由多个企业同时执行，可以充分发挥行业的规模效益，降低运营的成本，提供企业的效益。当然这个运作模式的工作量非常大，实施的难度系数较高，对企业的要求也比较高，目前正处于摸索阶段。行业创新模式与方案集成模式的不同之处在于：行业创新模式的客户是同一行业的多个企业，而方案集成模式只针对一个客户进行物流管理。在这种运作模式下，第四方物流公司提供行业整体物流的解决方案，这样可以使第四方物流公司运作的规模更大限度地得到扩大，使整个行业在物流运作上获得收益。

四、物流运营模式选择模型

（一）期望值法

期望值法是为各因素赋予一定权值的加权平均法，其步骤如下。

（1）根据 6 个因素对企业的重要性和专家的意见分别赋予权值 a_1，a_2，a_3，a_4，a_5，a_6，且 $\sum_{i=1}^{6} a_i = 1$。

（2）将每个因素的得分值表示为 b_1，b_2，b_3，b_4，b_5，b_6，其中 $-1<b_i<1$，取值越小，则越趋向于外包，取值越大，则越趋向于自营。

（3）根据公式 $y = \sum_{i=1}^{6} a_i b_i$ 计算结果。

若结果为正，则企业可考虑选择自营物流模式；若结果为负，则企业可考虑选择将物流业务交给第三方物流公司。

该模型运用起来比较简单，计算过程也很简单，但受主观因素影响较大。

（二）量本利模型

量本利模型使用规模经济的理论，借鉴量本利分析的方法，通过计算判断企业是采用自营物流模式还是将物流业务承包给第三方物流公司。量本利模型如下：

$$P=R-(V_cQ+F)=KQ-(V_cQ+F)=(K-V_c)Q-F$$

其中，P 表示自营物流与外包物流的成本差；V 表示自营物流的单位变动成本；F 表示自营物流固定成本总额；K 表示外包物流单位物流量的价格；Q 表示物流量；R 表示外包物流成本。

当企业的物流量达到一定值时，可以求出自营物流与外包物流的临界值，此时 P 为 0，得出：$Q_0=\dfrac{F}{K-V_c}$。

当物流量小于 Q_0 时，外包物流成本低于自营物流成本，则适合采用外包物流战略，反之，则适合采用自营物流战略。

经典案例

京东物流

物流的安全性问题是最让消费者头疼的问题。对于京东的自营物流而言，京东可以在整个过程中跟踪物流的实时状态，以便为消费者提供更好的消费体验，确保商品能够准时安全地送到消费者手中。

差异化服务也是自营物流的一大优势。可以根据消费者的要求，对物流的支付方式进行改变，以便更加满足消费者的个性化需求。

对京东来说最为重要的，应当是自营物流可以及时准确地处理快件急剧暴增的情况，比如在电商“6·18”这样的节日，京东会进行大量的优惠活动，由此导致订单量的大幅增加，在一些地方甚至会出现物流爆仓的情况。对于这样的情况，第三方物流公司尚不能快速准确地应对，而自营物流有充足的仓储空间，可以有效地解决快递的存放问题。

在面对大批量订单时，物流服务质量会在一定程度上降低，而京东自营物流对此情况早有应对，在不降低购物体验的情况下，使消费者对京东的品牌有了更深刻的认知。随着京东自营物流的规模不断扩大，京东可以向第三方出售自己的物流服务，在自身物流得到满足之后可以将物流服务扩展到其他企业。

事实上，京东已经在全国超过 1 000 个县建立了自营店。2019 年 9 月 16 日，京东物流宣布旗下迷你仓服务产品“京小仓”正式上线，为个人和企业提供中小件专业储存服务。

资料来源：http://www.yubaibai.com.cn/article/5615082.html。

任务三　物流运营组织规划与设计

【任务描述】了解物流运营组织部门的划分，熟悉物流运营组织的结构形式，掌握物流运营组织的结构层次。

【任务分析】学生认识物流运营组织由哪些部门构成。教师引导学生理解物流运营组织的具体结构形式及相应的结构层次。

【相关知识】

物流公司组织架构

案例引入

Guess 公司的组织结构变革

Guess 公司以前每年花费数以万计的美元制作不出售的服装样品，几乎所有设计部门、采购部门、销售部门和生产部门的工作人员都不考虑其他部门的要求。例如，时装设计师们从没有意识到一个设计上小小的变动会导致整个生产线制造工序的严重延迟，结果这些服装只有 10%~20%被最终定为商品，成为各季节的上架服装。

Guess 公司的领导意识到了这个问题，决心进行业务流程的重新组织，希望采购、销售、生产和设计等各个部门信息共享，相互沟通，如销售人员能够及时和设计人员沟通，查看和浏览各种服装设计图样，并根据用户反馈提出改进建议，而生产部门也能够在第一时间查看和了解设计细节，进行生产的各项准备工作。

思考：物流运营组织部门在企业的生产经营中有何重要性？

【知识学习】

物流运营组织规划与设计就是对企业内的组织机构进行设计，结合组织内、外的环境，协调各人员之间的关系，调动员工的积极性，从而更好实现组织的目标。

一、物流运营组织部门划分

（一）业务经营部门

业务经营部门主要负责企业的日常经营活动，进行物流产品的推销以及营销方案的策划，对外建立经济联系，宣传企业形象。企业的运营与业务经营部门有密不可分的联系。必须打造优秀的团队负责业务经营部门，建立良好的激励机制，充分调动人员工作的积极性。

（二）职能管理部门

职能管理部门不直接参与企业的经营活动，主要负责企业的指导、监督和调节，做好各部门的协调工作，收集各部门的相关数据进行整合和分析，为领导者进行决策提供数据支撑。物流企业要设置计划与统计、财务与会计、劳动与工资、定价与市场等专门职能管理部门。

（三）行政事务部门

行政事务部门是提供服务的部门，如人事管理、法律咨询和卫生保障等，是企业不可缺少的部门，它处理的事务相对比较琐碎。

二、物流运营组织结构形式

（一）直线职能式组织形式

直线职能式组织形式（图9-3）的划分有两种形式。如果按照业务经营部门划分，包括各个职能管理部门，直接参与整个物流活动的实现。如果按照职能管理部门划分，则主要提供物流活动的计划、指导等服务。业务经营部门直接参与公司的运营，包括营销、策划、运输等作业，而职能管理部门主要提供服务和保障，使物流业务经营能够顺利进行。

（1）直线职能式组织形式的优点。直线职能式组织形式可以实现集中管理，传达的效率高，速度快，同时还能调动员工的积极性，各人员之间的协调比较方便，发现问题时可以及时解决，比较适应目前快节奏的物流发展。

（2）直线职能式组织形式的缺点。部门内部沟通没有问题，但是横向部门之间沟通比较困难，需要请示领导，灵活性比较差，部门之间的协调性比较弱，主动性不强。通常企业规模比较小的时候可以采用直线职能式组织形式。随着企业规模的扩大，市场环境的变化日趋复杂，市场的不确定性增加，这种组织形式有时不能完全适应市场的变化。

（二）事业部制组织形式

（1）事业部制组织形式的优点。各个事业部拥有很大的自主权，可以根据市场或环境的变化灵活地开展业务，而企业总部则可以把精力用在战略方案的制定以及长远规划上，放手让事业部充分发展（图9-4）。

（2）事业部制组织形式的缺点。各事业部之间可能产生利益冲突或者业务交集，它们往往会忽略企业的利益最大化，而追求自身部门利润的最大化，影响企业整体目标的实现。如果事业部权力过大，管理人员的不当操作会影响整个企业的运营。

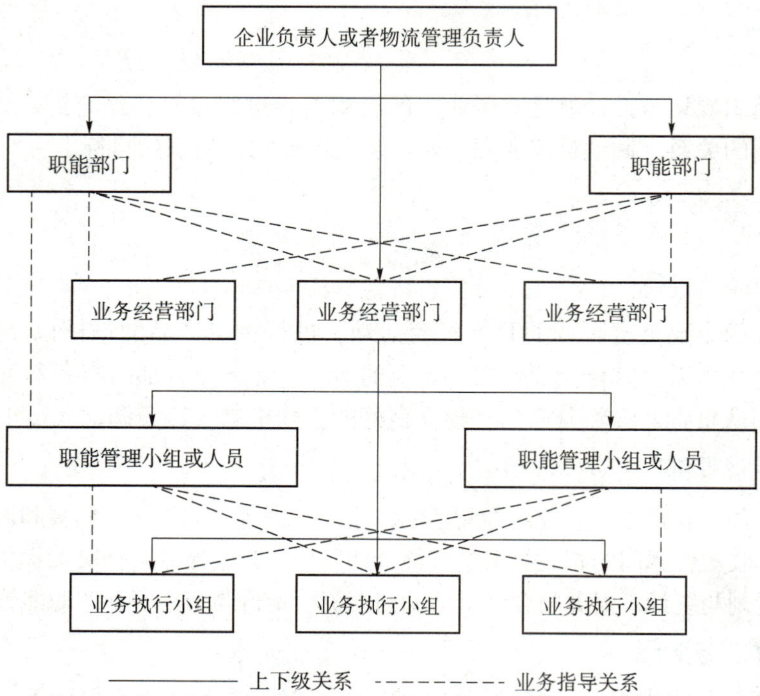

图 9-3　直线职能式组织形式

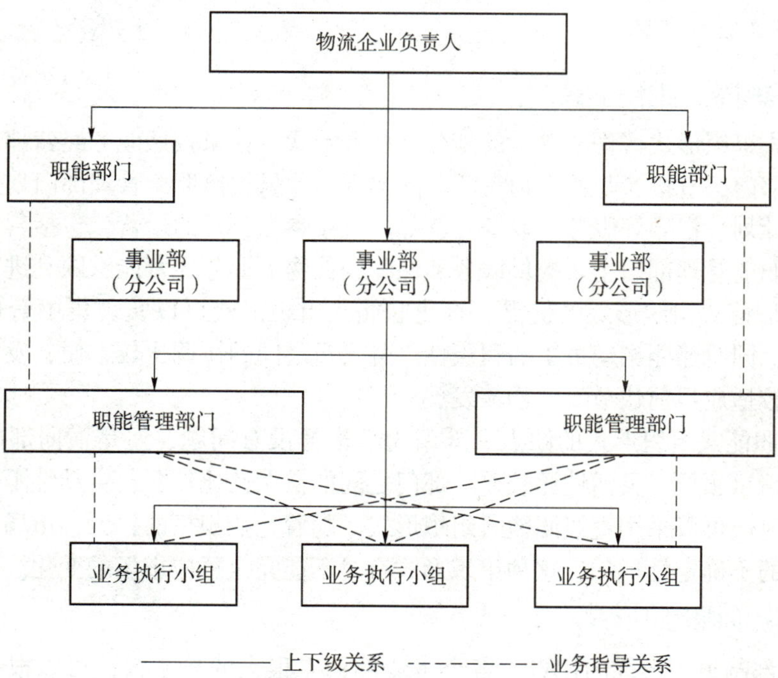

图 9-4　事业部制组织形式

（三）其他组织形式

1. 直线式组织形式

优点：结构简单，各个小组的职责非常明确，当遇到问题时能够快速做出决策，快速地做出响应，便于统一调度。

缺点：需要领导处理的事情比较多，当业务量比较小的时候较为适用，一旦业务量增大，领导就没有更多的精力处理其他业务，不利于企业整体水平的提升。

适用条件：主要适用于一些刚刚起步的小型企业，或者结构比较简单的部门，如小型货运代理企业、货运企业、仓储服务企业和小型物流企业，如图 9-5 所示。

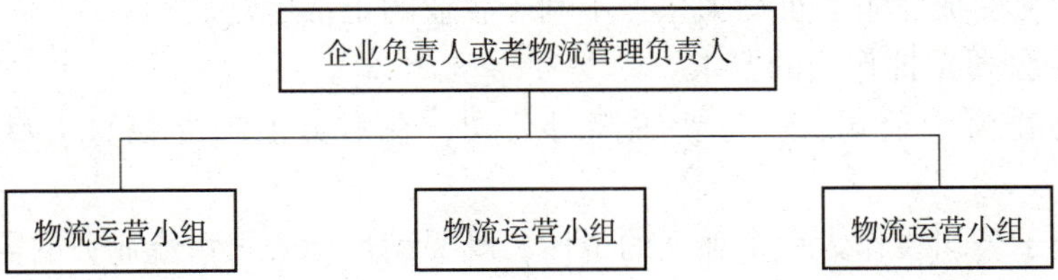

图 9-5　直线式组织形式

2. 矩阵式组织形式

(1) 优点：一般以项目的形式组织，即为了做一个项目，临时抽调不同部门的人员组成一个项目组，在组内人们利用自己的专业知识和技能，完成项目任务，有利于问题的解决。

(2) 缺点：由于人们来自不同的部门，在一起工作需要一段时间磨合，如果纵横关系处理不当，就会产生分歧，部门间的归属感不强。

适用条件：主要适用于货代企业承接大宗货代服务业务、物流企业承接临时性重要物流业务，以及工商企业物流部门组织临时性的重大采购供应或销售物流业务。如果物流企业的业务受市场变化的影响变得很不确定，也可以采用这种结构的组织形式，如图 9-6 所示。

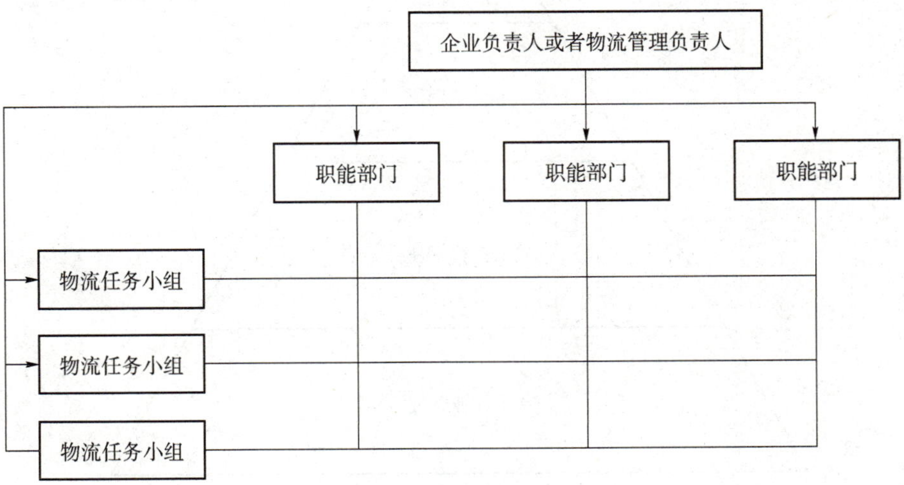

图 9-6　矩阵式组织形式

3. 物流子公司

日本早稻田大学教授中西先生对建立物流子公司的基本目的有如下表述："物流子公司是根据商业与物流分离的体制建立的，是站在整个企业的基础上建立的，以提高物流管理效率和降低费用作为第一目标。"

(1) 优点：建立物流子公司能够开辟物流业务新领域。物流子公司具有独立的法人资格，能够单独进行核算，提高物流运输的效率。物流子公司单独运营，提升了物流业务的地位，调动工作人员的积极性。让专业的人做专业的事情，使物流技术和效率都得到提高，便于人员的统一管理。

（2）缺点：物流子公司对母公司的依赖性过高，则其经营决策不能自己决定，有可能影响其积极性，无法实现自主经营。物流子公司对母公司的依赖性低，甚至脱离母公司的管辖，则二者可能会变成竞争、抗衡关系，不利于企业的正常运营。

（3）物流子公司发挥作用的要求。

第一，作为物流子公司，一定要脱离母公司，在财务上独立核算，自负盈亏，独立运营。

第二，物流子公司要作为一个独立的个体，既要满足母公司物流业务的需要，又要不断发展新的业务，为社会提供新的服务，同时提高技术，实现企业的快速成长。

三、物流运营组织结构层次

所谓管理层次，就是指从物流运营的最高层领导到基层作业人员之间体现隶属关系的管理环节和管理级次。管理层次的设置与企业的发展情况切实相关，必须保持合适的比例才能使企业健康发展。一般而言，管理者的能力越强，管理的幅度就越大，业务的处理越复杂，管理的层次就越多。管理幅度和管理层次共同决定管理的规模，如图 9-7 所示。

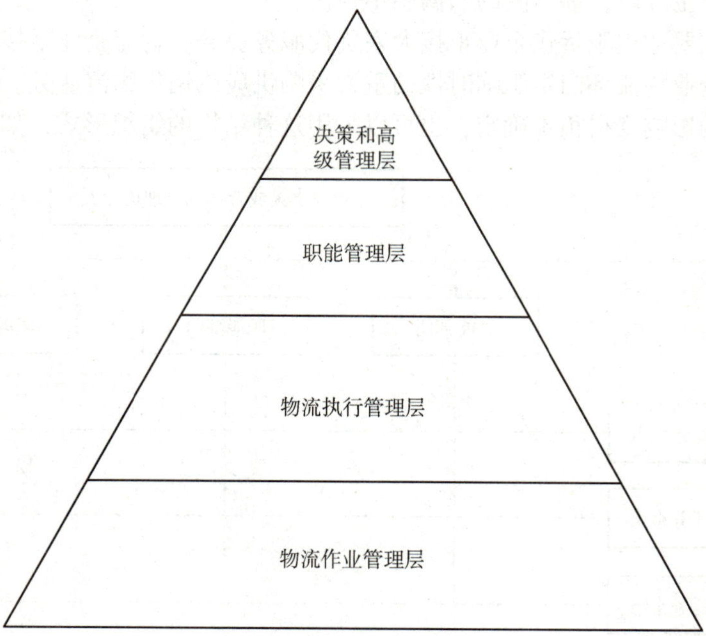

图 9-7 物流运营组织结构层次

决策和高级管理层主要是指企业的领班班子，如总经理、董事长等，他们负责企业的物流运营决策，他们的主要任务就是负责确定企业的市场定位、运营目标，企业的统一调度及其规划，人员职责及权限划分等。

职能管理层主要起到承接作用，一方面协助领导，为领导决策提供数据支撑，及时把运营中出现的重大问题向领导反映，并提出合理化的建议；另一方面对于领导制定的目标及任务进行信息的上传下达，以及相应的后勤支持等工作。

物流执行管理层是直接参与物流运作的执行管理部门。其根据领导的目标和任务，做出相应的计划，并将具体的工作职责落实到人，从而保障企业目标的实现，并定时或不定时地对领导进行工作的汇报及建议。

物流作业管理层主要是基层人员，负责具体工作的完成，根据作业的目标，认真完成每一项作业，具体包括打包、分装、配送、检验等具体工作的落实，其工作的好坏影响着服务的质量以及客户的口碑等。

四、物流运营组织规划与设计的内容

（一）物流组织机构的设计

物流组织机构的设计是指为了完成企业的目标，按照职责和任务进行物流组织机构的划分、人员的调配、工作职责的划分及各部门之间的协调。其包括职能参谋系统的设计、物流决策组织系统的设计、组织内部各个局部开展工作的一般要求的确定、组织信息沟通方式的选择、物流指挥系统的设计。

（二）物流组织规章制度的建立

“没有规矩，不成方圆”，建立物流组织的规章制度有利于企业内部的协调，使全体人员在规章制度的框架内进行高效的工作，保持系统运行的整体性和有效性。

（三）物流组织人力资源的配备

物流组织中干部和工作人员的配备，要按照组织中层次、职务、岗位和职责的不同，从工作要求出发，选拔适当人才。这是物流运营组织能够发挥功效的根本保证。

五、物流运营组织规划与设计的因素

（一）企业类型

在进行物流运营组织规划与设计的时候必须考虑企业的类型和具体的需求。每个企业的情况不一样，因此一定要做好前期的调研工作，切实了解客户的真实状况。如对于大型的商超，一般需要设立专门的配送中心；对于生产企业，则需要大批量的装卸搬运设备。

（二）企业的经营战略

企业的经营战略确定后，其物流运营组织规划与设计必须符合企业的战略定位。企业的经营战略是依据长期规划制定的，企业的所有组织必须与之匹配。市场在变化，企业的经营战略也需要不断调整以与之适应。

（三）企业规模

不同企业的发展状况不一样，其规模也不一样，应按照企业的规模规划与设计物流运营组织。一般而言，大型企业的规模比较大，其组织结构一般倾向于专业化发展，呈现成熟的体系架构。而中小企业的规模小，其组织架构的设计比较简单，可以依据实际工作任务进行设置。

（四）企业环境的动态变化因素

社会处于不断的发展中，有许多不确定因素产生，在进行市场预测时，要根据实际的市场变化不断做出调整。目前市场竞争越来越激烈，在这种环境下，企业的物流运营组织规划与设计还要充分体现出“柔性”，以适应外部环境的变化。

任务四 物流营销系统、物流运营人才资源及物流运营绩效评价系统规划

【任务描述】了解物流营销组织模式选择的影响因素，理解物流运营人才资源规划的重要性，掌握物流运营绩效评价系统规划的方法。

【任务分析】学生了解物流营销组织模式选择的影响因素有哪些。教师引导学生认识物流运营人才资源规划的意义和作用，使学生掌握物流运营绩效评价系统规划的方法。

【相关知识】

物流绩效评价

案例引入

A公司是河北一家著名的国有食品企业。该公司在1999年由人力资源部主持开发和实施了一套绩效评估系统，试图使人力资源管理工作走上正轨，然而运行一年多来，效果并不理想。

（1）绩效评估往往以人力资源经理或部门经理与员工之间的非正式谈话为基础。

（2）绩效评估的标准相当模糊，导致绩效评分主观性较强且经常不准确。

（3）该绩效评估系统无法向员工提供A公司对其期望的信息，使员工对于要获得的有利评分需要做到什么程度一无所知。

（4）晋升、激励、调动和薪酬决策等缺少可靠的信息和数据。

思考：面对此问题，A公司的人力资源部总监想改善这一状况，然而苦于无从着手，你觉得如何做才能改善这一状况？

【知识学习】

一、物流营销系统规划

（一）物流营销组织规划

1. 物流营销组织模式选择的影响因素

在规划物流营销组织时必须结合企业内部因素和企业外部发展环境。企业内部因素是指企业自身所具备的条件，包括企业发展的规模、市场定位、企业的竞争优势、经营理念、服务宗旨、信息化管理水平等都需要考虑。企业外部发展环境主要涉及当地的经济发展水平、政府的政策支持、市场需求规模、从业竞争者的数量及激烈程度等，这些都要考虑在内。企

业内部因素和企业外部发展环境直接影响物流营销组织模式的建立，根据企业的具体情况做出定制化方案，使企业能够在市场竞争中保持竞争优势，扩大市场份额。

2. 协调机制的建立

物流营销组织的部门比较多，涉及的环节比较复杂，难免会出现疏忽和遗漏，需要建立相应的协调机制，保障各部门的问题及时解决，不影响整体的运行。在考评、督察、奖惩、沟通等方面必须有一套完整的制度与体系。

3. 营销管理制度的设计

目前供客户选择的产品比较多，市场竞争比较激烈，要吸引并留住客户，需要制定一系列营销管理制度，对老客户及潜在客户实施有效的管理，展开营销策略，推动客户下单，并负责后期营销工作的执行，做好品牌宣传工作。

（二）物流营销策略规划

1. 物流营销的 4P 组合策略规划

（1）物流产品策略规划。物流企业提供的产品主要是物流服务，即帮助客户将产品从供应地运输到需求地，根据客户的需求、产品的性质、运输的方式，为客户定制不同的运输方案，同时与其他客户的产品进行组合，以降低物流成本，提高整体的效益。

（2）价格策略规划。价格对客户而言是最敏感、最直接的话题，价格的高低往往影响客户的下单转化率。为了更好地留住客户，需要制定一系列方案供客户选择，对时间、运输方式、包装等进行组合，让客户感受到物超所值，相信并愿意将货物交给物流企业运输，提高客户满意度。

①提供承诺的定价。市场供求关系一直处于变化的状态，对客户提供承诺的定价，可以让客户产生安全感，如果客户不满意，也可以给予他们相应的补偿，以减少客户的损失。服务成功也是对客户的一种保障，可提高客户满意度，也可激励员工的责任意识，把服务做得更好。

②利益导向的定价。从给客户带来的超值服务或者给客户带来的收益等方面进行驱动定价，抓住客户的“痛点”，找出客户忽略的潜在问题，为成功实施利益导向的定价提供保障，应该形成一个体系。

③包价定价。包价定价相当于给客户一个定心丸，不论市场行情如何变化，价格都按照预定的价格不再改变。物流企业需要进行准确的预测，并承担相应的风险。

（3）促销策略规划。物流企业提供的主要是服务产品，是看不到摸不着的，为了更有效地进行促销，必须通过“有形展示”的方式向客户进行展示，帮助客户了解并认可企业。物流企业“有形展示”的内容是十分丰富的，从外到内大致可以分为物质环境、信息沟通、价格展示三类。

①物质环境。主要是向客户展示物流企业的先进设施、设备，全国网点布置的数量及规模，公司拥有的运输设备（包括车辆、轮船、飞机等），仓库的规模及数量等，让客户看到信息处理的速度等，以及公司的团队建设、人员培养、专业化素质等。客户能够通过展示更加了解企业的实力，增强对企业的信赖度。

②信息沟通。通过网络、广告、多媒体宣传，引起客户的注意，起到宣传作用。同时利用成功的客户案例向客户证明企业的能力。把经典的客户服务方案做成案例，让客户见证企业的发展。还可以通过客户口碑进行传播，增强企业的影响力。

③价格展示。客户最关心的是价格，如果能将价格正确地展示给客户，就会吸引客户的注意。价格技巧的应用会给企业带来稳定的收益。

（4）渠道策略规划。为了更好地扩大企业的业务量，需要多渠道完成客户的开发，包括直接分销渠道和间接分销渠道。对企业而言，没有客户也就没有了服务对象，因此，谁掌握了客户谁就占领了市场。

2. 物流营销的4R组合策略规划

（1）与客户建立关联。只有重视客户，并把客户的利益放在首位，才能赢得客户的信任。定期与客户互动，了解客户的需求及变化，及时捕捉市场变化的信息，掌握第一手资料。

（2）提高市场反应速度。人们的生活节奏越来越快，市场行情也瞬息万变，企业必须对市场保持足够的敏感度，一旦市场上出现新的变化，必须马上做出响应，从而快速占领市场。如果故步自封，不注重市场变化，就容易止步不前，被市场淘汰。

（3）运用关系营销。营销手段应尽可能多样化。企业的发展要着眼于长远，不能只看眼前利益。对待每个客户都应当认真负责，与客户建立稳定的联系，未来客户选择物流服务时仍然会选择本企业。对客户让渡短期利益，企业虽然会有一定的损失，但是建立了良好的口碑，也能更好地发挥口碑效应。根据客户的需求还可以了解市场变化，引导客户参与到生产中，研发出受客户欢迎的产品。

（4）注重回报。与客户之间的合作要长期稳定，必须给予客户相应的回报。回报可以以多种形式呈现：如果客户需要的是增值服务，则多给客户提供附加产品；如果客户需要的是准时送达，则务必按客户的要求配送；如果客户给企业介绍新的客户，则可以适当给予相应的介绍费等，一定要注重对客户的回报，这也是营销的出发点和落脚点。

二、物流运营人才资源规划

（一）物流运营人才资源规划的定义和作用

（1）定义：企业的发展需要人，市场在变化，对人的需求也在变化，人员的更替流转是正常现象。企业需要不断地招聘人员，以满足企业发展的需要，并且提前做好人员的招聘与培训。尤其在企业的上升发展期，对人员的需求增加，必须提前招聘物流运营人才。

（2）作用。

①确保企业在生存发展过程中对人力的需求；

②作为企业组织管理的重要依据；

③有利于合理利用人力资源；

④有助于调动员工的积极性。

（二）物流运营人才的招聘、培训

1. 物流运营人才的招聘。

校园招聘和社会招聘相结合，扩大物流运营人才招聘的途径，吸引优秀的物流运营人才加入企业，并提供良好的发展与晋升空间，留住物流运营人才。

2. 物流运营人才的培训与考核。

1）岗前培训与在职培训相结合模式

新招聘的员工对各项业务还不熟悉，不能直接投入工作岗位，必须在上岗前进行入职培训，使员工掌握操作的基本知识和流程。一般由专门的培训师负责讲解和培训，理论与实践相结合，以确保员工快速进入角色。同时，物流是一个快速发展、日新月异的行业，有明显的发展阶段性，新的模式、新的技术层出不穷，对员工的能力需求也从技术操作层面逐渐转移到管理、沟通、决策层面，必须定期对在职员工开展培训，及时更新其理论体系、操作技能和思想观念。

2）专业培训与拓展培训相结合模式

在对员工培训的过程中，不仅要重视专业技能的培训，提高员工的操作能力和水平，还要进行拓展培训，因为物流的流程环节比较多，需要员工具备一定的团队合作能力，了解企业并认可企业文化。物流企业的健康发展，不仅需要杰出的个人能力，还需要进取的企业文化、优秀的团队精神、良好的管理能力，这些是在专业培训中学习不到的，因此在培训中应当将专业培训与拓展培训相结合，共同打造团队的凝聚力，使员工队伍发展成一支专业知识扎实、技术过关、团结高效的队伍。

3）员工的考评

对员工的工作情况定期进行考评，以检验员工工作能力。物流企业员工绩效指标设计的内容分为绩效维度、能力维度、态度维度和个人素质等方面。考评不是目的，而是一种激励的手段，有效的考评制度可以使员工更加用心地投入工作，创造更好的业绩。

三、物流运营绩效评价系统规划

企业运营一定时期后要定期进行评价，以了解企业目前的运营状况是否偏离了目标，以便及时发现问题，并且快速解决问题。物流绩效评价必须按照一定的程序，建立一系列科学的评价体系，采用定量、定性对比分析，对企业的经营活动做出客观、公正的评价，即通过反映物流企业历史的、当前的和未来的状况的有关指标进行综合分析，对物流企业经营水平和发展状况进行全面系统的评价。

（一）物流运营绩效评价的定义

运用定性分析和定量研究的方法，参照评价指标体系，对企业的经营水平和发展状况进行分析评价，这是对物流业绩和效率的事后评估与度量以及事前控制与指导。

（二）物流运营绩效评价的原则

1. 注重经济效益原则。

企业的首要目标是获得经济效益，在进行评价的时候要重视经济效益的获得情况。注重经济效益是物流运营绩效评价的首要原则。要兼顾企业的长期利益与短期利益的结合，尤其在企业发展的初期，牺牲短期利益获取长期利益也可以为后期的发展奠定基础，但应平衡国家、集体及个人利益。

2. 系统性原则。

企业是一个整体，在进行物流运营绩效评价的时候不能只考虑单一的因素，而是要综合考虑多种因素，如业绩、服务、客户满意度等，评价体系的健全是全面、客观评价的基础。

3. 时效性原则。

物流运营绩效评价一定要快，突出时效性。市场发展的速度比较快，只有快速做出评价，才能及时发现问题并予以应对；评价过慢容易错过市场发展的有利时机。应形成快速有效的反馈，以适应瞬息万变的市场需求。

4. 可操作性原则。

评价指标体系越健全越好，但是也要考虑到实际操作中的可行性原则。各个评价指标应当分清层次，不产生交叉，覆盖企业经营的多个方面，包括财务、统计等指标，以提高评价的可操作性。

经典案例

海尔营销案例

为了迎合网络时代消费者的消费习惯和消费需求，作为国内家电行业的龙头老大，海尔搭上了互联网这个“便车”。纵观海尔的发展过程，可以看到，海尔在2000年3月就已经开始与SAP合作，对企业进行自身的ERP改造，随后搭建了BBP交易平台。2002年，海尔又建立了网络会议室，在全国主要城市开通了9999客服电话。尤其在“非典”时期，当海尔高层坐在视频会议桌前“指点江山、挥斥方遒”的时候，这一做法的商业价值突出体现出来。

海尔的数据显示，“通过BBP交易平台，海尔每月接到6 000多个销售订单，定制产品品种达7 000个，采购的物料品种达15万种。新物流体系减少呆滞物资73.8%，减少库存占压资金67%”，可以说已经达到世界领先水平。对海尔来讲，物流不仅可以使其实现“3个零”的目标，即零库存、零距离和零营运资本，更给了海尔能够在市场竞争中取胜的核心竞争力。

海尔顺应时代潮流，建立了自己的网站，不仅涵盖了其产品，更突出了其优质的服务。“时刻把客户的需要和利益放在第一位”。在搭上互联网这个“便车”之后，海尔又把目光瞄准了“2008年奥运会”这块大蛋糕。随着中国获得2008年奥运会的主办权后，海尔也相应地提出了“奥运营销战略”。2005年8月，海尔与北京奥组委正式签约，成为北京2008年奥运会唯一的白色家电赞助商。之后，海尔一直“以奥运主人的姿态传播奥运、建设奥运、服务奥运，并根据自身品牌特点展开了系统全面的奥运营销策略”，借助奥运会，打造全球化的品牌。

资料来源：https://wenku.baidu.com/aggs/c7e0ab64783e0912a2162acc.html。

素质提升

顺互联网之势，充分利用新技术、新科技，用科学的知识武装大脑，善于观察，提升自身的学习能力，挖掘自身的潜力。

实训　第三方物流市场的需求调研

【实训背景】

进入21世纪，第三方物流的产生，从根本上适应了全球大企业逐步集中力量于核心业务的大趋势，从而减少了其他从属业务的支出，保持了企业合适的发展规模。随着市场竞争的日趋激烈，客户对交货速度的要求越来越高，市场部门需要将产品覆盖到更远的地区，销售部门则要求更快、更频繁地获得全国各地的库存数据，所有这一切都迫使企业不得不在物流管理上进行巨大的投入，耗用大量时间和精力。物流通常不被大多数制造和分销企业务视为核心业务。企业如果把有限的资源分布在各种业务上，则它在开发新产品、改良工艺方面必然力不从心。因此，企业将目光投向市场，寻求外部物流服务，从而产生了对第三方物流市场的需求。

【实训目的】

该实训的主要目的是让学生了解第三方物流服务的特点、主要设备和作业流程，通过实训将理论与实际操作结合，在实践中提高运用知识的能力，锻炼实际操作的能力，为今后就业打下良好的基础。

【实训组织】

（1）自由组合，组成若干小组。

（2）各组选择比较感兴趣的企业，通过线上和线下结合的方式调研该企业所使用的物流系统。

（3）各组设计调研方法和提纲。

（4）进行调研，了解该企业的物流系统的使用现状及效果。

（5）形成调研报告并进行小组展示。

【实训评价】

从各组的团队配合情况、调研报告内容的完整性、展示效果、报告规范性、工作态度等方面进行综合评价。

【项目测评】

一、判断题

1. 决策层位于物流运营管理框架的最顶层。（　　）
2. 企业建立自营物流只有利没有弊。（　　）
3. 第四方物流公司在运输配送中承担具体的物流运作任务。（　　）
4. 直线职能式组织结构可以实现集中管理，传达的效率高。（　　）
5. 物流子公司以提高物流管理效率和减少费用作为第一目标。（　　）

二、单选题

1. 物流运营管理系统包括营销系统、运营网络、人力资源管理系统和（　　）。

A. 运营基础系统　　B. 绩效评价系统

C. 物流标准化系统　　D. 外部资源系统

2. 下列不属于自营物流模式负面效应的是（　　）。

A. 投资金额比较大　　B. 生产企业对物流的控制能力降低

C. 资源配置不合理　　D. 物流配送的专业化程度低

3. 物流运营绩效评价的首要原则是（　　）。

A. 注重经济效益原则　　B. 系统性原则

C. 时效性原则　　D. 可操作性原则

4. 下列不属于物流运营组织规划与设计所考虑因素的是（　　）。

A. 企业类型　　B. 企业的经营战略

C. 物流营销策略　　D. 企业环境的动态变化因素

5. 下列不属于企业物流运营模式的是（　　）。

A. 自营物流模式　　B. 第三方物流模式

C. 第四方物流模式　　D. 第五方物流模式

三、多选题

1. 物流运营管理框架包括（　　）。

A. 决策层　　B. 运营管理系统

C. 运营基础系统　　D. 外部资源系统

2. 下列属于自营物流模式正面效应的是（　　）。

A. 企业可掌握控制权　　B. 投资金额比较大

C. 提高企业品牌价值　　D. 避免商业秘密泄露

3. 第三方物流模式正面效应包括（　　）。

A. 归核优势　　B. 业务优势

C. 成本优势　　D. 客服优势

4. 物流运营组织按部门可以划分为（　　）。

A. 业务经营部门　　B. 职能管理部门

C. 行政事务部门　　D. 人力资源管理部门

5. 物流营销的 4P 组合策略规划包括（　　）。

A. 物流产品策略规划　　B. 价格策略规划

C. 促销策略规划　　D. 渠道策略规划

四、案例分析

围绕物流问题，某纸品制造商遇到了典型的销售部门与生产部门之间的矛盾冲突。该公司生产和销售纸制品，如购物袋、商业包装纸、卫生纸和餐巾纸。该公司产品的销售量一般很大，有的客户一次订 30 个车皮产品，因此该公司的组织机构围绕营销和生产目标设置。由于销售部门和生产部门之间缺乏协调，销售人员单方面向客户承诺在他们需要时可及时送货，但极少考虑生产计划安排。如果在重要的交货日不能交货，销售部门就会因为订单向生产部门施加压力。其理由很简单："使劲地挤葡萄，籽就会出来"。另外，有些订单到达生产部门时，已经超过了交货日期，于是生产计划经常调整，导致机器启动费用居高不下，催得不急的订单就会拖得更久。这往往使生产部门承受巨大的压力。由于供求之间缺乏协调，越来越多的客户表示不满，某些客户甚至表示出寻求其他货源的意向。

思考：

1. 物流组织结构设计的影响因素有哪些？

2. 如何从组织结构方面来解决案例中的相关问题？

参考文献

[1] 邵正宇，周兴建. 物流系统规划与设计 [M]. 北京：清华大学出版社，2017.

[2] 胡军. 物流系统规划与设计 [M]. 北京：中国物资出版社，2012.

[3] 傅莉萍. 物流系统规划与设计 [M]. 北京：清华大学出版社，2018.

[4] 王宇宏. 物流系统规划与设计 [M]. 北京：中央广播电视大学出版社，2014.

[5] 杨扬. 物流系统规划与设计 [M]. 北京：电子工业出版社，2019.

[6] 陈德良. 物流系统规划与设计 [M]. 北京：机械工业出版社，2019.

[7] 方仲民，郑秀妙. 物流系统规划与设计 [M]. 北京：机械工业出版社，2018.

[8] 耿会君，董维忠. 物流系统规划与设计 [M]. 北京：电子工业出版社，2021.

[9] 张丽，郝勇. 物流系统规划与设计 [M]. 北京：清华大学出版社，2021.

[10] 程国全. 现代物流系统规划概论 [M]. 北京师范大学出版社，2017.

[11] 朱耀勤，王斌国，姜文琼. 物流系统规划与设计 [M]. 北京：北京理工大学出版社，2017.

[12] 毛海军. 物流系统规划与设计 [M]. 南京：东南大学出版社，2017.

[13] 李超锋，缪兴锋. 物流系统规划与设计 [M]. 武汉：华中科技大学出版社，2012.

[14] 施国洪. 物流系统规划与设计 [M]. 重庆：重庆大学出版社，2009.

[15] 贺东风. 物流系统规划与设计 [M]. 北京：中国物资出版社，2006.